Bianka Zazzo

Une mémoire pour deux

MARDAGA

Les droits d'auteur du présent volume
sont destinés par Madame Bianka Zazzo
à Médecins du Monde.

© Pierre Mardaga, éditeur
Hayen, 11 - B-4140 Sprimont (Belgique)
D. 2000-0024-37

à René Zazzo et avec lui.

Comment le dire ?

Comment le dire, comment expliquer et faire comprendre, à ceux qui vont un jour me lire, **pourquoi** ce besoin irrésistible, envahissant, oppressant d'écrire notre vie. J'ai toujours aisément parlé et si rarement noté ou consigné faits et impressions : les choses se présentaient, des événements advenaient à telle ou telle occasion, on pouvait les évoquer, mais pourquoi les ordonner, fixer le temps qui passe ? Il faudrait être poète pour en garder la saveur. Et maintenant, ce désir tenace d'aller en arrière, de ne rien laisser s'échapper. En évitant le lyrisme des mots qui me submergent.

Entre le mémorable 12 juillet 1933 — date joyeusement célébrée d'année en année —, jour de ma rencontre avec ce lumineux garçon qui deviendra, quelques mois plus tard, le compagnon de ma vie, et le moment où, dans mes bras, son corps épuisé s'est subitement détendu en respirant doucement pour la dernière fois, soixante-deux ans se sont écoulés. Plus d'un demi-siècle de vie commune, une bien longue route, une fabuleuse histoire. Histoire dans le double sens de ce terme. Avec un H majuscule, celle du monde qui a connu les turbulences et catastrophes que l'on sait, celle d'un couple qui s'est re-trouvé le **24 mars 1934** pour mon dix-neuvième anniversaire.

L'enchaînement des événements de ce siècle est bien sûr l'affaire des historiens, mais c'est aussi la nôtre. Nos espoirs, choix, engagements et bon nombre d'expériences personnelles ou communes en dépendent. Je rappellerai quelques périodes-clés : le Front Populaire - la guerre d'Espagne - la « drôle de guerre » - la défaite - l'Occupation - les guerres coloniales et bien d'autres. Mais tout au début, tout cela n'a guère compté : avec l'élan et l'optimisme de notre âge, c'est notre couple qui fut prioritaire, contre vents et marées.

Le gris est une couleur et pas seulement une nuance passagère entre le noir et le blanc. Couleur d'absence et de silence absolu. Ce matin du **20 septembre 1995**, lorsque je l'ai quitté — après vingt-quatre heures de notre dernier tête-à-tête —, nos fils sont venus, m'apparaissant ce jour-là si tendres et si adultes, pour le revoir, pour me chercher. Le gris était partout : dans les rues désertes, trottoirs, places, maisons, nos visages, nos regards et même dans les rares paroles échangées. De retour à la maison, nous trouvâmes sur une table, au milieu d'un amas inimaginable de médicaments et de papiers, un petit bristol avec ces mots de son écriture un peu vacillante : «*Sept roses pour B.*» **Sans date**. Il savait donc qu'il allait mourir, ignorait le jour précis et pensait à mon retour au logis.

Un de nos garçons est parti les chercher et c'est la présence de ses fleurs ultimes qui a chassé le gris. On s'est retrouvés, on s'est agités : téléphone, café, rangements rapides, recherche des documents d'identité... Et c'est alors qu'on a découvert, près de son lit, un gros sac de voyage rempli de dossiers bien rangés. Ses rédactions en cours, chapitres achevés, plan détaillé pour les suivants.

Ce sont ces derniers écrits, bien rangés mais inachevés, qui ont fait naître mon impulsion, vite devenue impérieuse : ne pas faire disparaître, sauvegarder au mieux et transmettre tout ce qu'il a accompli ou projeté de faire, ce qu'il a été pour nous tous et peut-être pour d'autres. Peu après, ma décision fut confortée par plusieurs requêtes (Archives nationales, revues, bibliothèques etc.).

Une interrogation quelque peu inquiète s'imposa aussitôt. Il a tant écrit ; au jour le jour ou au gré des saisons, dès l'âge de douze/treize ans, un peu partout et sous diverses formes.

Sur de volumineux cahiers, petits carnets, agendas, feuilles éparses, notes toujours datées, rarement classées. A-t-il indiqué quelque part, et **où**, ce qu'il souhaitait que l'on fasse de tous ces écrits ? Tout sera à revoir, à relire...

Textes scientifiques, projets de recherche, commentaires de lectures, correspondances multiples, mais aussi journaux intimes, carnets de voyages et lettres personnelles. Écrits publics, écrits privés, comment les différencier ? Dans les deux cas, c'est la même personne qui s'exprime et se révèle : pourquoi a-t-il tant écrit ? **Pourquoi a-t-il tout gardé ?**

Toujours indécise — le mot est faible —, j'ai tenté de faire face à cette avalanche de documents, avec l'aide de quelques proches. En m'imposant un ordre d'urgence, en fixant délais et étapes, de la plus simple à la plus complexe.

Facile à dire mais pour ce faire, il a fallu tout vérifier, aller d'une maison à l'autre, celle de Paris si encombrée et notre grande bicoque de Bretagne où des cartons jamais ouverts «attendaient» dans son bureau. Plonger aussi dans des boîtes et albums de photos, témoignages joliment commentés mais parfois difficilement identifiables. Visages, paysages, rues, rassemblements sont bien des signes de ses présences et expériences, mais trop immobiles, ils n'offrent ni ordre ni continuité.

J'ai pu parcourir, à ce jour, une bonne partie du chemin. Ses manuscrits soigneusement préclassés remis aux Archives; bibliographie et textes inédits confiés à des revues; une publication personnelle qui rend compte de son *curriculum vitae* (études, fonctions universitaires, ouvrages, articles, débats, émissions et films). Un opuscule diffusé en France et à l'étranger à près de mille exemplaires.

Plus d'une année de travail dont l'attrait m'a surprise. Je fus, pour la majeure partie de ses publications, son «premier lecteur» dont il notait d'ailleurs, en marge du texte ou dans ses carnets, les réactions : réserves, critiques ou approbations. Mais ces écrits, je les avais au fil du temps souvent oubliés. Mes longues heures de travail sur ses manuscrits, parfois repris et remaniés, furent largement compensées par l'intérêt qu'ils présentaient à dix, vingt, trente ans et plus de distance. Il en était de même pour des écrits achevés et non édités, retrouvés dans des cartons qu'il avait lui-même sans doute oubliés. Un jour, peut-être, je les ferai paraître, en respectant leurs dates, bien entendu.

Restent ses notes privées, nombreuses. Je les relis souvent. Elles m'ont aidée à reconstituer mon propre trajet familial, social et professionnel. Elles vont m'accompagner, me guider, dans ce que je suis en train d'écrire, en évitant au mieux les «pièges de la mémoire». On se souvient, parfois avec exactitude, d'une situation, d'un événement, de paroles échangées, mais comment les relater lorsqu'on néglige ce qui les précède et les suit, le contexte qui fait comprendre leur signification **d'alors**? L'évocation n'est pas neutre, le présent l'habille d'une façon qui lui est propre. Nos souvenirs sont ce qui reste quand bien des choses ont disparu et que d'autres se sont produites.

La masse de documents personnels — dont nos nombreuses lettres qu'il conservait scrupuleusement — m'ont certes aidée à remonter le courant. Sous réserve pourtant d'une certaine discontinuité, de lacunes que je ne parviens pas à expliquer. Documents abandonnés quelque part (dans un de ses nombreux lieux de travail) ou lettres adressées à d'autres personnes qui remplaçaient des « confidences à soi-même », ou autocensure ? Tout est possible.

Quoi qu'il en soit, pour le moment, aucune indication à propos de tous ces écrits. On aurait dû en parler **avant**, mais cela n'était guère de mise ces dernières années. Il était si faible et désolé de l'être que l'on faisait, l'un et l'autre, *comme si* l'avenir était devant nous, en évitant de briser le bien fragile équilibre de notre vie.

Tous ces papiers personnels, je les ai lus, j'ai tenté de les classer et de les comprendre. Ils seront remis aux Archives nationales **après moi**. Sans commentaires et à quelques exceptions près. C'est-à-dire limités au mieux à ce qui me semble être un témoignage d'une vie et d'une personne. Non exhaustif et certes subjectif, effet inévitable de l'émotion qui l'accompagne.

Il a bien écrit, après sa retraite, une *Autobiographie* destinée à un ouvrage collectif[1]. Mais elle ne présente que des jalons successifs de sa vie d'enseignant et de chercheur. Écrite sobrement, dans un style quasi énumératif, il y conte les conditions de ses travaux et ses contributions aux progrès de la psychologie du développement. Il énumère avec modestie les étapes de sa carrière, recherches d'équipe (qu'il nomme *fédératives*) et recherches personnelles. Il laisse souvent dans l'ombre tant ses propres avancées et innovations que leur influence sur les travaux de ses compagnons de route, collègues ou élèves. Excès de pudeur ou élégance de présentation ?

C'est seulement en lisant, en postface de son chapitre, le texte de Marc Richelle, évocateur et subtil, que l'on entrevoit l'homme, sa singularité et sa complexité.

Relater sa vie cela signifie, par la force des choses, aussi celle de notre couple. Il sera donc souvent, trop souvent, question de ma personne. Singulier-pluriel, comment les dissocier dans cette longue traversée commune ? Écrire en son absence mais submergée par tant de souvenirs communs, comment dire et faire comprendre les ombres et les lumières du passé ? Et surtout comment rendre **présente** sa personne à des années d'intervalle ?

---

[1] *Les psychologues de langue française*, 1992, Presses Universitaires de France, Paris.

Il a d'ailleurs lui-même songé à un projet d'esquisse rétrospective, mais il le décrit comme *un rêve*, puis l'abandonne. Ces propos datent de septembre 1992, après l'achèvement de son dernier ouvrage, *Les Reflets...* Quelques extraits, en désordre, des pages retrouvées :

> *Cette nuit, un rêve. Je marche avec trois ou quatre personnes pour accomplir une recherche intitulée « L'enfant à travers les âges ». Je me réveille, il est six heures... Je me rendors et je reprends mon rêve... L'enfant à travers les âges signifiait dans mon rêve à travers les siècles... Mais on peut aussi l'interpréter au cours de la vie = l'enfant qui survit en nous jusqu'à la fin des jours...*
>
> *Je raconte ce rêve à B - il lui plaît... enfin j'ai trouvé un thème de recherche... elle s'inquiète de plus en plus de notre absence de projets.*
>
> *Quand je lui ai demandé de m'acheter ce cahier, c'était dans l'intention d'écrire mes rencontres avec des hommes qui ont compté dans ma vie... Une façon de compléter mon « autobiographie » que Jean-Fabien et Voutsinas ont jugée trop plate. Ce projet s'est évanoui quand j'ai découvert dans un carton mon journal des années 1962-1972 dont j'avais oublié jusqu'à l'existence...*
>
> *Alors l'idée de compléter, de re-écrire une biographie est revenue sur moi-même. Puis j'ai été pris d'une sorte de nausée à faire revivre ce passé. Pour qui, pourquoi le faire revivre ?... Reprendre ce journal, en faire une rédaction publique, ce n'était pas une recherche, une création. Et c'est d'une création dont j'éprouve le besoin...*

Un mois plus tard — octobre 1992 —, il amorce un ouvrage qu'il n'a pu achever. Sous le titre de *Psychologie et Idéologie*, cette ultime écriture exprime bien son besoin d'un retour vers le passé. Non pas pour laisser des traces personnelles, mais pour situer dans un ensemble critique ses travaux et ses inlassables interrogations[2].

Son *rêve* est devenu le mien, ma décision n'est pas la même et c'est bien au-delà d'une décennie que plongera mon regard.

La liberté que me donne la plume me laisse choisir la forme épistolaire aux pages qui vont suivre, en évitant ainsi toute recherche de mots ou de style.

Je ne sais pas qui me lira, mais je sais bien pour qui j'écris. Ces *Lettres*, sans réponse, sont destinées à des personnes très proches qui ont partagé nos jours et nos années. Je les ressens comme un besoin de vérité, de continuité et de tendresse.

---

[2] En témoignent quelques pages, ni revues ni corrigées, publiées dans la revue *Enfance*, six mois après sa mort.

A quelques amis également, ceux qui l'ont accompagné, compris et apprécié en diverses occasions : brèves rencontres, échanges prolongés ou efforts communs. Même s'ils sautent certaines pages, ils se retrouveront dans d'autres, selon les périodes de sa vie et de la leur.

Quant aux plus jeunes, ceux qui ne l'ont pas connu, s'ils rencontrent, au hasard d'une lecture, ces témoignages, la question reste ouverte. Seront-ils pour eux un conte des temps anciens ou le récit d'une vie accomplie ?

Perros-Guirec, septembre 1997

A nos petits-enfants

Faire savoir à ses petits-enfants comment étaient et vivaient leurs grand-parents lorsqu'ils étaient bien plus jeunes qu'eux n'est pas chose simple. Une sorte de témoignage « prénatal » qui n'a pas l'ambition d'un cours d'histoire, même si c'est pour vous dire l'enfance et l'adolescence de l'un et de l'autre, il faudra bien rappeler comment était le monde, notre monde, ses contraintes et ses sollicitations, en ces années si éloignées. Relater non seulement certains événements connus, parfois célébrés, mais aussi les conditions précises et la pression des valeurs en cours qui ont, pour une large part, déterminé nos cheminements.

Deux raisons pour vous accorder la priorité de mes souvenirs-témoignages plutôt que par filiation directe, à vos parents, nos fils.

La première est *l'ordre chronologique*. Même lacunaire, un récit chronologique introduit une certaine logique qui aide à « apprivoiser le temps », ses sauts mal maîtrisés par moi-même et *a fortiori* par les autres. Les faits et les dates qui seront cités risquent de vous apparaître aussi lointains que Bouvines ou Marignan. Il m'a fallu les reconstituer, les situer au mieux, tant ils se sont depuis entremêlés ou effacés. Et ce qui complique encore l'affaire, c'est que ces temps de jadis ne sont pas semblables pour R. et pour moi. Différents, non seulement en fonction des repères et précisions dont je dispose, mais aussi de nos premières expériences qui peuvent faire comprendre ce qui est advenu plus tard.

Je dirai R. pour lui et B. pour moi lorsque je ne parlerai pas à la première personne. C'est ce que vous avez toujours fait : aussi longtemps que vont mes souvenirs, vous nous avez toujours désignés par nos prénoms. Nous n'avons donc pas été pour vous seulement un statut ou une « catégorie » familiale mais des personnes singulières. Il en était de même pour le style de relations qui se sont nouées lors de nos conversations parfois prolongées. Avec R., préoccupations scolaires, interrogations et projets d'avenir ont fréquemment alimenté vos débats (les sujets de vos dissertations sont souvent notés dans ses « carnets », assortis de commentaires plaisants). Avec moi, on bavardait, de tout et de rien, en s'interrompant, en se complétant, chacun à son gré, à propos d'un film ou d'un livre. Plus tard, des paroles plus intimes sur les impromptus de l'amitié ou des coups de cœur. Ainsi, vous êtes devenus, en grandissant, de plus en plus proches, nos rôles d'ancêtres suscitant plus d'affection que de respect.

Il est probable que la disparition de R. vous a paru normale : *il a fait son temps*. Mais je sais qu'elle vous a tous bouleversés et qu'il vous manque.

La seconde raison est de votre fait, ma charmante nichée de quatre filles et de quatre garçons, les enfants des années soixante, soixante-dix et quatre-vingt : chacun d'entre vous, à sa façon, a posé beaucoup de questions sur les *comment* et les *pourquoi* de notre passé. Peut-être par goût des histoires, des *« il était une fois »*, mais aussi par désir de comprendre ces deux personnes qui vécurent si longtemps ensemble, souvent en s'amusant, alors que... Oui, alors que les séparations de ce qu'on nomme les *conjoints* sont devenues choses courantes.

Je me souviens d'une question que l'un de vous (Mathieu) m'avait un jour posée après avoir bien hésité : « *Quand on est marié, est-ce qu'on est **obligé de divorcer** ?* » Ma réponse l'a satisfait : « *Bien sûr que non, regarde tes parents ou, si tu préfères, tes grand-parents* ». Il n'a pas poursuivi et pourtant, je le savais bien, pour près de la moitié de ses camarades de classe, la situation familiale n'était pas celle que j'évoquais.

Encore une remarque avant de passer à des faits précis.

Pour nos enfances, les deux récits seront différents. Pour R., je dispose des dates (années, jours, parfois heures) qu'il a lui-même consignées. Pour moi, le rappel de mon enfance n'est pas daté et peu rigoureux. J'en garde des images à la manière des Impressionnistes, tableaux aux couleurs floues, certaines plus brillantes que d'autres avec, en arrière plan, les tons qui changent selon l'angle du regard. Des traces qui restent quand tout a disparu sont forcément moins précises. Ce n'est qu'à partir de l'adolescence que nos deux trajets peuvent être véritablement comparés.

Période d'adolescence dont je situerai le terme *grosso modo* à ma majorité légale, aussitôt suivie de notre mariage. Par pure convention, bien sûr. Nous étions alors bien loin, l'un comme l'autre, de nous sentir *adultes*. Ce statut majeur, si souvent donné en exemple, ne s'acquiert ni par la loi, ni même par des obligations ou devoirs consentis et assumés, mais par bon nombre d'apprentissages que la vie vous impose, des points d'arrivée, rarement un terme qui n'est sans doute jamais atteint. Sauf aux yeux des autres. Je peux vous le confier, à bon escient : on peut être vieux sans forcément être adulte. Je dirai plus loin par la grâce de quelles circonstances et lumières j'ai décidé de l'être. Du moins, le plus souvent possible.

R. aimait bien raconter son enfance et ses pérégrinations. Il l'avait fait si joliment dès nos premières rencontres. Il en faisait de même avec bien d'autres personnes ; certaines me l'ont dit, pour d'autres la preuve se trouve dans ses notes ou brouillons de lettres. Sans doute avait-il recours à ces récits par désir de sauvegarder certains souvenirs tout à la fois fragiles et tenaces ; ou par manière de se présenter, avec humour et poésie, sans trop de risque de décevoir ; ou encore volonté d'établir avec tel interlocuteur une proximité au-delà des contingences du présent. Les choses du passé prennent souvent figure d'une *belle histoire* qui cache des incertitudes, timidités ou pudeurs. Un témoignage de confiance aussi qui éveille aisément intérêt et sympathie : évocations qui séduisent l'auditeur par la qualité d'un récit particulier, surtout lorsqu'il pense être **le** confident privilégié.

C'était mon cas et je fus, tout à la fois, bien amusée et attristée. Amusée par la façon dont il me conta son enfance cahotante, attristée par tout ce dont il avait été privé. R. n'était pas un « sans famille », mais il a connu, dans sa prime enfance, l'épreuve des familles intermittentes.

> Dans son autobiographie publiée, il donne peu de détails. Je cite : « *Je suis né à Paris, le 27 octobre 1910. Ma mère était fille d'un petit artisan de Beaune (Côte d'Or). Mon père : un enfant assisté du département de la Seine, portant le nom d'une mère célibataire qu'il n'a jamais connue.* »

Renseignements d'identité irréfutables mais qui apprennent peu de choses sur les premières années de sa vie. Il les précisera dans l'un de ses carnets, écrit en 1972, en résumant une conversation avec sa mère, une sorte de confrontation, pas toujours concordante, de leurs souvenirs. Je reprends ici, de façon succincte, l'essentiel de ces évocations.

– Né à Paris, R. est placé chez une nourrice à Beaune à l'âge de huit jours. Il y restera, avec quelques autres nourrissons, jusqu'à l'âge de deux ans et quelques mois.

– Il reçoit des visites de ses parents qui travaillent à Paris ; elles sont rares et brèves (congé dominical).
– Ses parents le reprennent à Paris en 1913. Il note, entre autres, que c'est la première fois qu'il identifie son père. Peu de temps après, il tombe gravement malade (rougeole, broncho-pneumonie et complications ; hospitalisé plusieurs semaines).
– Retour à Beaune, d'abord chez la même nourrice puis, lorsque la guerre éclate et que les Allemands approchent de Paris, sa mère le rejoint : ils seront alors accueillis chez ses grand-parents. De ce séjour en Bourgogne, il retient quelques souvenirs ponctuels : dans les bras de sa nourrice, scènes d'adieux aux recrues qui partent sur le front (août 1914) ; son grand-père qui appelle le Père Noël près d'une cheminée ; une classe maternelle...
– Retour à Paris en 1915, une seconde école maternelle dans le XVe arrondissement, quartier où viendront s'installer peu après ses grands-parents pour répondre aux besoins de main d'œuvre dans la capitale. Son père est toujours au front.
– Il retournera à Beaune, chez sa nourrice, à plusieurs reprises en périodes de vacances, notamment en 1920, date qu'il consigne pour d'obscures raisons. Mais, désormais, son foyer sera à Paris.

R. entre à l'école primaire à l'âge requis de six ans. Ses études élémentaires sont brillantes et ses enseignants l'encouragent à les poursuivre. Il aime apprendre et s'y applique volontiers, mais au terme de sa scolarité obligatoire, une première déception. A un concours organisé par le maire, il n'obtient que le second prix des écoles de son arrondissement. Il a gardé ses livres de récompense, avec leurs félicitations officielles, mais aussi la tristesse d'avoir été, à cette occasion, bien grondé par ses parents (il faut être premier !).

Son baptême, à l'âge de sept ans, lui offre l'opportunité d'échapper à son quotidien domestique. Son parrain est un « intellectuel », milieu aisé et goût pour les Lettres. Il est mort jeune en léguant à R. son journal intime. Je l'ai lu : c'était un garçon chétif, souvent malade, à l'esprit ouvert, qui parvenait à survivre grâce à la lecture et à l'écriture. C'est sûrement à le fréquenter, à l'écouter, à lire (ouvertement ou en cachette) les livres qu'il lui prêtait que R. a pris le goût des mots, des phrases bien tournées et s'est lancé dans ses premiers « essais » littéraires : poèmes, nouvelles, pièces de théâtre, etc. Et c'est alors qu'il s'interroge sur ses propres désirs bien différents des projets paternels.

« *Mon père*, écrit-il, *rêvait pour moi d'une promotion sociale... j'étais voué à devenir ingénieur.* » On l'inscrit donc à l'école primaire supérieure Jean-Baptiste Say, dans la section technique qui devait le préparer aux Arts et Métiers.

R. se soumet au choix imposé jusqu'à l'âge de seize/dix-sept ans. Ce n'était guère facile d'émettre un avis personnel, de s'opposer ouvertement à un père, héros de la guerre, habitué par ses longues années dans l'Armée à commander et à se faire obéir (cinq ans par engagement volontaire puis quatre ans de batailles en première ligne). A l'époque d'ailleurs le respect du chef de famille était de rigueur. Des cachotteries donc et tricheries à défaut de liberté. En 1927, son carnet intime est écrit en lettres gothiques pour que sa prose reste inaccessible à ses parents. Je déchiffre :

> *Mes parents ont vu que je leur mentais... Papa fouille dans mes affaires, trouve mon dictionnaire de rimes... trouve une lettre à Antoine pour le Courrier Théâtral... Maman trouve dans ma poche une pipe... Je me fais sermonner... il me supprime les sorties...*
> Plus tard, en 1942, il note : *Les années les plus déprimantes de mon existence : entre 12 et 16 ans.*

Obéissance apparente donc mais désir profond d'émancipation. C'est au cours de cette année 1927 qu'il prendra une décision capitale : abandonner le cursus technique, préparer le Baccalauréat, s'inscrire à l'Université, quitte à pourvoir tout seul à ses besoins alimentaires.

Tous les « petits boulots » étaient bons à prendre : leçons à domicile à des écoliers en difficulté, garçon de bar occasionnel et même deuxième violon dans un orchestre qui accompagnait les films muets. Mais aussi, voie vivement conseillée par un de ses enseignants, préparation d'un concours pour obtenir une bourse d'études. Le conseil était bon mais il exigera un travail de réadaptation acharné. Dans ses notes, R. décrit alors sa permanente lassitude.

Grâce à la bourse et à quelques leçons particulières, il remplit le programme qu'il s'est fixé. Il le résume sobrement dans sa « bio » publiée.

> *Le cours de mes études est peu ordinaire. Il débuta dans une école maternelle de Beaune et s'acheva en 1934 à Yale University. Avec, entre les deux à Paris, une deuxième école maternelle, une école primaire, l'école primaire supérieure J.B. Say, le lycée Buffon, la Sorbonne.*

Il omet (ou oublie ?) une année à l'école de l'avenue de Breteuil, en classe de transition indispensable pour entrer au lycée. Il fait également silence sur ses hésitations.

Libéré des contraintes parentales, du moins matériellement, tout le tente alors. Il s'inscrit **simultanément** à la Faculté de Lettres, à la Faculté de Droit et au Cours Préparatoire au Conservatoire d'art dramatique. Ce sont les études de philosophie qu'il suivra jusqu'à leur terme : les maîtres qu'il y rencontre l'éblouissent, tels Bréhier, Delacroix, Wallon, Janet, Meyerson et d'autres.

Dans sa famille, R. se sent mal compris. Ses parents éprouvent, sans aucun doute, affection et même estime pour leur fils unique, mais ils souhaitent avant tout *qu'il réussisse dans la vie*, alors qu'il aspire de toutes ses forces à *réussir sa vie*, sans bien savoir quels sont les chemins à prendre ni quels sont ses propres armes et moyens. Le doute de soi s'installe quels que soient ses succès.

Quelques lignes écrites sur une bien mince feuille, en 1930 :

> *Je viens de remporter avec mes examens de licence un succès... C'est la première fois que ça m'arrive depuis le certificat d'études, depuis huit ans. Et durant ces huit années que d'efforts vains, que de découragement... et quelle instabilité après l'école communale... Lorsque je rentre à la Sorbonne, je change de milieu, je deviens une autre personne. Mes antécédents n'entravent pas mon travail... je travaille alors en silence, j'arrive à surmonter mes tendances au rêve... Je rencontre des jeunes gens qui, sur les apparences, m'estiment plus que je ne vaux. Je travaille en secret à me hausser à la valeur, à l'idée qu'ils se font de moi.*

Tout au long de sa vie, R. se méfie des apparences, dénonce le paraître et éprouve à son propre égard une exigence toujours renouvelée. La bataille à gagner est celle contre les faiblesses et lacunes qu'il s'attribue. Il en fait l'aveu fréquent dans ses écrits intimes.

J'ai bien connu, à une exception près, les personnes qui ont veillé sur lui pendant ses premières années. La plus affectueuse et aussi la plus stimulante était sa nourrice que j'ai revue à plusieurs reprises. Joséphine Minguet (dite La Mémène), une grande dame quasi analphabète, était dotée d'un cœur chaleureux, d'une énergie inépuisable, d'un humour et d'une joie de vivre que l'âge n'a pas affaiblis. Elle manifestait pour R. un attachement particulier : il était de ses nourrissons le plus vulnérable et donc le plus digne d'attention. Elle a suivi toute sa carrière, se réjouissait de ses publications, en affirmant avoir toujours été convaincue de ses succès. R. l'a beaucoup aimée et, dès que cela fut possible, il lui a présenté, avec tendresse et fierté, son fils aîné.

Ses parents ? On pourrait en faire un roman à la manière de Zola. J'en dirai peu de choses pour avoir connu avec eux mes propres désaccords et conflits. Juste quelques lignes pour affirmer une fois de plus que les liens biologiques n'assurent pas forcément proximité et compréhension. Des personnes de « bonne volonté » à coup sûr, mais conventionnelles et surtout angoissées, prévoyant en permanence quelque malheur ou catastrophe.

Particulièrement sa mère qui n'a jamais surmonté son chagrin et sa colère après avoir appris, vers l'âge de quinze ans, que sa mère n'était que la seconde épouse de son père, sa vraie mère étant décédée à sa naissance. Elle masquait sa déception et sa jalousie (à l'égard d'une sœur plus jeune) par d'interminables silences et des retraits prolongés que rompaient seulement ses activités ménagères. J'espère avoir pu, avoir su, lui transmettre — lors de notre cohabitation de plus de trente-cinq ans — quelques sentiments de bienveillance et un certain plaisir de vivre. Grâce surtout à nos enfants qui lui ont donné pas mal de soucis mais aussi un bonheur tout neuf, celui d'aider des «petits» à grandir et progresser.

Quant à son père, l'ignorance dans laquelle il était de ses géniteurs, il la ressentait comme une injustice, une sorte de calamité, et ne l'oublia jamais. Il a tenté de compenser cette «exception» par le travail et l'ambition d'ascension sociale. Il abandonne sa condition de salarié et crée sa propre entreprise de soudure électrique à Aubervilliers, en association avec une personne dont il n'a su apprécier ni les qualités ni les défauts. Les conséquences en furent désastreuses, elles l'ont été pour nous : il est mort brutalement en septembre 1940, à l'âge de 56 ans...

La seule personne de sa famille que je n'ai pas connue mais dont R. m'a souvent parlé est son grand-père : Jules Theurillat. C'est avec ce personnage bien pittoresque — maçon, franc-maçon et capitaine des pompiers — que R. a pu nouer des liens de connivence, voire de complicité. C'était un homme direct, esprit libre et franc-parler qui a su se soustraire, avec humour et obstination, aux conventions de son milieu.

La relative autonomie matérielle permet à R. de prendre des vacances hors de l'Hexagone. Pour commencer, en 1929, il visitera l'Italie en accompagnant un de ses élèves à Venise. Son arrêt à Milan est consigné en détail : dans un bistrot, il entend à la radio les vociférations belliqueuses de Mussolini qui laissent totalement indifférents les consommateurs.

Son second voyage répond à ses options politiques. Il participe, en 1930, à une assemblée pacifiste franco-allemande qui se tient à Sohlberg, dans la Forêt-Noire. Un groupe d'étudiants de divers pays s'y réunit pour **s'opposer à toute guerre**. Côté français, avec lui, j'identifie Valentin Feldman (fusillé par les nazis en 1942) et un certain Mardrus. Côté allemand, Otto Abetz, alors militant chrétien, puis ambassadeur de Hitler à Paris, en cette même année 1942.

C'est en 1931 que R. achève sa licence de philo qu'il complétera en 1932 par un DES (*La philosophie du droit chez Hegel*). Par curiosité et désir d'en savoir plus, il suit également un *Séminaire d'Initiation à la Psychanalyse* dirigé par le Dr Allendy. Un an plus tard, ce sera la Faculté des Sciences (le S.P.C.N. d'alors) et quelques examens réussis à la Faculté de Droit.

Par contre, c'est l'échec à son examen d'entrée au Conservatoire d'arts dramatiques. Mais son année de préparation lui vaut des rencontres plaisantes et quelques revenus supplémentaires : rôles de figurant et aide organisateur des grands spectacles mis en scène par Aldebert, son guide et mentor. Il en gardera longtemps regrets et souvenirs.

1933, c'est l'année cruciale, celle d'événements fondateurs : notre rencontre, son voyage aux États-Unis et tout ce qui s'en suivra. Je vous le dirai plus en détail, j'ai hâte de vous parler de moi. Mais avant de changer de genre, quelques lignes encore à propos de sa vie sociale, extra familiale, pendant les années que l'on vient de parcourir.

Peu d'amis de son âge pendant son enfance et sa prime adolescence, à l'exception qui semble négligeable de quelques camarades de classe. Ses sorties sont surveillées, les visites qu'il pouvait recevoir pratiquement absentes (exiguïté du logement et méfiance intervenant ensemble). Mise à part une voisine de palier, R. consigne plus souvent le nom de ses enseignants que ceux de ses camarades. Trois ou quatre apparaissent qu'il retrouve en des occasions précises : leçons de violon ou matinées artistiques au Conservatoire Municipal. Un coup de cœur pour Raymonde, son premier flirt, jeune fille charmante dont il m'a tracé le portrait, mais vite perdue de vue.

C'est alors un garçon plutôt solitaire, davantage par la force des choses que par goût, conséquence sans doute aussi d'une permanente interrogation sur soi. Lorsqu'il parvient à prendre quelque liberté, il cherche davantage à faire partie d'un groupe, d'un ensemble structuré que d'établir des liens directs, forcément imprévisibles, avec telle ou telle personne. En évoquant cette période, il écrit :

> *J'ai, dès l'âge de dix ans, la manie de former des associations, des sociétés de toutes sortes : chaque société avec ses statuts bien établis, avec une hiérarchie très compliquée... L'impuissance à me saisir a cherché un phénomène compensatoire dans l'esprit d'organisation.*

La même tendance s'observe pendant ses études universitaires, le nombre d'associations dont il fait partie est impressionnant. Entre autres : Les Amis du Mouvement Surréaliste, l'Association des Étudiants Pauvres, la Jeune Révolution, le Groupe d'Études de Philosophie, le Groupe d'Études de Sociologie, l'Union Fédérale des Étudiants, etc. Leur dénomination exacte m'échappe, mais je retrouve des écrits, imprimés sous forme de tracts ou d'appels, publiés dans des *bulletins* qui ont disparu ou se sont modifiés.

Dans ces divers groupements où les idées l'emportent souvent sur les objectifs, R. rencontre des condisciples dont certains deviennent des amis. Tels Henri Pastoureau, Jacques et Jean-Pierre Vernant, Victor Leduc et quelques autres. Tous de gauche, vivement intéressés par le marxisme, avec ou sans la carte du Parti Communiste (qu'ils finiront d'ailleurs par acquérir puis abandonner). En attendant, bagarres minutieusement programmées avec les étudiants de droite : dans la cour de la Sorbonne, à heure convenue, à l'exclusion des filles conviées au spectacle mais non aux affrontements physiques ; chaque camp se retirant ensuite dans son bistrot attitré, pour *nous*, c'était le Bar-So, pour les *autres*, le Capoulade, deux cafés du Quartier Latin qui ont disparu l'un comme l'autre, laissant place à d'autres commerces. Une bonne dose de politique-spectacle sans doute dans ces rassemblements et batailles, mais quelle fraternité !

Retour à B., quelques années auparavant.

Des premières années de ma vie, il me reste une *atmosphère*, celle d'une famille très chaleureuse, fort nombreuse et pleine d'attentions. Bien trop à mon goût ! Je me souviens de mon désir d'aller enfin à l'école, comme ma sœur aînée, d'y trouver des filles de mon âge, d'être autorisée à faire telles choses toute seule, comme traverser la rue sans donner la main à un adulte, toujours présent.

Mes ancêtres n'étaient pas des Gaulois. Je suis née en 1915 dans une famille de petite bourgeoisie relativement aisée avec, dans l'ordre, trois handicaps. Être fille, juive et benjamine dans cette Pologne d'après la Première Guerre Mondiale, vous impose un choix : réagir comme une *petite fille modèle* ou bien désobéir le plus souvent possible. J'ai opté, selon les dires, pour la seconde solution.

Je plante le décor et rappelle quelques acteurs.

Ma ville natale, Lodz, est alors considérée comme la capitale du textile (elle sera plus tard connue grâce au prestige de son Institut du cinéma). Ville grise et triste : usines, ateliers et immeubles proches les uns des autres, avec sa *Main Street* (la rue Piotrkowska) où habite alors ma famille maternelle : grand-mère, oncles, tantes et bien des cousins. Théâtre, salle de concert, deux cinémas pour distraire la sphère bourgeoise de la population. Et, ironie de l'Histoire, parmi ceux qui tiennent le haut du pavé, on compte en ces années plus de Juifs et d'Allemands que de catholiques romains (à l'exception de quelques professions libérales). La classe ouvrière polonaise (premières grèves au début du siècle) est, en majorité, reléguée dans des banlieues quasi champêtres.

Il a fallu la Seconde Guerre Mondiale et l'occupation allemande pour que la situation s'inverse. Dans ces misérables zones périphériques, on aménage le Ghetto où sont entassés tous les Juifs raflés, en attendant les destinations que l'on sait. Parmi eux, la plus grande partie de ma famille, mais non mes parents qui prennent la fuite, se réfugient dans une ville où le Ghetto n'est pas encore instauré. Le sort qu'ils y subissent, je le connaîtrai plus tard, j'y reviendrai alors[1].

Ma famille ? Il m'est impossible d'en faire un juste compte. Ma mère était l'aînée de dix enfants. Mon père avait quatre ou cinq frères et sœurs que j'ai peu connus : ils habitaient, pour la plupart, leur ville natale, à l'est de Lodz. Mon père a toujours été considéré par ma famille maternelle comme un provincial, de condition jugée inférieure (fils de meunier !). Il en convenait d'ailleurs lui-même avec modestie.

Du côté maternel, famille nombreuse, liens étroits et rencontres fréquentes. Je passe sur diverses cérémonies collectives (fêtes traditionnelles, fiançailles, mariages...), il n'était guère possible de quitter son domicile sans croiser ou être rattrapée par l'un de ces apparentés. Traditions juives pour une part — le sens de la famille — mais surtout habitudes conviviales. Dans une fratrie où les âges se suivaient avec de si faibles écarts, chacun connaissait vite ce qui advenait à l'autre, s'en souciait et en parlait. La vie privée était bien partagée. Traditions juives, pas forcément religieuses ; les principales pratiques sont certes respectées mais autant par solidarité et sens d'appartenance que par la foi.

Il faut, en fait, distinguer dans cette famille deux générations. Les aînés — dont ma mère — très tôt initiés à leurs futures obligations sociales (textile ou commerce pour les hommes, devoirs domestiques pour les femmes) et les plus jeunes qui ont poursuivi des études, en Pologne ou à l'étranger.

Le couple de mes parents m'a toujours paru particulièrement asymétrique.

Ma mère, très douce, assume bien son rôle de femme au foyer. Elle s'applique à la perfection à veiller sur le gîte, les repas et nos besoins vestimentaires, mais se déclare régulièrement fatiguée, parfois malade. Raison ou prétexte de ses fréquents séjours dans des villes thermales, de préférence à l'étranger ? Très bonne entente avec ma sœur aînée, fille

---

[1] Je suis retournée dans ma ville natale dans les années cinquante. Tout est demeuré intact : manufactures, magasins, écoles, immeubles (y compris les propriétés de ma famille) ont été bien conservés. Ni bombardements, ni destruction pour préserver les installations industrielles. Ses habitants ont bien sûr changé.

sage et obéissante, ses rapports avec moi sont plutôt distants pour éviter mes questions, réactions et ripostes. Le seul entretien quelque peu intime dont je me souviens se situe la veille de mon départ en France. C'est alors — j'ai presque 17 ans — qu'elle tente de m'informer du danger que la fréquentation des garçons pouvait présenter pour une fille.

Les enfants — et surtout moi, restée pendant douze ans « la petite » — c'est la préoccupation de mon père dans tous les domaines : études, distractions, lectures, relations amicales. Guide et soutien à la fois, il se sent responsable de mon présent et de mon avenir, manifeste tour à tour sévérité, emportements et attentions bienveillantes. Si le mot gentillesse a un sens, il s'applique bien à lui. Je lui préfère d'ailleurs celui d'extrême générosité du cœur. Je n'ai compris que bien plus tard combien nous étions proches.

De l'ensemble de ma nombreuse parentèle, une autre personne émerge : ma tante Anna, sœur cadette de ma mère. Mon refuge, ma confidente, mais avant tout une complice dans mon ouverture au monde. Le goût précoce de la lecture, c'est elle qui me le donne : livres autorisés comme livres interdits, poésie, romans, histoire, tout est à lire, peu importent les recommandations scolaires. Je crois me souvenir que c'est vers l'âge de onze ans qu'elle me recommande la lecture de *Anna Karénina*. (« *Tu comprendras ce que tu pourras, c'est très beau.* ») Elle était a-conventionnelle, ni soumise, ni révoltée, mais avide d'un *ailleurs* bien différent de son univers banal. Elle savait calmer mes « caprices », parfois prévenir mes fugues, atténuer sanctions ou menaces paternelles. Elle avait une fille, trop petite pour être son interlocutrice, j'ai donc pris sa place.

D'un nombre non négligeable de mes cousins-cousines, le plus proche était sans doute mon aîné « Heniek » (Henri le grand : 1,90 m à 15 ans !). Il habite le même immeuble, le jardin est commun, avec ses copains il m'apprend à grimper aux arbres. Tout le monde se moque de mes essais et erreurs, mais je suis plutôt fière d'être acceptée par des garçons. (Tué pendant la révolte du Ghetto de Varsovie.)

Pour ma scolarité en Pologne, je serai plus brève encore.

Trois établissements scolaires et trajet plutôt bousculé. École élémentaire publique, située face à mon domicile et ouverte aux filles de toutes religions ; collège privé juif où s'ajoute au programme officiel l'enseignement de l'hébreu (période des sympathies sionistes de mon père). Cet établissement de qualité, je suis priée de le quitter quatre ans plus tard, pour « incompatibilité d'opinions politiques ». Suivra alors un lycée privé laïc, interrompu de façon définitive par mon arrestation par la police : toujours les « opinions ».

Dans toutes ces écoles, je suis qualifiée, d'année en année, de façon analogue : *Bonne élève, mais trop indisciplinée*. Jugement exact : j'aime l'école, j'apprends assez facilement, j'apprécie avec plaisir la présence des filles de mon âge — je suis alors d'une sociabilité exubérante — je participe avec intérêt aussi bien aux cours qu'à de nombreuses activités périscolaires, mais je me plie difficilement (et rarement) aux contraintes requises et collectivement imposées. Se taire, répondre seulement lorsqu'on est interrogée, ne pas bouger, marcher en rangs, etc. Tout ce rituel va à l'encontre de mon besoin d'être présente et active. Et l'habitude de juger négligeables des prescriptions et interdictions est vite acquise.

En somme, vous avez bien compris : votre grand-mère n'était pas une enfant facile. Je ne saurais vous dire à quoi je devais cette tendance quasi-réflexe à désobéir, à dire **non** à propos de bien des choses et, de préférence, à haute voix. Mes parents l'attribuent malicieusement à l'héritage de ma grand-mère, une petite bonne femme qui a su, après la mort précoce de son mari, régenter famille et affaires sans consulter personne.

Je suis alors une «rebelle sans cause» et, en grandissant, arrivée à l'adolescence, j'éprouve le besoin intense de trouver une Cause (avec un C majuscule, bien sûr).

L'ambiance familiale aidant, j'adhère, vers l'âge de quinze ans, à une organisation sioniste de gauche. Ses mots d'ordre (rejet de l'argent, défense de la laïcité, travail collectif de la terre) me séduisent. Cependant, après avoir appris à chanter et à danser en groupe, je trouve ces objectifs trop limités et trop circonstanciels.

Mes lectures préférées, Henri Barbusse et Romain Rolland en tête, suggèrent des choix plus universels : guerre contre la guerre, lutte contre la misère et contre toutes les injustices sociales, en Pologne et ailleurs. Selon mes souvenirs, deux événements interviennent dans la décision que je prends alors : le premier, appris par la presse, est le scandaleux recours au dumping des produits alimentaires (farine et café jetés à la mer pour combattre l'inflation) ; le second est la rencontre d'un jeune communiste, loquace, qui m'explique quelles sont les justes batailles à mener pour «changer le monde de base». Adhésion donc à une organisation clandestine scolaire inspirée, sinon dirigée, par le Parti communiste polonais, lui aussi illégal, adhésion acceptée après une période probatoire. J'apprends le Manifeste par cœur, lis un peu Engels et Rosa Luxembourg, mais je trébuche sur *Le Capital* (je n'ai jamais dépassé les 25 premières pages).

Les raisons directes de mon arrestation sont anodines : comme fait de guerre, la distribution de tracts appelant à une manifestation interdite du 1er mai. Ses conséquences désespèrent mes parents : près de trois mois de prison, études interrompues, procès prévu et ma décision proclamée de *continuer la lutte*.

Quelques réminiscences de mon expérience de détenue politique :

– **Les lieux.** Après un bref et brutal passage au Commissariat central, c'est la prison. Un grand immeuble gris, barreaux aux fenêtres, situé dans la même rue que mon domicile familial. Une cellule qui «abrite» six ou sept personnes de sexe féminin, tous âges mélangés, droits communs et deux politiques.

– **Le quotidien.** On dort sur des matelas qui doivent être rangés vers six heures du matin. Nourriture abominable et surtout insuffisante : deux seulement d'entre nous reçoivent des colis alimentaires (les miens, apportés par mon père, bien sûr). On partage et on attend les suivants.

– **Les activités.** J'apprends vite le «code mural» : salutations et informations à transmettre à la cellule voisine me sont confiées. J'apprends aussi *les choses de la vie* en écoutant les récits d'une charmante prostituée (victime d'une rafle?). A mon tour et à ma façon, je lui enseigne des éléments d'orthographe et du marxisme. Atmosphère gaie et conviviale[2].

Conséquences de cet événement : ma mère tombe malade, mais mon père ne désarme pas. Il fait mille démarches pour ma libération puis pour obtenir passeport et visa et m'expédier en France. Le choix de Paris présente pour lui plusieurs avantages : le P.C. y est légal et la poursuite des études peut être envisagée; un oncle et une tante y sont installés qui veilleront sur moi.

J'arrive à Paris le 8 mars 1932 (cette date ne sera pas oubliée) avec à la fois quelques remords (j'abandonne mes camarades et mon poste de combat) et une joie ineffable.

Paris était alors pour moi non la capitale de la mode mais celle des Révolutions. La devise *Liberté-Égalité-Fraternité*, je l'aurais inventée si elle n'avait pas existé, et Jules Vallès m'avait bien fait connaître la Commune.

---

[2] Une anecdote, plusieurs années plus tard : je croise souvent, rue Gay-Lussac, une jeune femme polonaise. Je me souviens de son prénom (Yanick) mais ai oublié toute autre précision. Intrigué par nos sourires et salutations, un jour R. l'interpelle : «*où avez-vous donc connu ma femme?*» Sa réponse : «*en prison, monsieur*». Peu après le passé fut évoqué ensemble.

Voyage de près de trente heures avec arrêt imprévu en Belgique : le Carnaval. Tout le monde descend et tout le monde danse. Vive la liberté !

Dans le taxi qui me conduit de la Gare du Nord vers la Place des Ternes (quartier de mon oncle), je tombe immédiatement amoureuse de Paris, de ses lumières, rues, maisons et arbres, un espace de vie dont je n'imaginais même pas la splendeur. Pas question de me reposer : le soir même, dans un café des Champs-Élysées, j'écoute Lucienne Boyer chanter « Parlez-moi d'amour ».

Mon oncle, qui assume la responsabilité de mon accueil et de mon séjour, n'a, à l'époque, qu'une trentaine d'années : sa « surveillance » m'apparaît acceptable et facilement négociable. Comme bagage : le nécessaire pour toutes les saisons (y compris une robe du soir imposée par ma mère, je l'accepte à condition qu'elle soit rouge), une pension paternelle assurée, quelques mots de français, l'air de la Marseillaise et le refrain de la Carmagnole. Un mot de passe aussi pour rejoindre, en toute confiance, l'*organisation*, celle des communistes polonais résidant en France. Tout ce qu'il faut pour avancer, bon pied et cœur joyeux, dans la vie désormais libre.

Bien sûr, carte de séjour oblige, il fallait trouver rapidement le moyen d'accéder aux études supérieures, alors que celles qui les précèdent ne sont pas achevées. Je m'inscris à plusieurs établissements relativement accueillants à cette époque (Conservatoire des Arts et Métiers et Faculté de Lettres), sous couvert d'une sorte d'examen d'entrée. J'assiste aussi à quelques cours sans trop me soucier de leur finalité. D'autres urgences s'imposent : apprendre au plus vite le français et me mettre au service de *la Cause*.

Le contact avec une organisation de communistes polonais est vite établi et l'on me charge aussitôt d'une tâche particulière : trouver logements, même temporaires, aux nombreux *sans papiers* d'alors, pour la plupart des ouvriers polonais qui, expulsés des régions du nord et reconduits à la frontière belge, font demi-tour vers Paris. Ils ont la peau blanche, le *délit de faciès* est évité, mais leur sécurité et subsistance sont à assurer. Quelques lignes à propos de ces « indésirables » des années 30.

> Après la saignée de la Première Guerre Mondiale, leur contribution à la reconstruction de la France est programmée par les compagnies minières. Des trains entiers « importent » plus d'un million d'hommes robustes, salaires et logements garantis, écoles et églises installées, la France d'accueil les attend.
>
> Une dizaine d'années plus tard, ils sont jugés inutiles et trop nombreux, leur retour au pays natal (où le chômage sévit également) est ordonné et mis en œuvre avec des pratiques policières énergiques. Certains en réchappent (mariage mixte, arrachage saisonnier des betteraves, etc.) mais en ces temps difficiles, c'est surtout la solidarité ouvrière qui les protège. L'entraide a fonctionné, expression de morale civique, sans le

moindre ordre de Moscou. Encore fallait-il établir la liaison entre ces hommes « sans toit ni loi » et des citoyens français disposés à les héberger.

Cette tâche m'est attribuée. Je me familiarise ainsi avec les quartiers populaires : Saint Paul - République - Bastille - Belleville - lieux de mémoire personnelle qui ne sont plus ce qu'ils étaient. Virées quotidiennes, marches inlassables (je loge toujours chez mon oncle, quartier de l'Étoile), j'apprends ainsi Paris et son extraordinaire diversité. Je profite de toutes les occasions de chanter (la Chorale polonaise d'Aubervilliers) et de danser, préoccupée davantage par des rencontres et amitiés que par mes études et mon avenir.

Je suis cependant quelques cours à la Sorbonne, prends peu à peu racine au Quartier Latin. Après quelques mois, ma liberté s'accroît, une de mes amies (Betty) dont mon père connaît et estime la famille, arrive à Paris. C'est avec elle que je vais désormais habiter. Rive Gauche, chambre commune, d'hôtel en hôtel, du plus confortable au plus modeste : nous ne savions compter jusqu'à trente (la fin d'un mois) ni l'une ni l'autre.

J'apprends le français assez rapidement (je dirais plutôt « vite et mal ») et mon désir est de me « franciser », en adhérant aux Jeunesses Communistes de France. Pas facile, je suis étrangère, je m'inscris donc à l'Union Fédérale des Étudiants, plus accueillante, j'assiste à ses assemblées, débats et manifestations. C'est ainsi que je rencontre les copains de R. et que nous formons un jour le projet d'une grande balade de vacances : camping en Savoie en traversant à pieds, sac au dos, le pays. Pour fixer dates et détails, rendez-vous est pris, le 12 juillet, au Bar-So, bien entendu. Cinq garçons et deux filles, avec moi Maria, une fille merveilleuse et plus militante que tous les autres, polonaise elle aussi. Parmi les garçons (tous français), R. que je ne connais pas.

Notre première rencontre sera suivie, deux jours plus tard, par un « 14 juillet dansant »; R. accepte mon défi : ne manquer aucun bal entre la Porte d'Orléans et la Porte de la Villette. Il ne me prévient pas que ses qualités de danseur sont limitées, s'habille de façon qu'il croit « élégante » (son pantalon rose sera vite arrosé par ma limonade) et vers trois heures du matin, me demande « ma main ». Fou-rire de ma part, je lui donne **la** main qu'il ne lâchera pas de la nuit.

Quelques jours plus tard, notre petit groupe quitte Paris : train jusqu'à Dijon, puis à pieds à travers un Jura resplendissant jusqu'à Talloires, au bord du Lac d'Annecy.

Je regarde les photos : nous étions alors si jeunes et si enthousiastes! Nos tenues ne sont pas celles des randonneurs d'aujourd'hui : ni jeans, ni chaussures de marche, ni matelas pneumatique. Confort minimal, simples tentes-abris, on dormait sur la paille recouverte de quelque drap. Mais on chantait à tue-tête en marchant (*Les campeurs rouges de la FSGT*). R. ramasse des livres que je jette par terre (le sac est trop lourd), corrige mes fautes de français, me parle de psychologie en m'exposant les théories de l'émotion (Janet), me raconte son prochain départ en Amérique et (déjà) son retour.

Nos réjouissances savoyardes sont plus collectives qu'intimes : on était bien, on était entre nous, «tous ensemble». R. et moi peut-être plus souvent en duo que les autres, mais nos liens prendront sens et consistance de retour à Paris, en septembre. Notre couple originel a un goût de pomme. De retour de la campagne, R. rapporte des pommes qu'il étale sur mon lit : nous les mangeons ensemble pendant vingt-quatre heures (Adam et Eve ?). Les nôtres sont acides, à peine mûres. Quelques semaines plus tard, il part aux États-Unis.

Il vient d'obtenir une bourse pour parfaire ses études de psychologie; hésite entre Vienne (Freud) et les États-Unis qu'il choisira en fin de compte. Il devait partir en septembre mais retarde son départ d'un mois : difficile de se quitter et je refuse de l'accompagner, la bourse est modeste. Il part donc seul en me faisant la promesse d'être de retour pour mon anniversaire.

Je relis nos lettres de cette période de séparation, le plus souvent croisées. Les siennes, reçues avec des délais qui me révoltent (voie maritime : de cinq à huit jours); je les retrouve aussi copiées dans ses carnets. Les miennes brèves et brouillonnes, écrites en un français fort approximatif. Nous étions alors, l'un et l'autre, à la fois sûrs de nos sentiments et un peu effrayés. L'amour fait peur quand il est exaltation. On pressentait, en se quittant sur les quais du Havre, que cette fois-ci il ne s'agissait pas d'une plaisante rencontre, mais d'une sorte de nécessité, d'un besoin absolu. Je n'ose pas transcrire ici ces premières lettres, l'*Île-de-France* à peine éloigné : lui réfugié dans sa cabine, moi dans un café du port, ratant mon train pour Paris, on a bel et bien pleuré tous les deux en se jurant de ne plus jamais se quitter.

Bien sûr, cette déchirure n'a pas arrêté notre intense appétit de vivre. J'ai retrouvé bien vite les copains, les manifs et (un peu) les études. Lui a «découvert l'Amérique» en même temps que les bases expérimentales de la psychologie génétique. De sa belle plume, et quasi quotidiennement, il me fait part de ses rencontres et apprentissages, en omettant évidemment quelques expériences sentimentales que je découvre seulement maintenant. Sans amertume, avec tendresse.

C'est pendant son absence, entre octobre 1933 et mars 1934, que j'ai modifié les principes élémentaires d'arithmétique :

1 + 1 ne font pas 2 mais **1**

2 - 1 ne font pas 1 mais **zéro**

Puis-je avouer que cette même « rectification », je la retrouve maintenant ? Je n'ai jamais vécu seule et n'ai guère le temps de l'apprendre. Bien sûr, le hasard, les circonstances et plus encore les contraintes de la vie quotidienne se sont chargés de me rendre plus rationnelle, il m'est arrivé parfois de changer de formule, mais je ne l'ai jamais récusée complètement.

Pendant ses mois d'absence, Paris n'était pas une fête et ne promettait pas un avenir radieux. Vous connaissez sans doute, vos manuels aidant, l'histoire des années trente : crise économique, montée du fascisme et autres préludes à la Seconde Guerre Mondiale. Au risque de vous ennuyer, j'ajouterai quelques précisions qui marquent les premiers temps de notre vie commune.

> Succédant à celle qui sévit aux États-Unis, la récession arrive en France après 1930, la reconstruction lui ayant laissé quelque répit. Puis, elle s'accroît et atteint son sommet en 1935. Pour commencer, elle touche surtout l'industrie, puis, peu à peu, les prix agricoles s'effondrent en entraînant chômage et appauvrissement généralisés. Un chômage sans aucune indemnisation — quelques soupes populaires et autres bouillons aménagés dans des centres urbains — la dépression touche un nombre croissant de ménages.
>
> C'est de cette époque que date l'expression des « 200 familles » que l'on dénonce : patrons des grandes entreprises ou des banques d'affaires. Ils sont probablement bien plus nombreux à « protéger » leurs capitaux en Suisse ou ailleurs. Les Français votent à gauche (surtout radical-socialiste) mais les hommes politiques cèdent aux pressions économiques ; manifestations et grèves se multiplient.
>
> Si les communistes — alors minoritaires — préconisent *les Soviets partout*, dans les usines et dans les rues, on réclame « pain-paix-liberté ». Le pain en première position, mais aussi la paix menacée par des régimes installés à nos frontières (Mussolini, *le Duce*, en Italie ; Hitler, chancelier en Allemagne depuis janvier 1933).
>
> Aux États-Unis, Roosevelt au pouvoir lance le « New Deal » pour résorber le chômage et s'opposer aux trusts : l'Europe est en retard (lisez ou relisez *Les raisins de la colère*).

Février 1934 : R. est à Yale, je lui écris nos luttes et manifs. Il en rendra compte dans *Clarté*, revue éditée par des communistes français de New York, en amplifiant quelque peu la portée de nos modestes actions (article qu'il signe *Borine*, son futur pseudonyme dans la Résistance).

Trois dates dont je me souviens fort bien :

Le **6 février**, mentionné dans tous les manuels, c'est l'attaque armée de diverses Ligues d'extrême droite contre le Parlement où les députés se proposent de voter la suspension de Chiappe, préfet de police, qui organise et dirige la répression de la gauche. Il faut rappeler que plusieurs de ces Ligues sont, plus ou moins ouvertement, animées et bien subventionnées par les milieux d'affaires (*cf.* La Solidarité Française par le parfumeur Coty). Les députés s'enfuient, la police intervient sans hâte, on tire : Place de la Concorde, plusieurs morts et bon nombre de blessés (à ma connaissance, l'auteur du premier coup de feu n'a jamais été identifié).

Souvenir personnel : en apprenant ces événements, un groupe restreint d'étudiants de gauche se met en route pour faire face aux «fascistes». Avec pour toute arme quelques pierres ramassées en route. Heurts avec la police place du Châtelet, une table de café brutalement lancée me blesse à la jambe : je retourne au Quartier Latin fière et entourée, en boitant.

Le **9 février**, un rassemblement antifasciste est annoncé à la Gare du Nord. Quelques centaines de militants écoutent Jacques Doriot, encore membre du Comité Central du P.C. La police intervient aussitôt, frappe et tire. Cette fois, c'est un ami qui est blessé ; je le conduis à l'hôpital, protégée par une dizaine d'ouvriers de Saint Denis.

Le **12 février**, la C.G.T. lance le mot d'ordre de grève générale : près d'un million de personnes descendent dans la rue (République-Bastille). Toutes les organisations de gauche participent au défilé que rejoignent spontanément de nombreux inorganisés. L'*unité d'action* s'affirme ouvertement et ne perdra plus son souffle.

C'est à cette même période que se créent et se multiplient divers *Comités de vigilance des intellectuels* (Amsterdam-Pleyel en tête). Écrivains, journalistes, artistes et gens du spectacle, d'opinions diverses, se regroupent pour s'opposer aux menaces fascisantes. Surréalistes, pacifistes, libres-penseurs et chrétiens de gauche font cause commune avec les socialistes et les communistes.

C'est alors que le groupe *Octobre* — animé par les frères Prévert — connaît ses grands succès. Les spectacles qu'il monte font la joie non seulement des militants avertis mais d'un grand nombre de spectateurs non engagés. Je ne saurais dire si ce nom d'*Octobre* est choisi en hommage à la Révolution russe ou à la marche sur Versailles du peuple français, les 5-6 octobre 1789, provoquant la fuite de Louis XVI.

Si les antifascistes se rassemblent, le fascisme s'affirme, menace et se déploie. Ce sera l'invasion de l'Éthiopie par les troupes de Mussolini, l'occupation de la Rhénanie par Hitler, puis la guerre d'Espagne dont je parlerai plus longuement. Ses champs de bataille sont entrés dans notre vie à la fois comme événement public et privé.

Depuis le retour de R. des États-Unis, le **24 mars 1934**, nous vivons ensemble. En attendant son concours d'agrégation, R. se met à la recherche d'un gagne-pain, quelle qu'en soient la durée, la nature ou la rémunération proposée. On s'aime, on manifeste, on est heureux, ma pension paternelle assure les frais de logement.

Mes parents ignorent notre vie de couple; les siens, informés par un «faux ami», refusent de me rencontrer; sa mère lui écrit Poste Restante; je ne dirai pas ici tous les péchés qu'elle m'attribue. Ma famille parisienne adopte R. d'emblée, ce qui nous donne l'occasion de quelques repas substantiels. De toute façon, on mangeait peu : du cervelas dans un resto populaire, un sandwich vite avalé et, comme repas de luxe, une pâtisserie viennoise, rue de l'École de Médecine (elle existe toujours) : le cinéma avait la priorité.

Pendant deux mois, R. accepte n'importe quelle offre occasionnelle : quelques leçons de fin d'année, expédition de bouteilles d'apéritif (Byrrh?), calligraphie des étiquettes de réclame pour la firme Baudecroux qui me vaut mon premier rouge à lèvres (le *Rouge Baiser*). Enfin, un poste de plus longue durée en qualité de «stagiaire éducateur» lui est proposé au Centre de Rééducation à Montesson. Il en rend compte dans sa «bio», voici ce qu'il en dit :

> Le Centre de Montesson n'est pas un bagne d'enfants (comme Belle-Isle ou Eysses) qui indignent l'opinion publique... On en parle comme d'un établissement modèle. Les journalistes qui l'ont visité en vantent les mérites. La réalité de cette école où sont rééduqués trois cents enfants de 6 à 16 ans est tout autre... Il y règne une discipline de fer avec pratique des châtiments corporels... Ce qui m'a frappé, au premier jour, ce sont les cages où dorment les enfants...
> En septembre, je publie dans VU, le grand hebdo de l'époque, un article intitulé «Cages pour enfants» (photos à l'appui)... C'est le scandale...

Menaces de procès. La grande presse opère des contre-enquêtes. «*Les cages?*», reconnaît un journaliste, «*mais les enfants aiment les cages*».

Après avoir donné sa démission du Centre et sur le conseil de Henri Wallon, R. utilise son *droit de réponse*, publié en six points précis dans le même magazine, en réclamant une commission d'enquête à laquelle il fournirait *d'autres faits avec des preuves*. La campagne de presse cesse immédiatement. Il n'y eut jamais de commission d'enquête. Un mois plus tard, les cages étaient démontées.

Vous remarquerez, mes enfants, que la première publication de R. largement diffusée est un texte militant qui ne saurait être considéré comme *politique* au sens habituel de ce terme. Il plaide pour la vérité des faits et s'élève contre des faux-fuyants ou falsifications opportunistes. En prenant des risques graves : un procès, voire une condamnation, son avenir professionnel compromis. En fait, ses multiples demandes de nomination à un poste d'enseignant sont restées sans réponse. Mais il ne manquait pas de courage et n'a jamais hésité à affronter plus forts que lui lorsqu'il était sûr de son fait. J'en étais très fière et portais avec satisfaction le badge — reproduction de sa photographie — édité par *La défense de l'Enfance* (association, sauf erreur, présidée par le journaliste Alexis Danan).

J'étais fière et... enceinte. On s'est vite mis d'accord : ce bébé, on le garde, témoignage de nos liens et promesses. Mais il fallait s'adapter à cette situation imprévue, quitter le Quartier Latin pour éviter toute indiscrétion, préparer cette naissance, nous marier lorsque j'aurais atteint la majorité légale (21 ans à l'époque). J'en informe mon oncle qui me propose son aide, mais nous préférons rester maîtres de la situation. Et les choses s'arrangent.

Grâce à l'article publié dans VU, R. rencontre une dame américaine fortunée qui recherche un psychologue capable de faire progresser son fils retardé mental. Besogne quotidienne mais rémunération particulièrement élevée qui, ajoutée à ma pension, est suffisante à notre installation. Loin du Quartier Latin, nous aménageons dans un confortable studio dans le XVIe arrondissement, mobilier acheté à crédit (R. a gardé nos *Bons de La Semeuse*), j'abandonne mes cours et j'apprends à tricoter. Une demi-journée occupée par son élève (les premiers tests de langage sont bricolés à son intention), R. consacre le temps dont il dispose à préparer l'agrégation de philosophie.

Moi, je lis sans cesse : que la langue française est belle quand elle est belle ! Quelques mois exaltants au cours desquels j'épuise (presque) la Bibliothèque municipale voisine (rue Boileau).

Relecture en français de Zola, Balzac, Hugo, Stendhal, Flaubert, Maupassant et autres. Découverte de Jules Romains, Marcel Arland, Mac Orlan, Giraudoux, Aragon. Les poèmes surtout le soir : Baudelaire, Verlaine et *mon* Rimbaud offert par R. Et, à l'étonnement de mon compagnon, délectation avec *La Recherche* : «*Proust, tu ne l'aimeras pas*». Je l'ai lu et relu, bien plus souvent que lui.

En janvier 1935, une nouvelle surprise. La dame américaine, Mrs. G., très satisfaite des progrès de son fils, propose à R. de les accompagner à Nice : saison de carnaval oblige. R. lui expose notre situation « matrimoniale » : aucune difficulté pour elle, deux wagons-lits au lieu d'un seul et rémunération sensiblement augmentée. C'est ainsi que je découvre la Méditerranée, son soleil d'hiver, ses palmiers, le cinéma permanent de midi à minuit et, bien sûr, le Carnaval.

Marc vient au monde le 3 avril, une semaine après mon vingtième anniversaire. R. assiste à l'accouchement, blême de fatigue et d'émotion. Moi, parfaitement inconsciente de la gravité de l'événement, je hurle, puis enfin délivrée, je m'endors. Le bébé est tout beau et rose, il grimace, je lui souris. Tout va bien.

Ce que cette naissance signifie alors pour R., je le sais maintenant en lisant ses notes retrouvées. Je transcris :

> *3 avril 1942, à la Bibliothèque Nationale. J'ai fait des courses pour Marc dont on doit fêter le septième anniversaire. Il y a sept ans aujourd'hui, j'errais au petit jour dans les rues de Nice après avoir vu naître mon fils... Mon désarroi était grand et mes sentiments extrêmement mêlés. J'étais encore trop peu libéré des anciennes attaches familiales pour accepter avec joie celles dont j'étais responsable. La roue de la vie a tourné : la situation a été « régularisée », mon père est mort, l'enfant a grandi. Et, pendant ce temps-là, nous avons vécu le Front Populaire, la guerre d'Espagne et la Deuxième Guerre Mondiale. Dans ce monde déséquilibré, Marc a vécu ses premières enfances. C'est un enfant nerveux. Comment ne le serait-il pas avec de tels parents et dans de telles circonstances ?*

Pour ma part, aucun souvenir de désarroi mais une bonne dose d'interrogations avec ce bébé tout neuf. On rentre à Paris début mai 1935, Marc je le couvre de baisers, mais c'est son père qui le porte. Je me sens (déjà) trop maladroite pour avancer avec une valise et un sac à bébé dans les bras. On l'installe chez nous pendant quelques temps puis, sur le conseil d'un médecin, collègue de Wallon, nous le confions à une pouponnière : Bois de Boulogne, prix élevé, mais soins attentifs garantis et visites fréquentes autorisées.

R. prépare son agrégation et trouve quelques petits boulots ; j'essaie de rattraper mes cours, me présente aux examens : une réussite, un échec. Je crois que c'est alors — quelques moments de lucidité — que je décide d'apprendre un métier : cours du soir organisé par la Chambre de Commerce. Mon diplôme, je viens de le retrouver : mention très bien pour la dactylographie, passable pour la sténo. Une modeste carte de visite pour un éventuel emploi.

R. échouera à son concours par ma faute. Je plaide coupable, mais je me félicite aussi. Coupable parce que je l'empêche souvent de travailler :

trop de « Lalande » et pas assez d'intérêt pour ma personne. Je m'en féliciterai plus tard. L'agrégation lui aurait certes permis d'enseigner dans un lycée, rémunération assurée mais trajectoire banale. Son échec l'oriente vers la psychologie qui le captive après son stage chez Gesell, où il pourra tôt ou tard mettre en œuvre les qualités que j'admire : son intelligence, son esprit critique, ses talents d'innovation. Et tant pis pour les obstacles à franchir.

D'autres batailles sont à livrer, celles surtout du Front Populaire. Après l'imposant Rassemblement Populaire de juillet 1935, la gauche gagne largement les élections le 7 mai 1936 : le Parti Socialiste en tête et une progression considérable en voix et en sièges des communistes.

Cette période historique a été souvent contée. Les souvenirs que j'en garde sont remplis de lumière et de mouvement. Des gens dans la rue qui s'interpellent et discutent, marchent en chantant (*Allons au-devant de la vie*, hymne des Auberges de Jeunesse, fondées par Léo Lagrange), des grèves dansantes dans les usines et les grands magasins, les Accords de Matignon qui instaurent les premiers congés payés et autres « acquis ».

Fait étrange : je ne trouve aucune trace de ces jours de fête dans les notes écrites de R. Égarées peut-être ou bien écrivait-il surtout, sinon seulement, quand il n'était pas euphorique, insatisfait de lui-même ou des autres ? Ou pressentait-il déjà que cette belle victoire serait de courte durée ?

Une période exaltante qui coïncide avec mon émancipation légale : j'ai 21 ans, nous nous marions le 23 mai 1936, j'obtiens la nationalité française et le droit de travailler. J'écris à mes parents que, devenue majeure, je refuse catégoriquement leur aide financière. Question de principe ou désir de garder le secret d'une naissance dissimulée ? Les deux raisons ont sans doute compté dans ma réaction.

Ainsi, si R. informe peu après ses parents, de façon ferme, de son mariage et de sa paternité, les miens ignorent toujours notre union, mon oncle se chargeant de les avertir « en douceur ».

Entre-temps, les effets nocifs de l'hospitalisme commençant à être connus, Marc quittera sa jolie pouponnière ; nous allons nous retrouver tous les trois dans un plus grand logement : un deux-pièces dans le XVe arrondissement, lit tout rose et chambre bien décorée, pour un bébé tout clair, beau, blond et rose lui aussi.

J'arrête là, comme promis, mon inventaire, une avalanche mal ficelée de souvenirs aussi précis que possible. J'y ajoute quelques réflexions que vous pouvez contester à loisir.

C'est en vous écrivant que mon attention a bifurqué. Tous ces rappels d'un passé si éloigné ont éclairé la nature de notre couple. Je commencerai par ce qui nous était d'emblée commun.

Nos aspirations et espoirs partagés sont ceux de notre âge d'alors. Bon nombre d'adolescents les éprouvent même si l'époque et ses modes font varier leur expression. Entre nos bistrots-valse-musette et vos rap-techno, tant de choses ont changé !

Tous les deux, nous ressentons à cette époque un besoin de pleine autonomie, un refus des valeurs et des conventions familiales, un désir de vivre à notre manière en faisant face aux épreuves et obstacles selon nos propres choix. On dit maintenant « vivre autrement ».

Nous partageons aussi le même intérêt pour la chose publique : les inégalités sociales nous révoltent, les guerres sont jugées stupides et monstrueuses, l'indifférence de l'opinion nous est intolérable. A l'avènement espéré d'un *monde meilleur*, nous sommes, l'un comme l'autre, décidés à apporter notre contribution, considérée comme LA condition nécessaire de notre propre épanouissement.

Et c'est alors que nos différences sautent aux yeux de tous ceux qui nous connaissent. Je dis bien *différences* et non *divergences*.

Pour ma part, le besoin d'agir, de *faire*, est permanent. R., tout aussi convaincu, raisonne et argumente, ses engagements prennent appui sur des justifications que je juge trop hésitantes ou superflues. Différence de formation, des habitudes prises dans les cercles d'étudiants où l'on discute sans répit des bases théoriques de l'action politique. Mais peut-être aussi une réactivité acquise. Sa réserve, comme son effort de contrôle de soi, ont sans doute pour source les incertitudes de ses années d'enfance. Alors que la surprotection parentale que j'ai connue a produit l'effet inverse : réactions intempestives, spontanéité rarement contrôlée, opposition souvent irréfléchie.

Aux yeux de nos copains, R. passe alors pour un garçon sérieux, intelligent, souvent brillant. Ma compagnie est jugée fort agréable, mais on me trouve désinvolte et quelque peu fantasque. Aussi, ce couple mal assorti, qui ne se sépare jamais, est fréquemment objet d'étonnement.

Après tant d'années, je suis persuadée que ce sont précisément nos dissemblances qui ont forgé nos liens les plus solides. A ses inquiétudes répondait mon insouciance, à mes emportements faisait face sa recherche de repères. « Effet-de-couple », comme il le dira beaucoup plus tard.

Cela n'avait peut-être pas été — le 12 juillet, au Bar-So — ce que l'on nomme un coup de foudre, mais bien plus curiosité, surprise, émotion. S'il me décrit alors comme « une fille outrageusement blonde et rieuse », je suis plus séduite par son regard et son verbe que par son allure. La poésie est entrée dans ma vie et m'a accompagnée tout au long des saisons, ensoleillées ou brumeuses.

Elles seront contées maintenant à vos parents. Juste un mot encore : il vous a beaucoup aimés, l'un après l'autre, à sa façon discrète et tendre. Contre son intolérable absence, lisez ces quelques pages.

Lettre à nos fils

Ce n'est pas sans appréhension que je prends la suite en m'adressant à vous, nos trois garçons, si proches et si différents. Des vrais «pas pareils».

Il m'aurait été plus facile sans doute d'écrire à chacun de vous séparément, j'ai toujours préféré nos dialogues à nos fréquentes discussions familiales. Mais comme c'est une longue saga que j'essaie de reconstituer, à trois en 1936 puis plus nombreux au fil des ans, chacun de vous est libre de privilégier telle ou telle période.

Tâche difficile de présenter cette «marche du siècle» même en suivant au mieux ses avancées et turbulences. Votre père aurait su le faire bien mieux que moi !

Si je vous sais si peu semblables, je trouve chez chacun de vous une part de moi-même et aussi des vertus et qualités que R. vous a léguées. Pour ne parler que de celles-ci : ressemblance physique et goût du verbe (Marc surtout); discrétion et maîtrise de soi (Jean-Fabien); appétit d'apprendre et acharnement au travail chez le plus jeune (Jacques).

De mon côté, l'hérédité est sans doute moins flatteuse : à vous de juger. Il m'apparaît aussi — et cette fois-ci l'hérédité est hors de cause — que notre couple parental a pu contribuer à former à votre tour des unions attrayantes. Connaissant bien vos élues, je ne crois pas me tromper.

La chrono que vous lirez montre bien que dans notre vie commune chacun de vous a pris place en des conditions différentes : notre âge, nos engagements professionnels et politiques (sans parler de nos moyens de subsistance) n'étaient pas les mêmes. Nous n'étions certes pas des parents modèles ; c'était davantage les enfants « aussi » que les enfants « d'abord ».

Mais dans tous les cas — avons-nous su vous le faire sentir ? — chacun de vous était notre *bien commun*. R. assiste à vos naissances, participe à mes efforts, guette votre premier cri, situation bien rare à l'époque. Son attention se poursuit : je retrouve dans ses carnets la description de vos réactions, comportements et progrès qui vaut bien un manuel de psychologie. Je les confierai aux Archives.

Les premiers temps de notre vie commune, je les évoquerai de façon plus détaillée que les étapes suivantes.

L'Histoire a si fortement pesé sur notre quotidien qu'il faut bien que j'en dise ses faits, tumultes et catastrophes. Destin individuel et destin collectif, un beau sujet de réflexion.

Face à des millions de victimes, nos péripéties personnelles — pas toujours semblables pour l'un et pour l'autre — peuvent paraître anecdotiques. Je les rappellerai cependant en bon ordre : notre trajectoire est aussi, pour une part, la vôtre.

Des années trente et quarante où tout était promesse puis tout devient obstacle, votre père a gardé des traces multiples : lettres, journaux intimes, photos bien commentées. J'ai tout retrouvé, même mes propres sentiments d'alors. Pour cette période de perpétuelle adaptation à l'imprévu, une chronologie minutieuse me paraît nécessaire.

JUIN 1936 - JUIN 1940

Ce sont des années 36/37 dont je garde les souvenirs les plus vivaces, période pour moi particulièrement stimulante, alors que R. doit accomplir ses obligations militaires, et s'interroge avec anxiété sur son avenir. En attendant son incorporation, il donne quelques leçons particulières, écrit (j'ai retrouvé un essai sur la Révolution Française, jamais publié ou alors sous un autre nom ?) et s'occupe de Marc, gardé à la maison, mais à mi-temps seulement, par une réfugiée antifasciste allemande.

Juillet 36 : mon autonomie matérielle, mon premier salaire. Sur recommandation de Wallon (je viens d'obtenir un certificat de licence avec lui), je travaille comme animatrice-éducatrice de « vacances de jour » au Parc Montereau (écoliers de Montreuil). En apprenant à cette occasion notre mariage, Wallon s'exclame en m'embrassant : «*quelle bonne idée!*» Je n'ai jamais oublié cette congratulation.

Peu de temps après, ce sera la rencontre avec les parents de R. Ils nous rendent visite et, charmés par notre bébé, nous proposent d'accueillir Marc pendant le service militaire de son père. Cet accueil se prolongera pendant près de quatre ans.

Encouragée par leur réaction, j'écris à mon père que je suis fiancée, persuadée que, Hitler aidant, il ne pourra, faute de visa, venir en France. En décembre 1936, il annonce son arrivée prochaine.

Mais, entre-temps, un événement majeur interrompt tout. Dans la nuit du 17 au 18 juillet, Franco, à la tête des troupes coloniales, quitte le Maroc, débarque en Espagne et s'insurge contre le gouvernement légal. La guerre civile en Espagne débute. Quelques rappels qui précèdent ce coup d'État.

>Après la grève générale des mineurs des Asturies, en 1934, et l'atroce répression qui s'en suit, la gauche arrive légalement au pouvoir en février 1936. Un gouvernement «d'alliance républicaine» est constitué, qui présente un programme de réformes relativement modéré : amnistie des prisonniers, réforme agraire, alphabétisation, etc.

>La coalition au pouvoir se heurte bien vite à l'extrême droite, la Phalange fasciste en tête, mais aussi à l'extrême gauche (anarchistes, syndicalistes et dissidents communistes) qui réclame des changements plus radicaux, une «révolution» et non des réformes. L'unité d'action pour la défense de la République devient difficile.

Un de mes amis, photographe de presse, dit Chim (alias David Seymour, né Szymin) m'apprend qu'une organisation de soutien à l'Espagne républicaine vient de se constituer à la Ligue des Droits de l'Homme, sur l'initiative de Victor Basch et de Paul Langevin[1]. Quelques jours plus tard, je m'y rends et propose mes services.

Deux personnes me reçoivent : Madeleine Braun (secrétaire de ce Comité hâtivement organisé) et Yvonne Halbwachs (la «petite main» qui passe des heures à écrire et coller des enveloppes).

Je me présente de la façon que vous connaissez : «*je ne sais pas faire grand chose mais j'apprends vite...*» Je désire ardemment aider ce

---

[1] Souvenir-hommage au courage et à la conscience professionnelle des envoyés de presse, témoins de tant de combats. Parmi eux, deux de mes amis : Chim, bien sûr, qui était de toutes les batailles, tué en 1956 pendant la malencontreuse campagne de Suez par une mitrailleuse égyptienne, quatre jours après le cessez-le-feu. Mais aussi Capa qui a subi le même sort en 1954, après la chute de Dien-Bien-Phu, victime d'une mine antipersonnel. Ils nous laissent de très nombreuses photos.

Comité : à mi-temps, sans rémunération, à plein temps quel que soit le salaire et, en attendant la fin de mon engagement estival, éventuellement le soir. Le P.C. ne contrôlait pas encore — ou alors très discrètement — cette modeste organisation, animée principalement par des intellectuels antifascistes, parmi lesquels Henri Wallon.

Je ne savais pas alors — personne ne le savait — que mon engagement allait durer près de trois ans. Je ne doutais pas de quelle façon il serait ressenti par votre père, même s'il approuvait ma décision.

Je commence à travailler en septembre, à temps beaucoup trop plein pour lui. Je rentre à la maison souvent tard le soir, lui raconte avec enthousiasme mes diverses rencontres et « actions », alors qu'il se sent, sous son uniforme de 2e classe, dépaysé, délaissé, inutile. Son admission à l'EOR (École des officiers de réserve) est refusée pour des motifs politiques que vous connaissez. Lorsqu'il rentre à la maison, il m'y trouve rarement ; quand c'est moi qui l'attends, sa permission est supprimée (multiples vaccinations). Je regrette nos trop brèves rencontres (mes petites notes en témoignent) mais je n'en souffre pas. Nous étions alors si optimistes quant à l'issue de cette bataille, les combattants de la liberté avaient la priorité : *No passaran !*

Par nos bureaux passaient les premiers volontaires des Brigades Internationales, accourant de tous les pays, à l'initiative mais non sur l'ordre de Moscou, animés par la volonté de défendre la démocratie et la paix[2].

Souvenir particulier du Bataillon Lincoln, volontaires américains, parmi lesquels Ernest Hemingway. Et aussi celui de Paul Robeson qui, à sa descente de l'avion au Bourget, chante de sa voix incomparable, en l'honneur des combattants républicains, son *Old Man River*.

Le « sel de la terre », bien vite désorienté et désorganisé par des mouvements politiques contradictoires, puis abandonné, enfermé dans des camps, décimé. *Mourir à Madrid*, ce cri ralliait alors toutes les bonnes volontés, Madrid attaqué dès novembre 1936, qui a su résister jusqu'à mars 1939, même après la chute de Barcelone.

---

[2] J'ai vu récemment le film de Ken Loach, *Land and Freedom*, qui montre avec *brillance* les luttes fratricides dans le camp des Républicains. J'en étais à la fois bouleversée et déçue. Dans son récit manque le début, les premiers mois, l'élan antifasciste qui mobilise alors les démocrates de tous les pays, sans distinction d'opinions. Manque aussi un événement qui a bouleversé l'opinion : l'assassinat de F. Garcia Lorca.

Nous savons aujourd'hui la succession des enjeux qui ont « sonné le glas ». Dès le mois d'août 1936, les pays démocratiques cèdent aux menaces fascistes (par pacifisme ou par anticommunisme) : c'est la non-intervention. En novembre de la même année, l'axe Berlin-Rome. En avril 1937 : trois mille bombes lancées sur Guernica. En février 1938 : l'annexion de l'Autriche, puis, peu après, sous la pression des conservateurs britanniques, le « lâche soulagement » de Munich et sa prévisible suite.

L'année 1937 est celle de la rencontre de R. (toujours sous le même uniforme) et mon père qui débarque à Paris en janvier pour célébrer notre mariage pseudo religieux. Peu de paroles entre eux mais sympathie et entente immédiates (quelques mots en français pour mon père, un allemand vacillant chez le vôtre).

Dès les premiers regards, compréhension et tendresse ont lié les deux hommes. Ils visitent Paris en se tenant par la main, en se souriant, mon père se demandant (selon mon oncle) comment un garçon aussi charmant mais d'apparence si fragile parviendra à *faire sa vie* avec une personne aussi indocile que sa fille. Sa dernière recommandation lorsque nous l'accompagnons à la Gare du Nord s'adresse à moi : «*Sois patiente et gentille avec lui!*» J'ai essayé...

Quelques mois plus tard, en août, promesse faite, je retourne en Pologne pour chercher mon trousseau. Partie pour trois semaines, je n'y reste que dix jours. L'ambiance qui y règne m'est insupportable. Le lendemain de mon arrivée, je suis convoquée par la police : le même agent qui m'avait arrêtée en 1931 tient à vérifier ma nouvelle nationalité et à me mettre en garde.

Je relis mes lettres de Pologne à R. : climat réactionnaire, antisémitisme virulent, politique dictée par des Colonels au pouvoir qui cachent à peine leur sympathie pour Hitler. Mes anciens amis me sont devenus étrangers, la ville est triste, les gens sont inertes et ma mère, qui me témoigne beaucoup de tendresse, me force à manger du matin au soir. J'ai hâte de le retrouver, revoir Marc, rejoindre mes copains antifascistes.

L'année 1938 débute par l'annexion de l'Autriche. L'activité de notre comité se poursuit, mais, malgré de nombreux meetings et de rassemblements houleux, on prend conscience que la fin est proche. Abandonner nos amis espagnols dans leur détresse était impensable, mes heures de travail dépassent alors largement les 40 heures instituées.

Après avoir aidé les combattants, il fallait d'urgence porter secours aux réfugiés qui arrivaient de plus en plus nombreux en France, pourchassés, puis regroupés et bien gardés dans les camps de Gurs, Argelès-sur-Mer et d'autres. Les plus habiles arrivaient à Paris et cherchaient à trouver une terre d'asile.

Marc étant toujours chez ses grands-parents à Aubervilliers, sa chambre est occupée par Candido, un réfugié espagnol qui attend son visa pour le Mexique. Charmant garçon, poète à ses heures, qui, à contrecœur, vidait régulièrement notre frigidaire, rarement bien garni d'ailleurs.

Votre père, moins engagé que moi, n'approuve ni mes fidélités ni mes absences. Entre-temps, son service militaire achevé, il obtient un poste de collaborateur technique au laboratoire de Wallon. Rémunération modeste mais assurée, ses fonctions le déçoivent, elles ne répondent pas à ses espérances : trop de routine, trop d'isolement, ses initiatives sont limitées. Il en est de même de ses premières observations sur le langage gestuel, faites lors d'un stage dont Wallon le charge : désaccords avec les pratiques de l'institution d'accueil où les malentendants sont confondus avec des retardés mentaux.

Quelques lignes qui expriment son désarroi, écrites en avril 1938 :

> ... J'étais aujourd'hui à Aubervilliers face aux générations dont je suis l'entre-deux. Mes parents ne me connaissent guère et qui, même s'ils me connaissaient, ne pourraient rien me donner. Mon fils... que j'aime avec la stérilité et l'ironie d'un amour à sens unique. Et dans cette maison où j'ai vécu si peu... il y a tant de rancœur, tant d'angoisse... Je n'avais aucune envie de rester dîner là-bas et je suis parti en sachant bien qu'il n'y a nulle part pour moi une demeure chaude et accueillante... quelqu'un qui m'attende, qui soit heureux de me recevoir... B. ne fait qu'y passer, comme dans un hôtel...

Ces propos que je découvre maintenant ont été sans doute écrits en mon absence, toujours occupée par telle tâche ou réunion à organiser.

Votre père entreprend alors la rédaction d'un ouvrage qui rendrait compte de ses apprentissages américains. Bréhier, son ancien maître, facilite le premier contact avec les Presses Universitaires de France (sauf erreur, alors éd. Alcan).

En cette même période, j'avais bien conscience que la fin des combats était inévitable et qu'elle sera tragique. Mon sentiment est de profonde déception mais nullement de solitude. Je fais partie d'un groupe plutôt restreint de militants, très unis et solidaires. Il fallait mobiliser toutes nos énergies pour soulager la détresse des combattants en déroute qui frappaient à notre porte. Les accueillir, les aider, était de première urgence, d'autant plus que certains hauts responsables politiques semblaient avoir déjà tourné la page. C'est en octobre 1938 que les Brigades Internationales quittent l'Espagne : manifestation d'adieux à Barcelone.

Près de trente ans plus tard, la guerre d'Espagne révèle encore nos divergences. En avril 1964, après avoir vu le film *Mourir à Madrid*, R. écrit dans son carnet :

B. pleure... la guerre d'Espagne est pour elle une affaire personnelle beaucoup plus que pour moi. A vrai dire, pas du tout...

Mon cher compagnon, si fin psychologue, n'a pas su comprendre que **tous** mes engagements politiques étaient à la fois publics et personnels !

Je prends cependant une décision : poursuivre mes études et, si possible, des études qui aboutissent à un *emploi*. Je dépose une demande de bourse pour préparer le diplôme de Conseiller en Orientation professionnelle. Elle est agréée, mais ne me sera versée que plus d'un an plus tard.

L'année 1939 est celle des secousses que tout le monde connaît. Dans notre vie commune, je retiendrai trois repères : une pause : ma cure à Luchon ; le **Pacte germano-soviétique** ; la **déclaration de guerre** et ses suites.

Mon séjour à Luchon n'a duré qu'un mois (mai-juin). Il est dû au hasard : en me donnant son accolade, un médecin espagnol (le docteur Planellès, Secrétaire d'État) trouve ma respiration suspecte et ordonne divers examens : c'est une primo-infection qui exige l'air de la montagne et du repos.

Bien accueillie, bien soignée et bien nourrie dans une modeste pension, je passe mes journées à écrire à R. et à attendre ses lettres. Des pages où chacun dit le besoin de l'autre avec effusion.

A les relire, je me demande pour quelles raisons, lorsque nous sommes ensemble, nos sentiments réciproques se manifestent de façon plutôt discrète, souvent par quelques contacts ou des signes convenus, alors que, quand nous sommes séparés, toute réserve disparaît et nous devenons lyriques. L'un comme l'autre. Moi, en protestant avec véhémence contre son éloignement, je lui dis ma nostalgie mais aussi certaines rencontres. Lui me livre sans la moindre pudeur son «ardente» attente et me promet mille joies. Il me sermonne parfois en me reprochant mes «extravagances», mais l'essentiel est de nous retrouver.

Est-ce mon état de santé qui l'inquiète et provoque de telles déclarations ou est-ce l'écriture qui nous libère de nos propres réserves et pudeurs ? Quoi qu'il en soit, ces vacances conjugales ont leur beau côté et nous nous retrouvons, fin juin, avec bonheur.

Cette harmonie et cette entente renouvelées seront de brève durée : le 23 août, le Pacte germano-soviétique est officiellement annoncé et notre désaccord est alors profond. Je suis horrifiée et totalement opposée à une telle alliance, tandis que R. tente de « comprendre » et m'explique « la nécessité de renforcer l'armée soviétique qui est (forcément !) antifasciste, il ira jusqu'à m'accuser de « patriotisme polonais ». J'ai pu constater que bien d'autres militants de notre quartier — y compris son député communiste Charles Michel — partageaient plutôt mes réticences, mais, entre nous, ce ne sont plus des discussions, c'est une sorte de fêlure.

Nos affrontements ne durent pas : quelques jours après, votre père est mobilisé (*La mobilisation n'est pas la guerre*, écrit la presse). Mon oncle s'engage dans un régiment réservé aux volontaires étrangers. Hitler envahit la Pologne le 1er septembre, la guerre est déclarée le 3. Je retrouve ma première lettre à R. (code postal militaire, adresse inconnue), elle date du 1er septembre.

Quelques extraits :

> ... Tu as lu les journaux comme moi. Moi, je suis vide de toute pensée... Plusieurs villes polonaises ont été bombardées... Je t'écris sans savoir où et quand cette lettre te parviendra. La maison est triste et inhabitable. Si tu étais près de moi, je ne sais même pas si je trouverais la force de te sourire... Wallon est également mobilisé à son travail...

La Pologne cède après trois semaines de batailles. Panzerdivisions et bombardements dévastent le pays, bien vite partagé entre Hitler et Staline en deux « zones » distinctes. Une guerre éclair, un « Blitzkrieg » qui massacre populations civiles et militaires, patriotes polonais à cheval contre tanks et avions.

En France, la « drôle de guerre » s'installe. Les lettres de votre père décrivent bien la situation de nos militaires, les miennes les réactions des Parisiens qui « s'adaptent » : on s'écrit pratiquement tous les jours. Cette correspondance sera remise aux Archives.

Marc est à l'abri, sous l'œil vigilant de notre amie Lyne Auvray, chez un ami peintre, Georges Lacroix, vite surnommé « papa Georges » (Saint-Aubin-sur-Mer).

Avant de vous proposer un récit abrégé mais suivi des pérégrinations militaires de R., je dirai en quelques lignes ma propre situation en cette période de désespoir et de rage.

Les quatre premiers mois sont les plus difficiles. J'éprouve (et je l'exprime) alors un «j'accuse» généralisé. Colère contre mes amis et camarades (le Pacte nous sépare, à quelques exceptions près); colère contre nos lois qui réservent aux seuls hommes le privilège de se battre et les obligent à abandonner leurs femmes; colère contre les civils qui amassent des provisions et attendent que nos soldats aillent «pendre leur linge sur la ligne Siegfried»; colère surtout contre moi-même incapable de trouver un emploi stable.

J'attends toujours la bourse promise et je survis par miracle : un mois dans une «compagnie coloniale», je tape des factures; quelques vacations allouées par Madeleine (sur ses propres deniers probablement).

L'année se termine, le 22 décembre, par une perquisition à notre domicile, en mon absence : placards et tiroirs vidés, tous nos papiers jetés par terre. «*C'est un malentendu*», disent les policiers à la concierge, devenue désormais hostile à mon égard.

Submergée aussi par un sentiment de solitude jusqu'alors ignoré : le manque de nouvelles de mes parents (celles qui nous parviennent sont désastreuses); l'absence de votre père et l'éloignement de Marc. Tous les dimanches, corvée de secrétariat et de comptabilité à Aubervilliers : je supporte difficilement reproches et anxiété de vos grands-parents.

Je me sens bien soulagée quand les cours reprennent (avec le premier versement de la bourse). Session abrégée, six-sept heures par jour, en cumulant cours, T.P. et stage. Je plonge avec plaisir et intérêt dans ces études, abandonnées depuis trois ans. L'énergie revient, mais aussi un manque de confiance en moi.

Aux lettres à votre père, je joins désormais mes notes de cours; de son côté, il les complète par des questionnaires. Plus de doléances, nos échanges épistolaires deviennent plus sereins grâce à la psychologie (les cours de Wallon en tête). L'examen est fixé en juin, il n'aura pas lieu, tous les enseignants (sauf Wallon) ayant, comme beaucoup d'autres, quitté Paris.

Retour en arrière, brefs repères de notre «drôle de guerre».

ANNÉE 1939

Septembre

Le 3, jour de la déclaration de la guerre, R. écrit à ses parents :

> ... *Nous couchons à la belle étoile. Depuis cinq jours, nous ne nous sommes pas déshabillés pour dormir. Théoriquement, je travaille dans un bureau, mais je me suis arrangé pour faire la popote... Je crois toujours à la possibilité d'une solution pacifique du conflit...*

Le lendemain, j'écris à votre père :

> «... *Les choses les plus inconcevables deviennent le pain quotidien... Paris s'est transformé en l'espace de 24 heures, tout le monde se promène avec des masques à gaz... Le métro fonctionne sur quelques lignes et s'arrête quand il veut et pas quand il faut descendre... Je ne sais pas où tu es et avec qui... Les nouvelles de Pologne, tu les connais. Rien reçu de mes parents... Pas de nouvelles de Marc... Je passe mes journées en somnambule... Il faut que je gagne ma vie vite, vite... Écris et parle!*»

Peu de temps après, sa situation devient plus claire.

Octobre

Votre père est affecté comme caporal à la «Compagnie de ravitaillement en viande du corps de cavalerie» (commandé par de Gaulle). Il apprend à cuisiner et le «louchebem» (argot créé par les bouchers, ses compagnons); s'étonne (et nous interroge) du «calme plat» qui règne dans le pays; s'inquiétant de ma sécurité, il nous conseille de quitter Paris. Comme adresse : le code postal.

De passage en Normandie, il obtient une permission de 48 heures et retrouve Marc. La rencontre est brève, sa description très tendre (photos-témoignage : j'en suis jalouse!).

Novembre

Fait des démarches pour être affecté soit au service scientifique de l'armée, soit à une formation d'officiers. (Demande refusée pour des raisons que son capitaine lui révélera ultérieurement : une accusation calomnieuse que vous connaissez bien).

Décembre

S'inquiète de mes rapports avec ses parents et tente de leur présenter mes études comme une initiation à une profession stable.

Permission de Noël supprimée : vaccinations. Se déclare en très bonne santé (son poids est de 65 kg, jamais atteint ni avant ni après).
Se « débrouille » pour aller voir Marc.
Ordre de départ : vers le Nord. Il est chargé d'un travail de bureau et regrette ses copains cuisiniers.

ANNÉE 1940

Janvier

Je sais enfin où il se trouve : *zone interdite*, Oestres, près de Saint Quentin. Il reprend la rédaction de son ouvrage (le manuscrit amorcé à Paris l'a toujours accompagné).

Février

Munie d'une autorisation spéciale, je peux lui rendre visite. Deux jours passés ensemble, ses copains cuisiniers sont fort sympathiques, on chante, on danse, on mange (trop). J'emporte ses écrits pour les dactylographier, puis les lui renvoie.

Mars

Déprimé, il attend une permission promise, rédige son ouvrage et corrige mes notes et questionnaires. (Je lui écris alors : «*Tu n'es pas mon maître, mais je veux bien être ton élève.*»)
Enfin la permission : dix jours ensemble pour mon anniversaire. Mais les nouvelles de Pologne sont effrayantes. Les *troupes françaises se trouveraient à Narvik*! On ne comprend rien...

Avril

Les alertes deviennent fréquentes. R. signale son nouveau déplacement : c'est la Belgique. A ses parents, il écrit : *Continuez à faire des projets de vacances...*
Et à moi : *On ne pense plus aux femmes, on pense à la gloire.*
Son ami Varidj, en permission, me rend visite et raconte leur vie : en Belgique comme en France, le « front » n'existe pas, on attend...

Mai

La dernière lettre que votre père reçoit de moi date du 7 mai (les autres lui parviendront après la défaite, en juillet 40 ; la poste a mieux fonctionné que l'armée).

Le 10 mai, la Belgique est envahie, de même que la Hollande, par les divisions allemandes qui ont fait leur preuve en Pologne.

Le 19 mai, R. écrit à ses parents :

Depuis une semaine, combien de kilomètres parcourus, combien de villages en feu...

Puis plus rien sinon des milliers de réfugiés qui traversent l'Ile-de-France et racontent bombardements et exode des populations civiles et militaires.

Juin

Le 10 juin est une date connue : le gouvernement français quitte Paris pour Tours, puis Bordeaux. Mussolini déclare la guerre et ses aviateurs bombardent les longs cortèges de civils sur les routes (je les ai vus, quelques jours plus tard, rire ou sourire en lançant des bombes). Et c'est le même jour que votre père arrive à Paris, accompagné d'une dizaine de soldats. Caporal-chef, il est chargé de se présenter à l'École Militaire en vue d'une éventuelle démobilisation.

Il nous raconte alors leur retraite de Belgique et leur marche vers Dunkerque : en cours de route quelques coups de fusil contre des avions, bombardés ils fuient, les morts et les blessés ne se comptent plus. En attendant un bateau britannique qui embarquera les survivants (on parle de cent mille militaires français ?), il enterre soigneusement son manuscrit. Le 3 juin, il ne reste à Dunkerque que ruines et flammes, le manuscrit sera définitivement perdu.

J'ai retrouvé un « avis militaire » dactylographié, daté du 29 mai : *Bray-les-Dunes : effectifs ravitaillés **néant**. Situation des approvisionnements : **néant**.*

R. nous décrit l'accueil chaleureux de la population de Londres, puis son retour en France, retour qui débutera par une brève visite à Saint-Aubin ; il veut revoir Marc avant de rejoindre Paris. C'est alors qu'il apprend que Marc sera évacué à Rennes par une voisine amie ; il nous supplie de quitter Paris et de le récupérer.

Je lis dans son carnet de route quelques lignes griffonnées :

Quand les trains regardent passer les vaches métamorphosées en agents de la force publique... je ris!

Sur ordre de ses supérieurs de l'École Militaire, notre caporal-chef s'embarque avec ses hommes pour *aller vers le sud*. Dans une gare (Le Mans?), fâcheuse rencontre : ils trouvent leur capitaine qui récupère ses soldats.

Le jour de l'armistice, tous s'arrêtent près de Limoges (à Verneuil, Haute-Vienne) et... attendent. C'est la zone sud, ils seront tôt ou tard démobilisés.

Il ignore alors où est sa famille et m'écrit simultanément à Paris, à Rennes et à Saint-Aubin. Le premier échange de lettres : mi-juillet. Nous sommes alors, après l'exode, de retour à Paris.

Sur mon exode Paris-Rennes, à la recherche de Marc, en camionnette avec les parents de R., je dirai peu de choses; nos aventures ressemblent à bien d'autres.

Dès la sortie de Paris, un dense cortège de réfugiés qui avance, stoppe, puis avance lentement; des civils mais aussi des militaires. A ma grande surprise, les seuls militaires *armés* sont des Sénégalais. Mal informés ou plus courageux que les autres?

Nous ne trouvons pas Marc à Rennes à l'adresse indiquée et nous ignorons où il est. On apprendra plus tard qu'à juste titre, Papa Georges a décidé de le garder chez lui en Normandie.

Le lendemain de notre arrivée, c'est l'atroce bombardement de la gare de Rennes. Plusieurs wagons, toutes portes bloquées, remplis d'armes et de soldats sont incendiés. Des blessés s'échappent et fuient, je cours avec eux. Peu après, c'est le discours de Pétain qui *fait don de sa personne à la France*. Je l'entends, couchée dans un fossé : un officier ouvre la radio et nous l'écoutons, pétrifiés.

Je me souviens aussi de l'attitude courageuse de votre grand-père, tant pendant l'exode où il porte secours aux personnes cherchant essence et refuge, que plus tard. Il n'arrive pas à comprendre ni à admettre que des militaires, officiers et simples soldats, fassent la queue pour se constituer prisonniers. Il leur demande inlassablement, et sans grand effet, de quitter leur uniforme, de fuir, de ne pas se rendre «comme des moutons». Son honneur d'ancien combattant est blessé et notre retour à Paris n'est guère joyeux.

Le **22 juin**, tout est terminé : c'est **l'Armistice** signé à Rethondes. D'autres dates sont à rappeler : ***le 10 juillet 1940***, la République Française devient, légalement, l'Etat Français : 80 députés et sénateurs seulement, réunis au casino de Vichy, s'opposent à ce baptême, nombreux absents. *Le 12 juillet*, Pétain, «père de la patrie», obtient les pouvoirs spéciaux. *Le 24 octobre*, la collaboration est officialisée par la fameuse poignée de mains Pétain-Hitler, à Montoire-sur-Loir. MAIS, le *11 novembre 1940*, à la stupéfaction des Parisiens, une foule de jeunes entonne La Marseillaise et défile sur les Champs-Elysées. «Douce France» et France rebelle : résignation et espérance.

LES ANNÉES QUARANTE

A Paris nous attend un temps superbe, des uniformes et des drapeaux avec la croix gammée, des militaires «korekt» et des civils qui rasent les murs à la fois soulagés et méfiants.

Pendant trois jours, je frotte énergiquement le parquet et nettoie avec rage la maison, puis je sors à la recherche de mes ex-camarades.

Il fallait «faire quelque chose», nous étions plusieurs de cet avis, et l'on prend des initiatives bien artisanales : inscriptions contre l'occupant sur les murs ; tracts distribués rue du Commerce ; un journal préparé et jamais achevé. Pas de mot d'ordre, mais quelques principes : nous sommes contre l'invasion de la France, contre le pouvoir en place, aucun contact avec l'occupant. *L'Appel du 18 juin* commence à être connu, sa portée est approuvée, mais l'on se méfie des militaires, Franco puis Pétain ayant servi d'avertissement.

Il est difficile de témoigner *maintenant* des réactions des militants communistes dans ce Paris de 1940 ; elles sont loin d'être unanimes. Je tenterai de le faire.

J'étais alors, comme bien d'autres, profondément choquée par la stratégie de l'Union Soviétique comme par celle du P.C. français. Mais je ne voulais pas renier mes engagements antérieurs. J'opte alors pour une attitude que je juge moi-même paradoxale (aujourd'hui, ce n'est évidemment plus le cas) : je me déclare tout à la fois antifasciste et antisoviétique. Ainsi, par exemple, je refuse la proposition d'un «responsable» politique dont je me méfie d'aider à la réédition de l'*Humanité*. Il n'insiste pas.

Je récupère vite notre Marc, j'attends la démobilisation de R. et je constate quotidiennement, qu'à Paris du moins, le «système D» l'emporte largement sur nos velléités de résistance.

Votre père revient — c'est la fête au village — je dois absolument réussir mon examen qui me donnera l'accès à un emploi. Je reprends mes lectures et exercices, lui rejoint le Laboratoire. C'est alors que Wallon lui confie, à titre provisoire, la charge du laboratoire de psychologie clinique de l'hôpital Henri-Rousselle, en attendant le retour de son directeur, Jean-Maurice Lahy, réfugié en zone dite libre. (Lahy ne reviendra jamais, il meurt en 1942 d'une crise cardiaque lors d'un second exode.)

Deux années particulièrement pénibles à tous points de vue : **1940-1942**. Non pas *le chagrin et la pitié* mais fatigue et découragement difficiles à surmonter.

Dans ses carnets intimes, votre père consigne, en cette période, ses propres expériences, déceptions et tristesses, mais aussi les miennes. Nos liens résistent, l'un cachant au mieux à l'autre sa lassitude et ses inquiétudes, avec de ma part un cœur bien lourd et souvent des larmes. Mais aussi une volonté farouche de faire face aux obstacles, en gardant un espoir insensé de revoir un jour ma famille polonaise.

Des difficultés inattendues se présentent dès le mois de **septembre 1940**. Mon examen d'O.P. est réussi de façon tout à fait honorable, je cours à Aubervilliers — où R. se trouve auprès de son père souffrant d'une infection rénale — pour annoncer la bonne nouvelle. Son père vient de mourir peu avant mon arrivée. Un choc pour tous.

Les dispositions à prendre sont multiples.

Tout d'abord sa mère anéantie par cette perte, nous l'accueillons chez nous, sans tarder, l'installons dans la même chambre que Marc : elle ne nous quittera plus. La marche de l'atelier de soudure de son père (par ailleurs lourdement endetté!) m'est confiée d'emblée, l'associé de cette modeste entreprise est prisonnier en Allemagne. Il est nécessaire aussi de trouver un logement plus vaste que le notre pour accueillir sa mère qui tient à garder intacts tous les meubles de sa chambre conjugale. Plusieurs mois pour répondre aux principales obligations. En plein accord R. et moi.

Le 3 octobre, un décret de Vichy interdit aux Juifs et à leurs descendants l'accès à toute fonction publique : mon diplôme d'O.P. ne me sera d'aucune utilité pratique. J'avais bien pris la décision, dès l'Occupation, de ne tenir aucun compte des décrets et ordonnances émanant des Allemands ou de Vichy, mais cette disposition raciste ne pouvait pas être ignorée. Avec mes vrais papiers d'identité, même sans tampon, je ne peux pas prétendre à un emploi public.

En février 1941, nous nous installons Boulevard Saint Michel. Chacun y dispose d'une chambre et la vue sur les jardins du Luxembourg est magnifique. Je vais trois ou quatre fois par semaine à Aubervilliers pour «diriger» l'atelier (plutôt pour m'initier) et je m'inscris à l'Institut de Psychologie. Pour parfaire mes connaissances, mais surtout pour respirer un air différent de notre foyer.

Votre père, toujours charmant, est souvent absent : consultations à l'hôpital, cours, travaux pratiques et diverses vacations pour augmenter nos revenus. Notamment les premiers examens des jumeaux à la demande du généticien R. Turpin : il en rendra compte dans un article de *L'Année Psychologique*. Il s'applique aussi à terminer, souvent la nuit et à mon insu, le manuscrit de son premier ouvrage.

L'associé de votre grand-père est libéré et reprend l'atelier en main, avec promesse d'une rente viagère à Mamé qui ne sera versée — sauf erreur — qu'une seule fois : faillite et dépôt de bilan.

L'événement majeur de cette année est, pour tous, le déclenchement de la guerre germano-soviétique. Le 22 juin, Hitler attaque l'URSS et nous en sommes soulagés.

C'est le **24 juin 1941** que mon amie Madeleine Braun (repliée en zone sud) m'envoie un magnifique bouquet de fleurs, sans signature et un seul mot : «*Enfin!*». Oui, enfin les choses deviennent claires : l'Histoire enterre le Pacte qui nous divisait; avec la victoire de l'Union Soviétique, la France sera libérée et la guerre sera finie; il faut nous mobiliser pour participer à ce combat !

On ne se doutait pas alors des massacres qui suivront et des longues années qui nous séparent de cette prévisible victoire. Des réseaux de Résistance s'organisent, plus rapidement en province qu'à Paris, mes premiers «contacts» stables sont établis grâce principalement à quelques amitiés qui datent de la guerre d'Espagne.

En août 41, Fabien exécute, au métro Barbès, un officier allemand. Ce premier acte de bravoure est vite connu, d'autres suivront en dépit des répressions qui se multiplient. En décembre 41, soixante-dix otages sont fusillés au Mont Valérien ; un mois plus tard, c'est l'exécution de Gabriel Péri et de Lucien Sampaix. La chasse aux *judéo-bolchéviques* s'intensifie ; de nombreux amis fuient Paris, d'autres sont arrêtés.

Mes propres actes de Résistance d'alors sont bien ciblés mais sans doute peu efficaces : dépôt de tracts dans le vestiaire des soldats allemands qui occupent l'usine où je trouve, enfin, un emploi.

L'emploi que j'exerce à partir d'octobre 1941 témoigne de mon incroyable chance et de mon manque total de prudence. «Secrétaire-traductrice» dans un important établissement de réparation de chars destinés à l'armée allemande (Usine Laffly que R. désigne dans ses notes *Matford*) à Asnières.

Le directeur qui me reçoit (Mr de Toma) me regarde attentivement, (mon aspect aryen semble lui convenir), consulte mes documents d'identité, puis décide de m'engager. Il omettra d'inscrire sur la carte professionnelle, que j'ai retrouvée, mon nom patronymique. Ce bien sympathique ingénieur des Ponts et Chaussées a vite compris ma situation ; il sera d'ailleurs ultérieurement arrêté et déporté (Résistance gaulliste).

Mon travail est fatigant ; il m'a pourtant souvent amusée et beaucoup appris. Appris sur l'état d'esprit des militaires allemands si contents de se trouver loin des champs de bataille qu'ils en devenaient facilement « tolérants », criant très fort et sanctionnant rarement. Appris aussi les mille ruses des ouvriers français qui emportaient dans leurs musettes cuivre et autres matériaux rentables et réparaient avec négligence, trop tard constatée, les machines de guerre expédiées à l'Est. Découvert aussi une solidarité entre les salariés : nourriture très rationnée mais partagée et résistance collective à toute sanction.

Je retrouve, à ce propos, dans les carnets de R., le souvenir d'un « affrontement » personnel avec l'armée allemande. Après avoir constaté un vol important d'outils, plusieurs militaires allemands envahissent mon bureau, à la recherche du directeur, jugé responsable du délit. Il est absent et, en principe, l'accès à ces locaux m'était réservé. Ils hurlent et me menacent en exhibant leurs armes. Je crie plus fort qu'eux, des « verboten » et autres « heraus » ! Plutôt étonnés par cette réaction, ils me quittent et rejoignent les ateliers. C'était un peu pile ou face ; j'ai eu bien chaud, mais j'ai surtout admiré le silence obstiné et courageux des ouvriers malmenés qui n'ont dénoncé personne.

Un autre événement que R. n'a pas noté mais dont je me souviens fort bien. C'est par un sous-officier allemand que j'apprends, en décembre 1941, la situation désastreuse de son armée à Stalingrad : il s'approche et murmure en souriant : « Kaputt Hitler, il est fini, kaputt, tu comprends ? » Bien sûr, j'ai compris et je l'ai compris !

D'après les notes de votre père, je me trouvai alors au seuil de l'épuisement total : « *B. est en larmes, elle me dit : on ne peut pas aimer quand on est trop fatiguée.* »

Imaginez : levée à six heures (on pointait à huit heures), métro puis autobus, heures accablantes au bureau, retour tardif à la maison où tout manquait sauf les angoisses permanentes de Mamé.

Il me fallait réagir : je troque des « pièces » de mon trousseau contre quelques provisions (marché noir, bien sûr) ; Marc et sa grand-mère peuvent partir en Normandie où l'on ne manque de rien. Impossible à résister : je m'achète aussi une paire de bas de soie.

L'année 1942 m'apparaît comme la plus pénible de la période d'Occupation : avance rapide et peu attendue des troupes allemandes en URSS (hiver glacial); arrestations et exécutions en France; rafle du Vel' d'Hiv; occupation de la zone sud. La guerre continue.

Et en cohérence avec cette situation générale désastreuse, des événements qui nous touchent directement. Vous les connaissez sans doute, je les rappelle brièvement.

Nouvelles de mes parents : réfugiés dans la « ville sainte » de Czestochowa, mon père travaille dans une usine, ils sont démunis de tout. J'envoie des colis qui arrivent ou se perdent en route.

Valentin Feldman est arrêté, torturé, jugé et exécuté. Je donnerai plus de détails sur son calvaire. R. multiplie les démarches pour le sauver et il est, à cette occasion, soupçonné d'être en trop bons termes avec l'occupant. En fait, ces allégations (un bouche-à-oreille) ont pour auteur une seule personne, que je ne nommerai pas, et sont confortées par deux faits qui surprennent.

Interdit au Collège de France, dès 1940, Henri Wallon l'est deux ans plus tard de tout autre enseignement, même si sa présence au Laboratoire est « tolérée ». Il charge alors R. d'assurer ses cours hebdomadaires à l'Institut National d'Orientation Professionnelle. A ce propos, votre père écrit :

... J'appréhende de me trouver à la place de Wallon devant une cinquantaine d'étudiants... Je me sens trop irrégulier... un cours ex cathedra m'effraie un peu... Pour dissiper le trac, je marche...

Il note régulièrement les réactions de ses auditeurs, lit et relit les écrits de Wallon, acquiert peu à peu une certaine assurance. Pourtant, lorsqu'il verra sur une affiche son nom qui recouvre celui de son maître, il se sent confus[3].

Le second fait se produit quelques mois plus tard : son premier ouvrage est publié dont le titre fait frémir les badauds du Boulevard Saint Michel (*Psychologues et psychologies d'Amérique*). L'éditeur honore le contrat signé avant l'Occupation, mais seul Wallon sera au courant des tractations préalables. On demande à R. notamment de supprimer la dédicace à son maître, il refuse mais avertit Wallon d'un éventuel danger qui le menace.

---

[3] Il devait alors faire connaître aux étudiants non seulement les éléments de base de la psychologie mais les principales théories de Wallon.

En cette période, et surtout après la rupture du Pacte et la guerre à l'Est, la résistance universitaire s'affirme. Votre père prendra une part active dans ses premières tentatives d'organisation.

Certes, bien avant, dès la défaite et les mesures prises contre les Juifs, les francs-maçons ou des antifascistes connus (les héritiers de Jean Zay!), des journaux clandestins paraissent, des réseaux se constituent, agissent et connaissent leurs premières victimes. Mais, dans l'ensemble, ces réactions relèvent surtout des initiatives individuelles ou des solidarités particulières. L'Université parisienne est à l'image de la population générale : traumatisée, passive et repliée sur elle-même ; soutien et entraide existent mais restent privés. Les efforts de votre père consistent surtout en un travail de reconnaissance, une sorte de «pêche» aux bonnes volontés, une identification des universitaires hostiles à la collaboration.

Le Front National Universitaire n'existe pas encore, mais il est en gestation. En témoigne une brochure que je retrouve, éditée par les «Comités de l'Université de Paris du Front National de Lutte pour l'indépendance de la France»[4].

R. établit contacts et relations qui seront utiles, mais il reste pessimiste. Ainsi, par exemple, à propos des attentats, il écrit en 1942 :

> [la population]... est contre les attentats, c'est uniquement la vie paisible de la population civile française qui en subirait les conséquences... Radio Moscou appelle à l'émeute. Ne se rendent-ils pas compte de la faiblesse des réactions françaises ?

Deux événements modifieront brutalement notre vie quotidienne. Le premier a donné lieu bien plus tard à des excuses et «repentances».

La rafle du Vel' d'Hiv a pour nous des conséquences directes : mon oncle et sa femme parviennent à s'enfuir et trouvent refuge Boulevard St Michel. Commence alors une vie de famille très élargie, le ravitaillement étant toujours à ma charge, en plus de mon travail à l'usine. Mais le moral est bon : Stalingrad résiste. Brèves vacances à Brioux, Hôtel du Cheval Blanc, où nous sommes chaleureusement accueillis.

Le second événement me concerne directement : à la veille de Noël, le 21 décembre, se présente à notre domicile, en notre absence, un

---

[4] La brochure est un hommage à deux savants morts pour la France : Fernand Holweck, fusillé en 1941, et Jacques Solomon, fusillé en 1942.

commissaire de police; à un jour près, c'est l'anniversaire d'une visite similaire en 1939.

Dans ses carnets, R. donne une version corrigée de ces faits (peut-être pour ne pas compromettre le brave fonctionnaire) mais j'en garde un souvenir précis, et toi sans doute aussi Marc.

Il vient bien pour m'arrêter : je suis accusée d'être à la fois «communiste, membre de la Ligue des Droits de l'Homme, militante de l'Espagne Républicaine et Juive». Il laisse une convocation à la Préfecture de Police, mon dossier devant être remis aux autorités allemandes dans un délai de huit jours.

Le 5 janvier, votre père s'y rendra à ma place et, toujours grâce à la bonne volonté de l'officier de police, identifie la source : une lettre de dénonciation, lettre manuscrite que le commissaire lui montre, camouflée dans un *Journal Officiel*.

Il me faut donc d'urgence trouver un abri pour mon oncle et ma tante, quitter mon emploi et, bien sûr, trouver une «planque». R. décide qu'il ne quittera ni son domicile, ni son travail, mais informe immédiatement Wallon de cet incident.

Pour mon oncle et sa femme, la sécurité est assurée le jour même : accueil très provisoire, ils changeront bien souvent d'adresse. Mais je considère que mon propre départ peut être différé : les fêtes sont proches, la police attendra, le Père Noël a la priorité. Je quitterai la maison après le Jour de l'An.

Je trouve porte et bras ouverts chez notre amie restée à Paris, Yvonne Halbwachs : un abri peu sûr mais tellement chaleureux! J'y resterai plusieurs semaines, et propose mes services, à plein temps, à la Résistance. Les circonstances s'y prêtent.

La victoire de Stalingrad date de février, les Américains sont à Alger, les maquis se multiplient, les diverses organisations de Résistance (zone occupée/zone sud) cherchent à se regrouper. Ce sera la «Résistance de l'intérieur» où les communistes sont nombreux et les mieux organisés pour faire écho à la Résistance gaulliste de Londres.

Ma candidature se présentait donc au bon moment. Pierre Villon, secrétaire du Front National, zone nord, avait besoin d'une assistante chargée des «relations extérieures», une personne ayant fait ses preuves (comme gage, mes activités lors de la guerre d'Espagne).

Je donnerai peu de détails sur mes «exploits» de résistante; ils ressemblent à d'autres beaucoup plus glorieux. Quelques lignes pourtant pour vous faire comprendre combien cette activité clandestine m'a donné assurance et sentiment de **liberté**. R. le sent bien et note :

Joyeuse et bonne humeur... B. est charmante... je ne me suis jamais mieux entendu avec elle que depuis son départ de la maison...

Je deviens d'ailleurs clandestine de plusieurs manières. A l'égard des autorités, je disparais ; à mes chefs de Résistance, je cache tant mes fréquents passages à la maison (ravitaillement et fêtes) que mes rencontres interdites avec votre père (théâtre et concerts sont des lieux privilégiés mais non exclusifs. Un spectacle inoubliable : *Les mouches* de J.P. Sartre). Et à votre père, je ne dis rien, bien sûr, des diverses tâches qui me sont confiées et d'éventuels risques qu'elles représentent.

On m'a souvent demandé : « Tu n'avais pas peur ? ». Ponctuellement, sans doute, mais mieux valait affronter la peur que subir et attendre. Le sentiment de participer à la lutte, une mobilisation sans relâche ; il fallait « organiser », on me faisait confiance, j'ai essayé d'en être digne. Agir, même s'il y a danger, me libère des soucis et chagrins que je connais depuis la défaite : le sort de ma famille en Pologne, l'inertie des gens, le pessimisme de votre père, la cohabitation familiale.

Je me souviens surtout des lieux : inlassables marches et démarches pour trouver des « planques » non seulement pour se loger ou tenir de brèves réunions, mais pour installer machines et ronéo, aménager des locaux permettant d'abriter divers matériels, y compris des armes.

Mes « contacts » avec d'autres résistants sont le plus souvent brefs mais tellement stimulants. Connivence, fraternité, espoirs partagés, parfois regrets de se séparer, plus rarement le plaisir de se revoir pour mettre en route quelque projet audacieux.

Je me souviens aussi de quelques fautes de parcours, je n'en citerai que trois.

La première pourrait s'intituler *le chaperon rouge*. Mon « chef » m'ordonne de me procurer un chapeau : *« Tes cheveux blonds se remarquent de loin ».* Recours à ma tante qui me fabrique un charmant couvre-chef, rouge vif à ma demande. La réaction de Pierre V. est irrévocable : *« Tu es encore plus visible, à jeter immédiatement ! »* J'ai obéi avec regret...

La seconde épreuve m'a valu bien des efforts. L'oukase est cette fois-ci de circuler à vélo, jamais pratiqué. Avec l'aide d'un jeune et charmant copain, mes leçons débutent rue Lepic (vous connaissez la pente ?). Je pédale, glisse et tombe fréquemment. On décide de trouver un terrain mieux adapté : ce sera le Champ de Mars, terrain bien plat, sous les yeux amusés des soldats allemands qui campent à l'École Militaire. Peu à peu, avec l'aide de Serge essoufflé, j'arrive à avancer, mais je ne parviens pas à m'arrêter. L'abominable engin sera remis à R. dont c'est alors le meilleur moyen de se déplacer.

La dernière faute que j'évoquerai m'a été en quelque sorte imposée. Il s'agit d'une rencontre dont la trop longue durée est interdite par la Résistance. C'est au printemps 1943 que mon chef me charge d'une mission spéciale : m'assurer de la sécurité et du bien-être d'un clandestin, s'informer de ses besoins ou requêtes. Un rendez-vous est pris au Théâtre pour Enfants des Jardins des Tuileries, avec un mot de passe et tel journal dans la main gauche. Il s'agit d'une «personnalité» importante. Les signes convenus s'avèrent inutiles, je le reconnais immédiatement : c'est Frédéric Joliot-Curie. Notre bref rendez-vous s'est prolongé. Pendant près de deux heures, tout au long des berges de la Seine, nous marchons et il parle, il m'est impossible de le quitter. Il ne manque de rien, les personnes qui l'hébergent sont parfaites, mais il est visiblement privé d'échanges et de son travail. Il supporte mal son anonymat et me le fait comprendre ; être un inconnu, même dans un milieu accueillant, le déprime. Il m'a fallu faire appel à mon esprit de discipline pour ne pas lui faire comprendre que, pour ma part, je le reconnaissais fort bien et appréciais de tout cœur son engagement. Les choses sont devenues plus claires peu de temps après.

De son côté, R. poursuit ses enseignements et réorganise le laboratoire de l'hôpital Henri-Rousselle : il en modifiera peu à peu le fonctionnement. Plus de sélection, mais des examens psychologiques diversifiés et collaboration avec les médecins psychiatres. Il rédige aussi un ouvrage ; ce sera *Le devenir de l'intelligence*.

Parallèlement il participe à l'unification de la Résistance universitaire.

Dans la coordination des initiatives dispersées comme dans l'élargissement et la fondation plus solide du Front National Universitaire (le F.N.U.), R. prend une part active et efficace. La publication de l'*Université Libre* — qu'il alimente de ses édito ou articles — devient régulière et largement diffusée dans tous les degrés de l'enseignement. Diverses initiatives isolées sont peu à peu intégrées dans le F.N.U. illégal dont il sera le secrétaire général pour la zone occupée.

Certes, l'activité de cette organisation est à coup sûr inspirée et surveillée par des communistes, mais peu à peu des universitaires d'obédiences très variées lui apportent leurs appui et adhésion.

L'action personnelle de R. dans ce rassemblement « multicolore » est à souligner. Ses convictions sont fermes et il parvient d'autant mieux à les faire partager que l'on ne saurait lui attribuer de visées de promotion de carrière. Sa modestie comme son don du dialogue parviennent à surmonter hésitations ou méfiance.

Je ne citerai pas de noms, risquant d'en oublier certains (sans doute, on peut les trouver aux Archives). Juste un rappel de deux rencontres qu'il avait lui-même évoquées.

La première — juillet 1942 — a lieu aux Jardins du Palais Royal. Il y retrouve le professeur Robert Debré qui se déclare disposé à participer aux activités du FNU. Quelques mois plus tard, la zone-sud occupée, c'est ensemble qu'ils feront une longue tournée dans les Universités de province.

Une autre « rencontre » a lieu à son lieu de travail. Un responsable politique présente à Henri Wallon son « chef » dans la Résistance : c'est Borine, alias R., bureau voisin. Étonnement et plaisir évident de son maître et patron.

Les bombardements de la région parisienne s'intensifient, notamment à Boulogne-sur-Seine. Marc part avec sa grand-mère à la campagne, à Chauvigny. R. les rejoindra pour une quinzaine de jours.

En mai ou juin 1943 se tient une réunion du Conseil National de la Résistance, le CNR, qui doit rassembler plusieurs réseaux, zone-sud et zone-nord. Je trouve les locaux et y conduis l'un après l'autre des délégués ; certains me surprennent, d'autres m'éblouissent.

Plusieurs réunions suivront au cours desquelles sera élaborée (après moult discussions !) la *Charte du CNR* et désigné un *Gouvernement provisoire de la République*. Henri Wallon est nommé *Secrétaire général provisoire de l'Éducation Nationale*. A ce propos, une note de votre père :

> Le 5 novembre 1943 : Wallon s'en va. Il m'avait dit : demain après-midi, vous m'attendez... Vers 6 heures, il a pris sa clef, il m'a demandé de le suivre, il a avancé son fauteuil à côté du mien, puis il m'a dit : « Je pars à Alger. » Je m'y attendais un peu, mais malgré tout j'ai vacillé ; il m'a donné des ordres pour que l'activité du Laboratoire continue, sauf la consultation... Nous nous sommes levés, il s'est penché vers moi et nous nous sommes embrassés. Je ne sais lequel de nous était le plus ému.

En fait, Wallon ne partira pas : l'avion n'était pas au rendez-vous. Il y aura une seconde tentative, tout aussi vaine.

Noël 1943. De cette date, il me reste une image que je regarde le cœur serré. La photo est prise à notre domicile du Boulevard Saint Michel où, négligeant une fois de plus toute prudence, un dîner réunit quelques amis. Je tiens dans mes bras Yvonne Halbwachs, son mari Maurice Halbwachs est assis près d'elle (son poste au Collège de France est confirmé) un dîner joyeux... Les parents d'Yvonne, Victor Basch et sa femme Hélène, seront assassinés par la Milice quinze jours plus tard ; Maurice Halbwachs et son fils Pierre seront arrêtés et déportés par le **dernier train** Drancy-Buchenwald.

Une planque apparemment plus sûre est trouvée à Saint-Ouen, assez vaste pour s'y installer à plusieurs avec nos machines et le matériel à diffuser. R. y vient souvent en fin de journée. Mes contacts avec les résistants gaullistes deviennent plus fréquents, ce qui me vaut, suprême récompense, des cigarettes anglaises.

A Paris, la nourriture manque, les bombardements se multiplient : Marc et Mamé se réfugient à Brioux (toujours les mêmes hôtes) ; on restera longtemps sans nouvelles d'eux.

C'est un soulagement pour nous de les savoir à l'abri et pour moi la possibilité de me consacrer entièrement à mes occupations de Résistance. Entre nous, une brève période de «crise» : R. me trouve *trop libre*.

Année 1944. Le 13 avril, visite de la Gestapo à notre domicile clandestin : un de nos colocataires est arrêté et torturé. La faute est partagée : une entente stupide entre nous : on «tient» quarante-huit heures, puis on «donne» l'adresse. Nous avons eu juste le temps de déménager nos machines et tracts, mais nous avons dû abandonner, en espérant revenir, nos effets personnels.

Entre autres, la serviette de R. avec ses dossiers professionnels parmi lesquels l'épreuve d'attention dite du *double barrage*. Considéré comme un code secret, ce test infligera à notre camarade plusieurs heures supplémentaires de torture.

J'ai retrouvé la copie du rapport adressé à mes «supérieurs« et qui comprend notamment :

– l'aveu et la justification de notre entente (l'adresse était connue par la famille de l'ami arrêté qui l'aurait sûrement communiquée) ;
– les raisons supposées de cette arrestation ;
– pertes détaillées du matériel saisi et *surtout* une énumération des possibilités de travail et des besoins immédiats. Je cite :

« Tout le travail de dactylographie peut être continué. Le tirage est retardé faute de locaux. La réception de matériel des autres mouvements ou services est arrêtée par manque de cycliste, de même que... la diffusion du matériel.
Besoin donc : en premier lieu d'un *cycliste* et des *locaux*; sans parler des planques personnelles. »

Désormais, votre père, facilement identifiable, est obligé à son tour d'entrer dans la clandestinité, mais il veut d'abord assurer la sécurité de Wallon. Celui-ci n'est guère facile à convaincre (« *C'est aux Allemands de s'en aller !* »). Il obéit aux ordres mais quittera son abri deux ou trois jours plus tard.

De planque en planque, nous pouvons enfin nous loger, grâce à l'aide de l'Inspecteur Général Clozier, dans un confortable appartement en plein Quartier Latin où seront forcément hébergés (et nourris) d'autres résistants.

Pendant plusieurs mois, votre père sera le principal responsable de la Résistance universitaire à Paris et — rôle qu'il préfère — exécutant des actions plus « directes ».

Quelques extraits d'un document signé de lui qui témoignent bien de ses activités, même si toutes ses « directives » n'ont pas été suivies :

> *... Au jour du débarquement, vague d'enthousiasme et d'impatience surtout parmi les jeunes de nos laboratoires; ils veulent des armes, ils veulent se battre.*
> *Je donne les directives suivantes :*
> *– enrôlement des officiers de réserve dans les FTP*
> *– formation de milices patriotiques dont je confie la responsabilité à Serge. Serge organisera des milices en liaison avec Yves,*
> *– et, consigne à appliquer immédiatement, en attendant l'affectation de nos camarades, tous aux laboratoires pour la fabrication d'armes et de matériel sanitaire.*
>
> *Je charge Catherine[5] d'établir les relations extérieures (état-major des FTP; UCIF; Comité National des Médecins) et j'organise, sur le plan universitaire, la production des laboratoires. Dix-huit laboratoires et services sont équipés, avec cloisonnement rigoureux...*

La liaison est établie aussi avec des policiers résistants qui nous fournissent quelques armes et le matériel nécessaire à la fabrication de bouteilles incendiaires qui sera déposé au Collège de France. Au laboratoire de Joliot-Curie, d'éminents physiciens et chimistes préparent nos

---

[5] Mon nom dans la Résistance.

engins de combat et comptent sur moi pour assurer leurs rations alimentaires, plutôt réduites. On prépare la Bataille de Paris.

On milite ensemble, on se retrouve sous le même toit, on est confiant et très heureux. Je suis enceinte et bien décidée à avoir cet enfant qui verra le jour dans une France libérée. Les Allemands, surtout occupés à quitter Paris, semblent avoir oublié mon dossier ; la police parisienne devient de plus en plus bienveillante.

J'ai trop à faire désormais avec mes multiples déplacements, transports et contacts, pour me livrer à l'analyse de l'état d'esprit des Parisiens. On sait qu'ils étaient fort nombreux en avril pour applaudir Pétain et qu'ils seront tout aussi enthousiastes pour saluer l'arrivée de de Gaulle.

Votre père observe et note, tout en rédigeant appels et articles pour l'*Université Libre* ou autres journaux clandestins. Ainsi, le 18 août, à la veille de l'insurrection, au lendemain de l'exécution d'une cinquantaine de résistants, le jour même où Rol-Tanguy appelle à la mobilisation générale, il écrit :

> *A Paris, ce n'est pas une atmosphère de grève générale, mais de vacances... On attend les Américains, on attend la Résistance. Attentisme sous toutes ses formes, bras croisés et langue déliée... Foule stupide et lâche. Le crépitement d'une mitrailleuse allemande a fait disparaître, rue Mouffetard, les drapeaux (français) qui flottaient aux fenêtres...*

Le **19 août**, l'Hôtel de Ville et la Préfecture de Police sont occupés par les résistants armés ; on tire dans les rues, des barricades surgissent, la Bataille de Paris débute. Dans son carnet, votre père décrit la journée qu'il juge la plus « agréable. » Je cite :

> *Ma plus belle journée de la Résistance... Avec Victor Henri, installés sur un toit du Boulevard Saint Germain, puis au sixième étage dans la petite chambre de Lucienne (fille de la concierge), puis au cinquième chez des gens que la concierge me donne pour des collabos... Nous avons bombardé avec des bouteilles incendiaires les quelques tanks et les camions qui s'aventuraient par là. A cet angle de la rue Saint Jacques et du Boulevard Saint Germain, quelques dizaines d'hommes, une centaine peut-être, montaient une garde vigilante avec des fusils, des mitraillettes, des bouteilles d'essence. En ne redoutant pas l'ennemi blindé ou en souhaitant l'attaquer... Il a suffi de moins d'une heure pour que nos hôtes fassent assaut d'amabilités, nouilles au beurre, pain d'épices, gâteaux... Lucienne, vexée de nous voir accepter ces hypocrites gentillesses, nous prépare un gâteau... au chocolat.*

De cette assez brève période que tant de récits, films et images ont glorifiée, je donnerai quelques dates et précisions qui nous concernent directement.

Le 20 août

Occupation du Ministère de l'Éducation Nationale (dénommé par Vichy «de l'Instruction Publique et des Beaux-Arts»). Wallon arrive modestement à pieds de son seizième arrondissement et occupe le poste laissé vacant par Abel Bonnard, en fuite. J'accompagne mes camarades armés et profite de cette première visite des lieux pour m'approprier le (petit) revolver de l'ex-ministre (il n'est pas chargé, je l'ai toujours!).

R. est nommé adjoint de Wallon (Arrêté n° 2) chargé de la coordination de divers services, principalement de la liaison avec les mouvements d'étudiants dispersés et turbulents.

Le 26 août

R. refuse une proposition inattendue : celle de remplacer Jean-Hérold Paquis (éditorialiste à Radio Paris, porte-parole de l'occupant) pour présenter les «édito» à la radio, désormais libre.

Le 27 août

Bénéficiant d'un laissez-passer permanent, j'obtiens du Ministère de l'Intérieur (lui aussi «provisoire») un Bon de réquisition de la Librairie nazie Rive Gauche, au bénéfice du Front National Universitaire (Bon N° 10). On y installera aussitôt la *Maison de l'Université Française*, lieu de rencontre des enseignants de tous les degrés. Ce vaste local, gardé pendant plusieurs semaines par des FFI armés pour éviter vols et rapines, sera pendant quelque temps mon lieu de travail quotidien où assemblées et expositions se succèdent : je prends grand plaisir à les concevoir et organiser.

Le 9 septembre

R. préside au Collège de France la première réunion légale du Front National Universitaire (enseignement supérieur), aux côtés du recteur Roussy, Langevin, Joliot-Curie et quelques autres.

Le 16 septembre

En accord avec Wallon, il quittera ses fonctions officielles pour reprendre son travail au Laboratoire.

Le 28 septembre

Il donne sa démission du poste de Secrétaire général du FNU, sans renoncer pour autant à ses activités de militant.

Le 15 octobre

Wallon lui propose de le représenter à la Commission de la Réforme de l'Enseignement. Peu après, un diplôme de pédagogie est inscrit au programme de l'Institut de Psychologie, la belle aventure des psychologues scolaires s'amorce.

Le refus de toute fonction politique au détriment de ses travaux scientifiques se laisse expliquer par des considérations qu'il consigne dans son carnet : elles datent du 5 août 1944. Il cite et commente les propos d'un dirigeant communiste :

« *Un communiste ne ment jamais ! Quand nous sommes 5.000 et que nous déclarons 25.000, ce n'est pas un mensonge, nous le serons demain.* »

> Note de R. : *Commentaire bien propagandiste de la vérité... Moralité de l'histoire : ce n'est pas le rôle d'un intellectuel d'être un permanent. Notre exigence de la vérité pure est incompatible avec les mensonges inévitables dont est pétrie l'action des hommes d'aujourd'hui... La vérité des savants est d'une portée révolutionnaire à plus longue échéance...*

Ainsi refusera-t-il, une fois pour toutes, le « mentir-vrai », contrairement à bien d'autres.

Je ne partage alors ni son choix ni son esprit critique ; je le ferai quelques années plus tard, profondément ébranlée. Absorbée par mes tâches, stimulée par un climat général d'espérance, je poursuis le travail qui m'est confié, en souhaitant que « ma » première exposition à la Maison de l'Université (Voltaire-Lamarck) soit inaugurée avant mon accouchement.

Marc et Mamé rentrent à Paris le 21 décembre, Jean-Fabien vient au monde le 5 janvier 1945 (petite déception, j'aurais tant aimé une fille !). R. écrit, heure par heure, les péripéties de cette seconde naissance. Il note aussi :

> *Ce matin à dix heures précises, mon second fils est né. Jean-Denis jusqu'à six heures du soir... puis l'idée me vient de le prénommer Jean-Fabien en souvenir de Fabien tué sur le front d'Alsace. J'appelle B., elle est d'accord. Elle allaite J.F.*

De retour à la maison, l'allaitement n'a pas duré et la nécessité de trouver du lait pour nourrisson s'est faite pressante. Les contraintes matérielles pèsent lourd : on manque de tout, la santé de Marc se dégrade. Mamé, en extase devant ce bébé tout neuf, m'aide beaucoup, mais c'est à moi de « m'arranger » pour trouver le minimum vital.

Il est vain de compter sur l'aide de votre père. Le travail dans ses deux Laboratoires reprend (son poste à l'hôpital est régularisé). Sur le conseil de Henri Piéron, il dépose sa candidature au CNRS : nommé Chargé de recherches, une certaine autonomie de travail lui est alors acquise. Sollicité de toutes parts, il écrit souvent la nuit des articles pour une presse sortie de la clandestinité, sans abandonner ses rédactions scientifiques.

Son second ouvrage est sous presse[6]. Je viens de relire sa préface. Elle date du 28 janvier **1945** et reflète parfaitement le climat de résistance, d'espoirs et de projets qui fut alors le nôtre. Quelques lignes :

> Le Devenir de l'Intelligence n'a pas le ton de sérénité qu'on trouve habituellement aux ouvrages de ce genre. Conçu et rédigé sous l'occupation allemande, dans un tissu d'activités souvent étrangères à la science, remis à l'éditeur en mars 1944... ce livre tient des circonstances son ton de polémique... Les circonstances mettent en pleine clarté cette vérité de toujours : que la science — conquête pacifique, laborieuse, minutieuse — apparaît aussi aux périodes critiques de l'histoire comme une lutte permanente contre toutes les forces de conservation et de régression sociales. Et traiter aujourd'hui de l'intelligence, ce principe de la science, c'est se placer au centre du combat idéologique qui symbolise tous les combats déchaînés sur la terre...

L'intérêt de cet ouvrage est dans la confrontation entre deux conceptions bien opposées à l'époque, celle des psycho-philosophes et celle des partisans d'une psychologie scientifique. Pour les premiers, «les données immédiates de la conscience» — *l'introspection* de l'Homme-blanc-adulte-et-civilisé — sont à distinguer des capacités de l'animal, du primitif ou de l'enfant. Les autres plaident pour la recherche et *la mesure* des formes ou styles de l'intelligence, de leur maturation et de leurs déterminants. Un texte à la fois rigoureux et vigoureux qui peut sans doute paraître aujourd'hui périmé, mais dont l'argumentation est, en 1945, particulièrement stimulante, prélude à ses propres investigations et enseignements.

Pour ma part, je reprends, dès le mois de février, mon travail à la Maison de l'Université. Il y a urgence : plusieurs cérémonies sont prévues au grand Amphithéâtre de la Sorbonne, avec l'amical appui du recteur Gustave Roussy. Notamment :

– en mars, le Jubilé de Paul Langevin (en résidence surveillée pendant l'Occupation) : hommages, discours et chants, en présence du Général Koenig, François Mauriac, Georges Duhamel, etc. ;

---

[6] *Le Devenir de l'Intelligence*, PUF, novembre 1945.

– en avril, Congrès National du FNU qui devient *L'Union Française Universitaire*, le terme d'union convenant mieux à la situation présente que celui de « front » ;
– en juin, commémoration des Universitaires fusillés par l'occupant ;
– dès le mois d'avril, accueil à Paris de plusieurs collègues britanniques qui préparent la tenue à Londres, sous les auspices du British Council, d'un *Colloque Européen des Professeurs d'Université*.

Parmi eux, Harry Poole de l'University College de Londres qui logera à la maison. C'est avec lui — et Marc — que nous défilerons le 8 mai du Quartier Latin à l'Arc de Triomphe. Drapeaux français et anglais, côte à côte, sous un beau soleil mais sans joie ni triomphe.

Avec le retour des premiers prisonniers et déportés les nouvelles se précisent, tragiques :

– la mort de Maurice Halbwachs à Buchenwald, en mars 1945, rien sur le sort de son fils Pierre ;
– l'extermination massive des internés parmi lesquels des millions de Juifs (on ne disait pas encore *Holocauste*) ;
– la destruction de Varsovie : 200.000 morts, les maisons détruites (on ignorait alors la responsabilité de l'armée soviétique) ;
– destruction aussi (était-ce nécessaire ?) de nombreuses villes allemandes.

Ni le suicide de Hitler, ni le procès de Pétain (auquel on assistera en août) ne parviennent à nous réjouir. Votre père écrit :

Victoire sanglante, victoire triste... trop de deuils.

J'apprendrai plus tard seulement ce qu'est devenue ma famille proche. Dernier convoi à Treblinka de mes parents et de mes sœurs : **tous gazés**. D'un nombre non négligeable de mes cousins-cousines, j'en ai revu deux seulement. L'aîné a combattu dans l'armée polonaise de Londres. Après la guerre, il vient en France (refuse de retourner en Pologne), se marie et s'installe près de Reims. Quelques rencontres : j'apprendrai son décès en 1990. Le plus jeune, bachelier en 1940, rejoint « l'armée de l'intérieur » ; quatre ans dans les forêts de l'Est de la Pologne, obligé de cacher à ses compagnons d'armes son statut de Juif. Après un bref séjour à Paris, il est parti en Israël. Côté filles, une seule a survécu en changeant plusieurs fois de nationalité, de religion et de... mari. J'ai appris ses aventures, mais ne l'ai jamais revue.

Il m'est difficile de quitter cette période de Guerre, d'Occupation et de Résistance sans évoquer deux personnes qui ont profondément marqué nos années de tourmente.

Deux amis de votre père, ses compagnons de route, attachants et exemplaires, que tout différencie : milieu social, études, intérêts, projets et espérances. Un trait leur est commun : le courage, courage de vivre et courage de mourir. Ils témoignent pour bien d'autres.

Je dirai brièvement, à la manière d'un «arrêt sur images», leur destin et leur présence dans notre vie. Lisez ces pages avant de poursuivre notre chronique personnelle.

$$* \\ * \quad *$$

Valentin Feldman, prénommé Valia par ceux qui l'ont bien connu, est né en Russie en 1909. Il arrive en France peu après la Révolution d'Octobre, y poursuit des études brillantes (réussite au Concours Général puis à l'agrégation de philosophie). Il est révoqué de son poste d'enseignant en tant que Juif, entre dans la résistance dès 1940, est arrêté par la Gestapo, puis fusillé le 27 juillet 1942.

Quelques pages à consulter dans un ouvrage consacré à la Résistance universitaire[7], Valia est mort trop tôt pour laisser une œuvre qui suscite de longues analyses. Mais il est entré dans notre vie privée, tant pendant ses études de philo qu'au cours de l'affreuse période de ses prisons et de son exécution. Son calvaire, nous l'avons alors suivi au jour le jour, alternant espoir et détresse. Les notes quasi quotidiennes de R. en témoignent.

Je l'ai connu dans les années 30 mais rencontré assez rarement. Toujours pressé, garçon attrayant, d'une éloquence étourdissante, il passait rapidement d'un cours ou d'une réunion à l'autre, enchaînant sans répit exposés, débats mais aussi leçons particulières, correction des devoirs, traductions, divers travaux faiblement rémunérés. Sans ressources, sa mère à sa charge, il doit «se débrouiller» pour survivre. Il s'intéresse à mille choses, charme tout le monde, ses maîtres comme ses camarades d'études, et milite dans divers cercles d'étudiants (notamment à l'Union Fédérale des Étudiants où je le rencontre).

C'est à la Sorbonne que R. fait sa connaissance, l'admire et se lie avec lui. Ils ne se ressemblent guère, Valia est loquace et extraverti, cependant tout les rapproche.

---

[7] *Visages de la résistance*, éd. La Manufacture, 1987, 101-105.

Pour tous les deux, des difficultés matérielles à surmonter, les mêmes études universitaires, le même appétit de connaissance, leurs engagements politiques sont semblables. Ils participent tous les deux — en 1930 — à la réunion pacifiste de Sohlberg, dans la Forêt Noire, où étudiants français et allemands proclament ensemble «la guerre contre toutes les guerres». Son adhésion au Parti Communiste est, je crois, plus tardive.

Et, fait étonnant, au plan privé, leurs expériences s'apparentent également : mariage et paternité relativement précoces pour l'un comme pour l'autre. Valia épouse Yann, une condisciple d'origine corse; elle réussit aisément son concours d'agrégation, alors qu'il y échoue. Cet échec l'attriste, mais la réussite n'est que différée.

Le temps passant, leurs intérêts scientifiques se différencient : choix de la psychologie pour R., celui de l'esthétique pour Valia, avec rapidement la publication de son premier ouvrage[8].

Les études achevées, leurs rencontres sont moins fréquentes, mais les affinités demeurent, et chacune d'elles est un plaisir partagé.

Je viens de relire une lettre que Valia m'adresse, en 1940 (il est alors engagé volontaire) : il apprend mes difficultés matérielles et me propose un «petit boulot» intermittent.

En 1941, R. le retrouve à la Bibliothèque Nationale : conversation prolongée, Valia lui annonce avec quelque amertume sa séparation conjugale, un divorce est en cours, mais il ne dit mot de ses activités de résistant.

C'est pourtant par sa femme que nous apprenons, peu après, son arrestation. Elle nous en dira les circonstances, puis régulièrement les sévices subis et les menaces qui pèsent sur lui. C'est alors que R. — et quelques autres — entreprennent les démarches les plus diverses pour le sauver.

Pour plus de précision, je reprends les notes consignées par R. dans ses carnets quotidiens.

Valia est arrêté le 5 février 1942 à Rouen, en effervescence à la suite d'une attaque britannique sur la Côte, après un sabotage constaté à la Centrale Électrique de la ville. Sa femme, professeur au lycée Racine à Paris, est arrêtée quelques jours plus tard. Valia invoque le divorce en cours et proteste contre leur confrontation. Les gardes allemands le frap-

---

[8] *Esthétique française contemporaine*, 1936, éd. Alcan.

pent violemment devant elle mais la libèrent. Valia affirme son innocence.

L'acte d'accusation dont nous prendrons connaissance plus tard se laisse résumer comme suit :

– Quatre hommes auraient participé au sabotage de la Centrale. Le principal coupable (celui qui aurait déposé la bombe) est en fuite. Un complice qui aurait apporté les outils, le gardien de la Centrale (dont la défense consiste à dire qu'on lui a arraché les clés) et V. Feldman (qui aurait fait le guet) sont arrêtés.

– Valia a été arrêté à un rendez-vous que la Gestapo (ou la Feldpolizei) avait organisé pour arrêter le principal coupable. Il est «reconnu» par le dénonciateur qui avait averti la Gestapo et qui veut toucher la prime. Il est également reconnu par le gardien qui tient à sauver sa peau. Valia nie éperdument et refusera de demander la grâce, après sa condamnation à mort : «*Je n'ai aucune grâce à demander aux Allemands. S'il vous faut le sang des Français, eh bien vous n'avez qu'à prendre le mien tout de suite.*»

Au début du mois de mai, sa femme apprend par une lettre anonyme que Valia est enchaîné 20 heures sur 24; il affirme son innocence et réclame de sa femme «*un mot de réconfort*».

Fin mai, son dossier est transféré à Paris et lui-même emprisonné à Fresnes. R. multiplie alors ses démarches :

– auprès des organisations de la Résistance ;
– auprès d'Émile Bréhier et ses collègues, professeurs à la Sorbonne ;
– auprès du secrétariat personnel du ministre de l'Éducation, Abel Bonnard, un certain Carlier, qui accepte «d'avertir des gens utiles« ;
– et **surtout** auprès de Mardrus (j'ignore son prénom), ancien camarade d'études qui avait participé avec R. comme avec Feldman et Otto Abetz à la réunion pacifiste de la Forêt Noire. Otto Abetz, devenu depuis ambassadeur d'Allemagne à Paris, était en mesure de sauver Valia.

Les activités de résistance de R. excluent alors sa démarche personnelle : il demandera sans cesse à Mardrus de la faire d'urgence. Échanges épistolaires, coups de téléphone et rencontres avec Mardrus sont fréquentes mais restent inefficaces. Faux-fuyants, esquives, vagues promesses et mensonges («Abetz est absent de Paris... Je vais essayer d'intervenir auprès d'un ami de la Feldpolizei... L'affaire est très grave», etc.).

– une rencontre, dans un café au Quartier Latin, réunit plusieurs personnes (identité non précisée dans les notes);

– le procès est fixé au 17 juillet. Le 22 Feldman est condamné à mort. Le recours en grâce (non signé par V.F.?) est transmis à un Tribunal. Un avocat, Me Kroehling, accrédité auprès des autorités allemandes, n'est pas admis aux « débats secrets »; un avocat allemand, commis d'office, le remplace. Le recours est rejeté;

– il est vaguement question au Palais d'une intervention en sa faveur du Cardinal Suhard;

– munie d'une autorisation spéciale, Yann se rend à Fresnes, elle arrive trop tard. Les soldats allemands hilares la consolent : « Une condamnation à mort c'est une formalité... il y a des condamnés à mort qui attendent ici depuis plusieurs mois ».

Valia est exécuté le 27 juillet. Ils sont sortis un à un devant le peloton. Ses dernières paroles sont connues; il fait front à ses bourreaux et dit : «*Imbéciles, c'est pour vous que je meurs.*»

Valia est enterré au cimetière d'Ivry. La tombe de chaque fusillé est sans dalle, les fleurs rouges sont interdites. R. s'y rendra le 31 juillet avec Yann et sa sœur. Il écrit dans son carnet :

> *... Tout compte fait j'aurais préféré ne pas revoir Yann tout de suite et me rendre seul sur la tombe de mon ami... Le coin des fusillés à Ivry se trouve dès l'entrée du cimetière à ma droite. Quatre rangées parallèles au mur... des tumulus mal dessinés. Pas de noms. Des trous bien frais qui attendent leurs victimes. Sur le mur des numéros qui permettent de retrouver les travées. - Feldman est dans la 3ᵉ ligne, 77ᵉ travée. J'ai apporté un géranium rouge. La sœur de Yann a pris sur le tumulus une poignée de terre qu'elle a glissée dans une enveloppe.*

De retour à la maison, R. reprend la lecture de *La vie de Jésus* de Renan.

J'apprendrai plus tard que s'il y a eu participation de Valia au sabotage de la Centrale de Rouen, elle était due au hasard : celui qui devait faire le guet n'était pas au rendez-vous fixé : Valia l'avait-il remplacé? Était-ce le dénonciateur?

La bataille de Stalingrad puis le débarquement des Alliés en Afrique du Nord ont fait oublier, à certains, les victimes qui ont précédé ces événements. Mais leur message d'adieu a été entendu par d'autres.

*
* *

Varidj Vadjaraganian, qui se souvient encore de lui, ce « presque métèque » mort pour la France, en sauvant la vie d'un autre ?

Peut-être Marc, notre fils aîné, garde-t-il toujours une agréable image d'une grande personne qui savait si bien se déguiser en son partenaire de jeux ? Même dans nos lettres et papiers, ses traces sont rares : quelques mots griffonnés pour annoncer son passage ou donner de brèves nouvelles, et plus tard des dates consignées de nos visites hebdomadaires à son Centre d'Internement de Tourelles. Par chance, j'ai retrouvé des photos de guerre, heureuse pour une fois de la manie de R. Je peux le revoir tel que nous l'avons connu, sous son uniforme de deuxième classe, képi incliné, le regard franc et chaleureux, à l'âge de 25 ou 26 ans.

Il est alors un des rares cadeaux que la « drôle de guerre » nous offre : amitié et apaisement en cette période d'inquiétude et d'attente. C'est dans l'Armée, dès septembre 1939, que R. le rencontre parmi d'autres mobilisés d'urgence ; ils ne se quitteront plus jusqu'à la défaite.

Garçon modeste, scolarité obligatoire puis métier manuel (cuir ou soie, je ne m'en souviens plus), Varidj restera pour moi une personne *exemplaire*. Au double sens de ce terme : quelqu'un qui peut servir d'exemple à bien d'autres ; mais aussi un exemple des horreurs de l'Histoire.

Il n'est ni « judéo » ni « bolchévique », il est chrétien arménien. On connaît mieux maintenant la situation particulière des Arméniens, réfugiés en France ; je l'ignorais, pour une grande part, quand je l'ai connu. Quelques rappels :

> Jusqu'à la fin du XIXe siècle, la population arménienne est dispersée entre trois empires : ottoman, russe et allemand. Elle est victime, de part et d'autre, de fréquentes persécutions.
> L'extermination massive — le fait des Turcs — sera plus tardive : 1915-1916. Une épuration ethnique sauvage désignée récemment par le terme non équivoque de génocide. Entre historiens, la discussion se poursuit d'ailleurs : devons-nous parler de massacres ou de génocide ? Peu importe le terme : plus d'un million de tués et un sauve-qui-peut des rescapés, surtout vers l'Occident.
> En France notamment, où le besoin de main d'œuvre ouvre facilement les frontières. C'était le cas de la famille de Varidj qui obtient alors, comme les autres, une double nationalité : française et arménienne. Une bonne proportion de ces réfugiés se fixent dans le Midi de la France, sa famille « monte » jusqu'à Paris. Ce qui vaut à Varidj — mi-étranger, mi-français — le « privilège » d'être incorporé dans la même Compagnie que R.
> On sait qu'en Union Soviétique, une « république socialiste arménienne » est instaurée (capitale Erévan). Après la mort de Staline, période de dégel, quelques milliers d'Arméniens s'y rendront. Déçus par ce « socialisme », ils seront nombreux à réclamer leur retour en France.

Inutile d'en dire davantage : antagonismes, rivalités et affrontements y persistent jusqu'à nos jours.

Je reviens à Varidj et à sa rencontre avec R.

Bien des choses les séparent : ses intérêts politiques sont limités, ses relations sociales ne dépassent que rarement sa communauté d'origine, mais son attachement à la France, terre d'accueil, est incontestable. C'est donc tout naturellement (peut-être même avec quelque fierté !) qu'il rejoint l'Armée française et veut contribuer à sa victoire.

Entre les deux hommes, dès les premiers jours, sympathie, proximité et un partage des rôles s'instituent. Mon «cher et tendre» n'est guère doué — c'est peu dire — pour s'adapter et se soumettre aux diverses obligations militaires, consignes et ordres reçus. En Varidj, il trouve vite non seulement un copain à son goût, mais un soutien efficace et une débrouillardise constante. De toutes les corvées dont la logique échappe à R., il prend la charge, résout les difficultés quotidiennes, veille sur lui et le protège. Pour sa part, il apprécie la simplicité et l'humour de cet «intellectuel» et cherche auprès de lui connaissance et culture. Il veut comprendre, il veut apprendre, lit les livres que R. lui propose, s'intéresse à tout, y compris à l'ouvrage sur la psychologie américaine que R. rédige alors.

Services réciproques, ils deviennent vite inséparables et fraternels. Sur tous les fronts ensemble — la Belgique, Dunkerque, Londres puis le retour en France — c'est aussi en commun qu'ils organisent leurs permissions buissonnières (pour revoir Marc, réfugié en Normandie notamment).

Varidj me témoigne d'emblée une sorte de sympathie complice : en ma qualité d'épouse d'un homme qu'il admire, je suis forcément à prendre en considération, à rassurer et, le cas échéant, à aider. Ainsi, à toutes ses permissions, nous nous retrouvons et il me met au courant de leur vie quotidienne, parfaitement absurde, en en minimisant les difficultés ou dangers.

Après la défaite et le retour à Paris, nos rencontres amicales reprennent : il s'invite tout naturellement à un repas, en nous apportant d'ailleurs des provisions qui assurent les suivants. Je me souviens fort bien de ces repas pris en commun dans notre vaste cuisine de la rue de la Croix-Nivert : on y partageait plus souvent «le sel» que «le pain» qui manquait déjà. Varidj ne connaîtra pas notre nouveau foyer du Boulevard Saint-Michel où nous nous installerons en février 1941. C'est peu après que nous apprenons son arrestation et son internement au Centre des Tourelles.

Les raisons de cet événement : son frère fait partie d'un réseau de Résistance, il est dénoncé et c'est, **par erreur**, que Varidj est arrêté et incarcéré. Il ne proteste pas et n'avoue rien, la sécurité de son frère est prioritaire.

Aussitôt informés, nous nous rendons à son camp-prison : visites autorisées deux fois par semaine; colis de nourriture acceptés.

Les dates de nos visites sont souvent notées par R. Nous y sommes parfois accompagnés par Marc, présenté comme le filleul de Varidj, situation qui distrait aussi bien le visité que le visiteur et rend les gardes plus aimables.

Dans mes souvenirs, plusieurs faits s'entremêlent :
– le nom de la station de métro puis le chemin à prendre;
– la permanente recherche de nourriture pour les colis indispensables, ravitaillement souvent complété par notre amie normande Lyne Auvray;
– la rencontre surprise dans le même Centre d'un de mes camarades d'études : Rudy Supek, yougoslave, lui aussi arrêté par erreur (logé chez une amie résistante);
– sur place, une population de détenus très hétérogène : hommes et femmes qui se croisent; «politiques» et droits communs sans distinction; surveillance assurée par des gendarmes français dont l'humeur varie selon le petit cadeau du jour;
– et surtout Varidj qui supporte tout, ne se plaint jamais, ne réclame rien, nous reçoit en plaisantant et — ce qui m'étonne et me révolte un peu — ne songe pas à s'évader. La sécurité de sa famille est son seul souci.

Son internement va durer pendant près de deux ans. Je trouve dans l'émouvant livre-enquête de Patrick Modiano — *Dora Bruder* — des précisions détaillées sur ces lieux de nos derniers rendez-vous. Je relève quelques lignes qui complètent les miennes :

«*Le centre d'internement des Tourelles occupait les locaux d'une ancienne caserne d'infanterie coloniale, au 141 Boulevard Mortier, à la Porte des Lilas... Ouvert en octobre 1940 pour y interner des Juifs étrangers... A partir de 1941... des femmes juives... ainsi que des communistes et des droits communs... En 1942... on y trouvait aussi des «amis des Juifs»... Tourelles n'était alors qu'une gare de triage.*»

Patrick Modiano rappelle aussi le climat de cette année :

« ... *L'hiver 1941-42 fut le plus ténébreux de l'Occupation, avec dès le mois de novembre des chutes de neige, une température de -15° en janvier, l'eau gelée partout, le verglas, la neige.* »

Le froid et le verglas de cette année, je ne les oublierai jamais. C'est alors que je pratiquais mes quotidiennes « glissades » vers le métro pour rejoindre mon lieu de travail, en banlieue parisienne. Alors imaginons le Camp, jamais chauffé, couvertures et nourriture absolument insuffisantes, comment Varidj a-t-il pu garder son courage et son optimisme ? Du moins lors de nos visites. Désœuvrement, promiscuité, et surtout absence d'une libération possible (il n'a jamais été question d'un procès) nous désespèrent, alors que lui, en notre présence en tout cas, fait bonne figure.

En été 1943 (au mois d'août, je crois), nos visites prennent fin. On ne trouve aux Tourelles que quelques centaines de femmes, les hommes sont transférés « ailleurs ». Ce sera pour notre ami yougoslave le camp de Buchenwald où il sera détenu pendant deux ans. Supek a survécu : dans une lettre reçue après sa libération, il nous demandera de lui envoyer ses notes de cours.

Pour Varidj, c'est un séjour dit provisoire dans une prison du centre de la France. Il tentera alors une évasion vers le sud et sera tué en route. On l'apprendra plus tard.

En 1996, Patrick Modiano a revu les Tourelles. Il écrit :

« *Le Boulevard Mortier est bordé de platanes. Là où il finit, juste avant la Porte des Lilas, les bâtiments de la caserne des Tourelles existent toujours... Un haut mur entoure l'ancienne caserne... Une plaque y est fixée :* « ZONE MILITAIRE - DÉFENSE DE FILMER ET DE PHOTOGRAPHIER. » »

Les lieux sont toujours protégés. Saura-t-on jamais combien de milliers de personnes cette Zone a « protégées » ? Combien sont mortes pour la France ou à cause d'une certaine France ? Parmi elles, un garçon courageux qui est allé jusqu'au bout de ses forces. *DÉFENSE D'OUBLIER!*

La paix revenue, notre moral n'est pas euphorique, mais nous sommes, l'un et l'autre, trop occupés pour partager notre peine. R. abandonne le projet d'écrire une suite à ses *Psychologues d'Amérique* (réclamée par l'éditeur) et s'emploie à terminer un modeste ouvrage : *Intelligence et Quotient d'Ages*[9]. C'est une analyse critique du calcul de l'Age

Mental. Une approche psychométrique y est proposée au service de la psychologie clinique telle qu'il la pratique quotidiennement au laboratoire Henri-Rousselle[10].

Henri Wallon est délégué à l'Assemblée Consultative Provisoire ; il sera un an plus tard élu député communiste du seizième arrondissement, mais abandonne rapidement cette fonction pour reprendre ses cours au Collège de France. Il charge alors votre père de plusieurs enseignements. Écoles Normales Supérieures de Saint Cloud et de Fontenay, Centre de Beaumont, INOP, notamment. Les réunions-stages des futurs psychologues scolaires débutent : les premières équipes s'organisent. Nos rencontres sont brèves, à chacun ses contraintes.

Votre père est certes épuisé mais aussi stimulé par toutes ses activités. Avec ses nouvelles responsabilités, il acquiert davantage confiance en lui et comme enseignant et comme chercheur.

La santé de Marc exige d'urgence un séjour à la montagne ; il partira, au mois d'août, à Gründelwald, en Suisse. Pour nous deux, ce sera un bref séjour à Coppet (Lac Leman) avec nos amis Jean et Madeleine Braun. R. en profitera pour rencontrer des psychologues genevois, Rey, Meili, Lambercier, et visiter leurs laboratoires.

En octobre, un séjour à Londres, prolongé pour lui, quelques jours pour moi, est une occasion de fort agréables « retrouvailles ».

Dès le mois de janvier 46, je quitterai mon travail à la Maison de l'Université. Je peux identifier, grâce à nos écrits, les raisons de cette décision.

Tout d'abord une intervention trop pesante du P.C. dans le fonctionnement de cette « Union » qui avait pour objectif de rassembler des enseignants de toutes opinions en vue d'une réforme démocratique du système scolaire. En second lieu, les demandes les plus diverses d'une épuration intensive, à coloration corporatiste, une avalanche de règlements de compte. Je garde mes convictions de militant, mais toute responsabilité dans ce climat me choque. Ma démission est vite acceptée : mon remplaçant est davantage « politiquement correct ».

---

[9] PUF, 1946.
[10] Initiative qui aboutira plus tard à la révision du test de Binet-Simon puis à la publication, en collaboration avec Mina Verba-Rad et Michel Gilly, de la *Nouvelle Echelle Métrique de l'Intelligence* (Armand Colin, 1966, Paris).

La santé de Marc y joue aussi un rôle. Dès le mois de février 46 : amaigrissement, poussées de fièvre, inflammation d'un œil. Le diagnostic est rapide : « poussée ganglionnaire tuberculeuse ». Grâce à l'intervention de Robert Debré, Marc partira en préventorium en Suède pour plusieurs mois. L'état de santé de nos enfants commence à me préoccuper sérieusement : le ravitaillement devient prioritaire.

Votre père assure ses multiples cours et conférences, s'interroge sur le sujet de sa thèse secondaire et surtout *sur lui-même*. Sa participation à la Conférence du Bureau International du Travail à Montréal (avec comme thème central « le travail des enfants ») va fort heureusement le distraire. Quelques extraits d'une de ses lettres qui m'ont bien amusée :

> *Montréal 20 septembre 1946... C'est une bien drôle de chose qu'un Congrès du B.I.T. La journée d'hier s'est passée en discours d'usage. La journée d'aujourd'hui sera consacrée à la vérification des pouvoirs et la constitution des commissions... Il y a encore quelques années... j'avais pour ce genre de palabres toujours l'impression de participer à un jeu d'enfants. Mais j'étais sûr que les grandes personnes étaient ailleurs, en de sérieuses Assemblées, pour décider honnêtement et avec une puissance réelle de leur sort de grandes personnes. Où sont les grandes personnes ? Où tiennent-elles leurs assises ? Je crois de moins en moins à l'existence des grandes personnes.*

Après Montréal, bref séjour à New York où R. retrouve ses collègues de 1934.

A son retour à Paris, il abandonne les projets de sa thèse et consacre tout son temps disponible à la **psychologie scolaire**.

La Libération de Paris et la création de la psychologie scolaire sont quasi simultanées et témoignent, l'une et l'autre, d'une bataille gagnée.

C'est dès le mois d'août 1944, alors qu'il est ministre provisoire de l'Education Nationale, que Henri Wallon donne le feu vert à R. pour mettre en route un projet qui lui tient à cœur : le psychologue à l'école. Il est alors décidé que ce psychologue sera un instituteur (ayant au moins cinq ans d'ancienneté) qui suivra deux ans d'études à l'Institut de Psychologie, sans être détaché. Une formation intensive lui sera offerte, le jeudi, jour de son congé. Il aura en charge un groupe scolaire où il établira un dossier psycho-pédagogique pour tout nouvel écolier (donc majoritairement ceux du Cours Préparatoire). Le dossier consiste en une fiche comportant des résultats de quelques épreuves psychologiques et d'un entretien.

Le rôle du psychologue n'est pas de dépistage mais de *prévention* d'éventuelles difficultés ou échecs. Aussi la collaboration avec les enseignants est régulière, le psychologue n'intervenant, en cours d'année, pour chaque enfant «perdant pied», signalé par son maître.

Peu à peu, le statut des psychologues scolaires se précise et s'améliore : ils seront dispensés d'enseignement, participeront à des groupes de travail qui ont également pour objet la didactique des matières d'enseignement.

La formation démarre en 1944, le premier poste est attribué en 1946; deux ans plus tard, quelques psychologues sont affectés à des lycées parisiens.

Des textes officiels précisant leur statut (recrutement, formation, fonctions...) sont remis au Ministère de l'Education en 1951. L'accent est mis sur la mise en évidence des qualités *positives* de l'élève plutôt que sur ses insuffisances. Trois ans plus tard, l'expérience est interrompue, notamment celle des équipes parisiennes («pour des raisons économiques»). Pourtant, leur travail s'est avéré efficace : le taux de redoublement lors du cursus élémentaire fut réduit, en moyenne, de 50 à 17%!

R. cite ces chiffres dans son autobiographie publiée en 1992 et ajoute :

Cette destruction de la psychologie scolaire, je l'ai ressentie comme le plus pénible échec de toute ma carrière.

L'initiative est relancée en 1959, par le Ministère Berthoin, mais la psychologie scolaire est mise désormais sous la tutelle de *l'Enfance Inadaptée*, ce qui modifie fondamentalement sa mission préventive, «adapter l'école à l'enfant» (même si ce slogan perdure). Ce n'est qu'en 1990 que l'on retrouvera dans la réforme Jospin des traces du projet formulé cinquante ans plus tôt.

Des écrits sont nombreux qui rendent compte des avancées et dérives de la psychologie scolaire, tant sous la signature de son promoteur que sous celles de ses coéquipiers. Deux publications récentes méritent particulièrement d'être consultées : celle de Michel Gilly et celle de Jean Simon, professeurs à l'Université de Toulouse et anciens psychologues scolaires : les années d'enthousiasme et de travail acharné puis de déception y sont évoquées avec précision et finesse[11].

---

[11] *Enfance*, 1996, n° 2, p. 191-210 et 285-288.

En ces années d'après guerre, un grand élan de renouvellement de l'éducation se manifeste : des cercles d'études et bon nombre d'associations se créent, la participation de R. est fréquemment sollicitée. Il s'applique alors à faire connaître à des praticiens des résultats de la recherche fondamentale, celle qu'il poursuit en laboratoire ou sur le terrain. Une parenthèse avec le sourire : cinquante ans plus tard, en 1997, des recommandations du même ordre sont préconisées par notre Ministère de l'Éducation Nationale : *une liaison à établir entre la recherche et l'enseignement.*

De mon côté débute alors une « saison franco-polonaise » : information, expositions et surtout organisation de l'Amitié Franco-Polonaise, association qui a pour but d'établir échanges et liens réguliers entre les deux pays. Son fonctionnement est assuré par l'Ambassade de Pologne, sa présidence par Joliot-Curie, je suis chargée de la faire connaître et prospérer.

Mes attitudes à l'égard de la Pologne ne sont pas simples, mais il en est de même de la situation géopolitique de ce pays. Je n'ai jamais su véritablement les faire comprendre à votre père. Rejet de la Pologne, réactionnaire et antisémite, telle que je l'avais connue, désarroi et douleur d'y avoir perdu ma famille et mes racines, espoir de voir une Pologne reconstruite, « libre et démocratique ». On sait qu'après l'avance des armées soviétiques, deux pays sont restés non satellisés ou, si l'on préfère, non annexés à l'un des deux blocs : la Tchécoslovaquie et la Pologne. Les accords de Yalta leur offrent, en 1944, une position de transition pleine de promesses.

Après quelques hésitations, j'accepte ce nouvel emploi et notre « Amitié » se met allègrement en route. Dans le paysage politique du moment, universitaires, artistes et intellectuels de toutes tendances prennent part à nos débats, conférences et séjours prolongés dans les deux pays. Je m'entoure de secrétaires compétentes, on continue à *tendre la main*, croyants et laïques, joliment installés près du Champ de Mars. J'y retrouve l'ambiance confiante et conviviale de la Résistance.

Souvenir d'un voyage à Lille avec Emmanuel Mounier. En me voyant arriver impromptu à la gare, il me dit : « *Je ne savais pas que l'œil de Moscou était si bleu.* » Pas dupe et charmant !

L'année 1947 est celle des changements politiques, des ruptures et des affrontements. La *guerre froide* débute. Dès le mois de mai, les ministres communistes sont exclus du gouvernement; au Plan Marshall (aide américaine aux pays en reconstruction) répond la création du Kominform (coordination assurée par Moscou des partis communistes de plusieurs pays). Révoltes des pays colonisés : pour la France, c'est

Madagascar et l'Indochine, pour la Grande Bretagne, l'Inde et la Palestine ; sans parler de la « longue marche » en Chine.

De ce tournant, l'opinion ne prendra conscience que quelques mois plus tard, sans en comprendre d'ailleurs toutes ses conséquences. En France, et à Paris plus qu'ailleurs, c'est toujours la pénurie qui préoccupe la population : marché noir pour les uns, restrictions interminables pour la majorité. Des grèves éclatent puis se généralisent (cheminots, mineurs, etc.), durement réprimées. C'est alors que Jules Moch, ministre socialiste, est traité « d'hitlérien » et qu'intervient la scission syndicale.

Le statut professionnel de votre père se consolide. Wallon ayant repris ses cours au Collège de France, R. accède au poste de directeur-adjoint du Laboratoire. Rémunération, responsabilités, mais aussi son autonomie augmentent. La consultation de Wallon se poursuit, mais R. peut désormais non seulement diversifier ses travaux, mais constituer à son gré des équipes de chercheurs. Et ceci dans les deux laboratoires — hôpital Henri-Rousselle et École Pratique des Hautes Études — qu'il souhaiterait faire fonctionner de façon plus coordonnée.

Un bref rappel des travaux alors en cours : la psychologie scolaire, officiellement reconnue ; la dyslexie en collaboration avec J. de Ajuriaguerra et Nadine Galifret-Granjon ; la prime enfance, avec O. Brunet et I. Lézine ; la revue *Enfance*, en collaboration avec H. Gratiot-Alphandéry (premier numéro publié en janvier 1948).

Et en vue de sa thèse, des recherches personnelles : examens des couples gémellaires et vaste enquête diffusée par radio et par presse.

Vacances familiales en Normandie, sans moi. Je reste seule à Paris, en attendant la naissance de notre troisième enfant. Tous rentrent le 28, Jacques vient au monde le 29 août 1947 (preuve évidente de leur confiance en ma « débrouillardise » !).

Ce troisième enfant, je le souhaite et l'attends avec plaisir. Pour un meilleur équilibre des âges de notre communauté (un compagnon pour Jean-Fabien), mais surtout par un besoin personnel de renforcer le cercle de notre vie privée, en prenant quelque distance avec des événements déprimants du monde extérieur.

Peu après, un événement secoue l'opinion : le procès de Kravtchenko. Son livre, *J'ai choisi la liberté*, fait clairement connaître l'existence des camps soviétiques, les « goulags ». Accusé d'être un espion de la CIA, il intente un procès en diffamation aux *Lettres Françaises*. De nombreux communistes et compagnons de route — parmi lesquels quelques prestigieux amis — ripostent et l'accusent d'être « fabriqué » par les États-Unis. Pendant quelque temps, je leur fais confiance, puis je tente d'oublier cet « incident de parcours ». Votre père ? Je ne m'en souviens plus. Pas de déclaration ni de ralliement de sa part en tout cas.

Deux mois plus tard, je quitte mes fonctions à l'Amitié Franco-Polonaise. L'existence même de cette « amitié » perd de sa signification. La Pologne annexée au bloc soviétique devient entre-temps une démocratie populaire.

C'est à cette occasion, au cours d'une séance mémorable, que « l'on » me demande de présenter mon « autocritique » (le « on » est un compagnon de la Résistance, plus tard lui-même disgracié). Ne comprenant nullement le sens de cette démarche, je refuse toute déclaration et fais (en larmes) le serment de ne plus **jamais** accepter d'emploi à caractère politique, quelles que soient ses apparences et sa dénomination.

R. approuve pleinement ma décision : il semble plutôt satisfait de mon rôle de femme au foyer. Pour retrouver force et courage, vacances de neige, avec Marc, à Caux, en Suisse.

J'ajoute un dernier souvenir de cette année 1947 : la mort de Pierre Janet. A son enterrement, à Sainte Clotilde, sept personnes seulement sont présentes. On oublie vite...

La vie de famille est fort absorbante et je ressens rapidement le besoin d'y échapper — à mi-temps du moins.

La cohabitation avec votre grand-mère n'est pas toujours plaisante ; son dévouement s'accompagne de tant d'inquiétudes, sa présence limite toute intimité avec mes enfants. L'activité qui m'est proposée alors m'offre la possibilité de concilier mes obligations familiales et une bonne dose d'autonomie.

Elle est due au hasard et, une fois de plus, à la bienveillance de Wallon. Gilbert Cohen-Séat, producteur de films et philosophe de formation, s'emploie à lancer un Centre de recherches de filmologie (terme barbare à l'époque) et me confie l'organisation, en collaboration avec des laboratoires de physiologie et de psychologie intéressés, d'un *Institut* à la Sorbonne. Rémunération modeste, mais emploi peu contraignant, j'accepte avec plaisir sa proposition. Ma passion pour le cinéma, le désir de renouer avec mes études de psychologie, la perspective d'établir des relations directes avec des chercheurs français et étrangers, l'éventualité d'entreprendre des recherches personnelles, tout cela a joué.

R. me donne alors des recommandations et conseils utiles, mais trop absorbé par ses propres obligations, participe peu à mes activités. Il le fera ultérieurement.

Ma « carrière » filmologique a duré quatre ans. En anticipant sur les années cinquante, on peut y distinguer deux périodes :

– **1948-1950** : organisation des cours de l'Institut de Filmologie rattaché à la Sorbonne, initiation au tournage et au montage des films, publication de la *Revue Internationale de Filmologie* (premier Congrès international à Knokke-le-Zoute), Séminaire international à la Biennale de Venise (c'est mon premier voyage en Italie, sans votre père resté à Paris pour, espère-t-il, rédiger sa thèse).
Ces deux années m'ont beaucoup captivée : la découverte des travaux de chercheurs exceptionnels, tant en France qu'à l'étranger (Michotte et Paulus en Belgique, Musatti et Ponzo en Italie) a suscité mon appétit d'apprendre davantage et d'expérimenter.

– **1950-1952** : je prends l'initiative de quelques recherches personnelles sur *la compréhension de récits filmiques* par des enfants de 4 à 5 ans et, pour comparaison, par des adultes débiles légers. Au terme de cette investigation, ma première communication au Congrès International de Psychologie à Stockholm (1951)[12].

Bref retour en arrière : c'est en juillet 1948, après avoir installé la famille dans la forêt de Fontainebleau (Ateliers de Rosa Bonheur) que j'accompagne votre père à Prague (Podebrady), où se réunit, sur l'initiative de l'UNESCO, un séminaire international consacré à la *Formation du Citoyen du Monde*. Quel programme !

Quelques mois plus tôt a eu lieu le premier « coup de Prague » : les communistes s'installent au pouvoir, Gottwald chasse le président Bénès, Masaryk est arrêté et décède peu après (suicide ou assassinat ?). A notre arrivée, Prague est belle et bien calme, c'est une « révolution sans cadavres », comme l'écrit une journaliste, et nous ne saisissons absolument pas le changement radical du régime.

Notre Séminaire fonctionne parfaitement avec d'interminables discours sur « l'éducation démocratique »; des divertissements et des visites sont joyeusement organisés. Un fait à signaler pourtant : plusieurs passants identifiant notre badge U.N.E.S.C.O., nous interrogent sur d'éventuelles possibilités d'obtenir un visa pour la France. Nous y étions, nous n'avons rien vu, nous n'avons rien compris.

De retour en France, c'est surtout l'extension de la guerre d'Indochine qui nous préoccupe.

L'année 1949 débute (après deux ans de procédure) avec le verdict en faveur de Kravtchenko. Grâce notamment à des témoignages irréfutables dont celui de Margaret Büber-Neumann, militante de longue date, emprisonnée par Staline puis livrée, en 1940, aux hitlériens. Et, peu après, des nouvelles directes nous parviennent de l'Est qui confirment

---

[12] *Revue Internationale de Filmologie*, 1952, n° 6.

les crimes d'un régime si longtemps défendu et donné en exemple (le procès Rajk en Hongrie, celui de Kostov en Bulgarie, la ténébreuse « affaire Field »).

Sans être vraiment surprise, je cherche avec désespoir et opiniâtreté le « bon choix ». Ce sera, comme pour bien d'autres, la défense de la paix, l'anticolonialisme, la lutte contre la politique américaine, extérieure et intérieure. Même si le doute demeure, les ennemis ne manquaient pas.

> Avec la guerre de Corée, la *guerre froide* devient bien chaude. A l'Ouest et en France notamment, les partis de droite se reconstituent, collaborateurs et résistants sans distinction. L'anticommunisme revient en force.
> De l'autre côté de l'Atlantique, c'est la chasse aux sorcières, les délations, les *Dix d'Hollywood*, les Rosenberg... la liste est longue.
> Les guerres en Asie — Corée et Indochine — apparaissent comme un prélude à des conflits plus proches.
> Les communistes, de plus en plus isolés, lancent (sous l'égide de prestigieux savants) un mouvement en faveur de la paix : la *Colombe* de Picasso, l'*Appel de Stockholm*, trouvent dans l'opinion un écho favorable sinon durable. Je suis le même chemin, ma priorité est, une fois de plus, d'être **contre** : contre la guerre qui menace (le pont aérien à Berlin, la bombe atomique à l'Est comme à l'Ouest), contre la guerre d'Indochine (Henri Martin), contre le Pacte Atlantique et la guerre de Corée (Ridgway go home !)

Comment réagit votre père ? Avec scepticisme et une certaine prise de distance : « *Les hommes politiques sont trop habiles* », écrit-il. Fatigué et infatigable, il assure ses enseignements, séminaires et conférences, écrit des articles, alors que ses maîtres (Henri Piéron surtout) lui conseillent sans cesse de terminer sa thèse. Il est alors trop engagé dans l'animation de ses équipes pour se préoccuper de sa carrière universitaire.

Quant à moi, tous ces événements me troublent profondément. Parmi les victimes du camp dit socialiste je retrouve des militants que j'ai bien connus, des anciens des Brigades en Espagne. Notre amie Madeleine Braun, députée communiste, est brutalement mise à l'écart, forcée de couper toute relation avec ses anciens camarades sans que l'on comprenne alors pour quelle faute ou raison.

Sa disgrâce se prolongera jusqu'à la mort de Staline. Elle l'a supportée avec une patience et une discrétion étonnantes. Plus tard, elle sera « réintégrée », sans retrouver pourtant son statut de député. La direction d'une maison d'édition lui sera alors confiée.

Amie très proche, nous nous rencontrions souvent, mais dans nos échanges et confidences, le silence était de rigueur à propos de ses « déboires » politiques.

Je cesse d'être croyante, mais demeure pratiquante. Rester neutre signifie aussi être indifférente, voire résignée, ce qui n'était pas ma manière de réagir. Ainsi, dans notre cinquième arrondissement, je participe à des manifestations, distribue des tracts et organise diverses fêtes (on disait « goguettes ») pour soutenir financièrement la presse issue de la Résistance.

Dans de telles entreprises, réunions dansantes ou spectacles, les liens de fraternité et d'amitié jouaient davantage que mes convictions politiques plutôt fragilisées. En cette période d'après-guerre, les activités récréatives nous procurent de très agréables distractions. Recours aussi à d'autres échappées, alors que l'ordinaire manque toujours : théâtre, poèmes, chansons, films américains, la Rose Rouge, l'Écluse (avec Mouloudji, Gréco et, déjà, Barbara!), lieux-refuges où l'humour accompagne la joie de vivre en paix. Exceptions culturelles que j'ai sans doute davantage appréciées que votre père, submergé par ses obligations.

Je poursuis mes modestes recherches sur *les films pour enfants* et, disposant de plus de temps libre, je découvre une autre source de satisfaction : celle d'être **mère**.

Souvenirs et lettres retrouvées témoignent d'un climat particulièrement chaleureux : un usage s'installe, celui des vacances scolaires que je passe souvent avec vous. La mer, mais surtout la montagne, à Noël et à Pâques, avec les plus jeunes, Marc, de plus en plus « électron libre », nous rejoint parfois.

A vous voir grandir, je commence à me sentir **adulte**, enfin.

LES ANNÉES CINQUANTE

L'évocation de cette décennie me donne le vertige : les événements qui nous ont touchés, successifs ou simultanés, sont si nombreux qu'il me faut abandonner leur récit d'année en année et procéder par *rubriques* et *étapes*. Des repères historiques précis me semblent nécessaires avant de dire nos propres itinéraires et expériences. Et, pour terminer, nostalgie oblige, un rappel en guise de « cartes postales » de quelques rencontres et voyages de ces années bien remplies.

> Les événements politiques suivent le cours déjà amorcé. A l'Est, antisémitisme officiel et épuration font ravage et victimes : la purge des officiers juifs de l'armée soviétique (1951); les Procès de Prague (1951-52) : dans tous les cas, accusation de *cosmopolitisme sioniste* et trahison. A l'Ouest, procès et exécution des époux Rosenberg (1953-54), un maccarthysme prolongé.
> En mars 1953, une annonce qui fait sensation : la mort de Staline, gros titre en première page de tous les journaux du monde, désespoir des uns et soulagement des autres.
> A cette disparition succède la période dite « de dégel ». Un dégel tout relatif d'ailleurs qui apparaît plus comme un règlement de comptes qu'un tournant politique important. Certes, les *médecins juifs* sont réhabilités par Béria et des internés politiques libérés, mais des tanks soviétiques écrasent une révolte ouvrière à Berlin-Est et Béria lui-même sera exécuté.
> Trois ans après (février 1956), c'est le XXe Congrès et le fameux Rapport de Krouchtchev dénonçant « le culte de la personnalité et les crimes de Staline ». Diffusé peu après, il sera désigné par le P.C. français comme « attribué » à son auteur.
> Ces révélations vont susciter des troubles graves en Pologne, puis en Hongrie, et provoquer dans les pays occidentaux, surtout en France, une véritable fracture à l'intérieur du Parti et sur ses franges. Comme exemple, on peut rappeler *l'affaire de Pierre Hervé*, résistant et militant communiste, exclu du Parti quelques jours avant le XXe Congrès pour avoir dénoncé les méthodes staliniennes de sa direction dans son livre : *La Révolution et les Fétiches* (éd. Table Ronde).

A propos du rapport Khrouchtchev (quelques semaines avant la révolte de Budapest), votre père atténue mon enthousiasme (« enfin la vérité ! »), en m'écrivant :

> *La liquidation du stalinisme ? Je me tiens au courant par les articles du Monde. Les révélations sur cette réunion prétendue secrète me paraissent être des ballons d'essai de Kr. lui-même... Cela aurait été quand même trop inquiétant que l'unanimité se soit faite si rapidement contre Staline ! On est en général trop vite d'accord même et surtout parmi nos camarades français. C'est encore un argument d'autorité mais dans un style nouveau. Si du temps de Staline, les sentiments de Khrouchtchev et Cie avaient été découverts, ces hommes auraient été anéantis politiquement, moralement, physiquement et nous aurions, une fois de plus, accepté... Nous avons bien accepté la liquidation d'hommes beaucoup plus prestigieux comme Boukharine et Toukhatchevski... je suis depuis trop longtemps dans l'incertitude pour*

être bouleversé aujourd'hui. Tout ce qui peut m'arriver c'est une confiance plus solide... Alors j'espère...

C'est à Varsovie, où nous sommes invités pour une série de conférences, qu'en automne 56, nous **assistons** aux événements de Budapest. Le terme d'assister convient. Si la révolte hongroise a éclaté à la suite des grèves en Pologne (Poznan), l'insurrection de Budapest a été accompagnée en Pologne par un large mouvement de mobilisation, tant dans les universités que dans la rue. Presse, appels, meetings, grèves, longues queues pour donner son sang aux combattants hongrois, nous les avons vus et entendus. L'unanimité des Polonais a fait reculer les tanks soviétiques et libérer des prisonniers politiques (dont Gomulka, incarcéré depuis plusieurs années). Détermination, enthousiasme et espoir de voir s'installer un régime socialiste, véritablement démocratique, cette vague n'a pas duré : j'ai pu le constater un an plus tard, mais le climat de 56 nous a bien réchauffé le cœur.

De retour en France, déception. Une fois de plus, les dirigeants communistes traitent les événements de Budapest de «manœuvres de la C.I.A.»; bon nombre de militants quittent le Parti; d'autres, désorientés, attendent une «analyse de la situation»; des compagnons de route prennent un autre chemin (déclarations à l'appui); la presse de droite félicite les «vrais révolutionnaires» de l'Europe de l'Est...

Sans illusions sur ses éventuels effets, votre père signe alors, avec neuf autres membres du Parti, la *Lettre des Dix*. Elle lui vaut quelques approbations, mais surtout réprimandes et reproches, malgré son ton modéré. Quelques extraits de ce document :

«*Destiné aux membres du Comité Central et à tous les Comités Fédéraux... les signataires, travailleurs intellectuels et faisant profession de chercher la vérité... aux côtés de la classe ouvrière... (demandent)... la convocation d'un* **Congrès extraordinaire** *au cours duquel seront débattus... les problèmes aujourd'hui innombrables qui se posent aux communistes. Ce faisant nous protestons... contre toute mise en cause de notre fidélité au parti et son unité.*»

Convocations par voie hiérarchique et remontrances, discussions inopérantes à la base et pressions individuelles se sont alors succédées; le «congrès extraordinaire» n'a pas été convoqué, deux personnes ont retiré leurs signatures.

Le malaise a persisté, aggravé par la situation en Algérie.

Après le Maroc et la Tunisie devenus indépendants, une situation insurrectionnelle secoue les «départements français d'Outre-mer». Ce que l'on a désigné, pour commencer, par événements d'Algérie va durer huit ans. Attentats sporadiques, suivis de répression brutale, débutent en 1954. Leur gravité échappe quelque temps à l'opinion en France, satisfaite d'avoir vu se terminer la guerre d'Indochine.

L'émancipation des pays colonisés parait inévitable, mais à Paris, les gouvernements qui se succèdent, quels que soient les partis qui les soutiennent, proclament la « grandeur de la France » et persévèrent dans l'illusion d'un Empire, quitte à le désigner par un autre nom, celui de l'Union Française. Pour l'Algérie, où les colons et l'armée font la loi, c'est la voie de *l'autodétermination* qui sera ultérieurement proposée, mais non son indépendance. Cette opinion sera soutenue officiellement par le Parti Communiste jusqu'en 1958, en dépit des protestations de nombreux militants et de Comités qui prônent la fin des combats.

Les nouvelles qui nous parviennent (même censurées) rappellent trop la période encore proche de l'occupation allemande : menaces, rafles, arrestations, tortures et exécutions contribuent à l'unification de mouvements insurrectionnels et, simultanément, à la solidarité qui leur est manifestée en France. Brièvement les principaux événements.

En Algérie, l'arrestation de cinq responsables du F.L.N. est suivie, en 56, par la réunion de Soumam, au cours de laquelle est présenté un « programme de gouvernement provisoire de la République algérienne ».

En guise de riposte, c'est en France le rappel des réservistes, expédiés en Algérie pour soutenir l'armée sur place.

En janvier 57, le général Massu réagit à la grève générale lancée par le F.L.N., en engageant la Bataille d'Alger. Sous ses ordres, des militaires, des parachutistes, notamment les « anciens » d'Indochine. Les combats vont durer six mois : « victoire militaire mais crise morale ».

En France prend naissance le mouvement des « porteurs de valises » lancé par une équipe de la revue *Esprit*. Puis ce sera l'envoi du contingent : les actes de désertion (et des emprisonnements) de soldats français se multiplient. Paul Teitgen, secrétaire général de la police d'Alger, démissionne de son poste.
Mais c'est surtout la dénonciation de la torture qui secoue l'opinion. L'ouvrage de Henri Alleg, *La question* (d'abord édité en Belgique car interdit en France) l'a fait largement connaître. La mort sous la torture d'un jeune universitaire français, Maurice Audin, l'exécution à la Santé d'un militant, Fernand Yveton, mobilisent jusqu'aux plus crédules et... préparent le retour au pouvoir du général de Gaulle.

En 1958, Marcel Prenant, professeur à la Sorbonne, résistant et ancien déporté, donne sa démission du Parti Communiste pour désaccord avec sa politique algérienne. En 1960, c'est « la semaine des barricades », à Alger, contre l'indépendance de l'Algérie puis, peu de temps après, la « déclaration sur le droit à l'insoumission dans la guerre en Algérie » signée par cent vingt-et-un intellectuels de toutes opinions, dont votre père. L'*Appel des 121* a connu un large écho, puis l'approbation dans beaucoup d'autres pays démocratiques.

Si des pourparlers en vue des accords de paix ont secrètement débuté, la répression se poursuit, cette fois-ci sur le sol français : c'est principalement le massacre de civils algériens qui manifestent contre le couvre-feu qui leur est imposé, le 17 octobre 1961, sous couvert, sinon sur ordre, du Préfet de police, Maurice Papon. La presse fait état de plus de deux cents cadavres repêchés dans la Seine (les *noyés par balles*!).

Au putsch de l'O.A.S. à Alger répond à Paris — le 8 février 1962 — une manifestation de protestation : huit civils tués au métro Charonne. Leur enterrement, fixé à la date symbolique du 12 février, réunit près d'un million de personnes.

Peu après (le 18 mars), on apprend la signature officielle des Accords de Paix à Évian.

Si je rappelle ici toutes ces dates, c'est non seulement parce que notre participation à la lutte pour la paix en Algérie nous a fortement mobilisés, mais aussi parce qu'elle fut l'occasion de votre initiation à la cause publique, pour les deux plus jeunes en tout cas.

En signant *l'Appel des 121* — un appel contre les lois de l'État, le premier de cette nature —, votre père prenait, comme d'autres, le risque d'une sanction imprévisible. Il fallait vous en avertir. Nous étions très heureux de votre approbation, en nous demandant si à douze et quinze ans, l'exemple d'Antigone vous était connu. En fait, c'est l'aîné, Marc, qui sera d'une certaine façon sanctionné. Réformé pour insuffisance de poids, il est alors « rappelé » pour accomplir son service militaire. Une sorte de mise en garde sans suite : la guerre d'Algérie prend fin peu après.

Les victimes de cette guerre absurde, on les trouve, bien sûr, des deux côtés, comme dans toutes les guerres. Et il ne faut pas confondre les réactions d'alors avec nos jugements sur ce qu'est devenue peu à peu l'Algérie indépendante. Dans les années cinquante, sa cause était claire et juste, celle des gouvernements et militaires français était à combattre. L'interrogation sur la différence entre libération et accession à la liberté s'imposera plus tard.

Pendant cette décennie, nos trajectoires personnelles connaissent des changements importants : activités professionnelles, expériences sociales et familiales se diversifient, se multiplient, parfois divergent, puis se stabilisent.

Ensemble et séparément, chacun de nous fait preuve d'une énergie débordante. En rendre compte maintenant conduit forcément à négliger bon nombre d'événements qui ont également compté. Je me limiterai ici à quelques repères que nos écrits attestent, en commençant par nos **engagements professionnels**.

C'est en **1950** que votre père est nommé directeur du Laboratoire de l'École Pratique des Hautes Études, en remplacement de Henri Wallon contraint de prendre sa retraite (la récupération de ses années de suspension pendant l'Occupation lui est refusée). La consultation wallonienne se poursuivra, le bureau « directorial » restera longtemps inoccupé, R. se contentant d'une pièce voisine.

Cette nomination-promotion rend votre père à la fois fier et exigeant à l'égard de... lui-même. Aux enseignements qu'il assure s'ajoutera le souci de faire connaître des travaux d'équipe achevés ou sur le point de l'être et d'animer des recherches en cours. Dans son autobiographie scientifique, il écrit :

> L'intensification de mes recherches en équipe... s'inscrit dans un processus amorcé deux ou trois ans après la guerre : le recrutement de collaborateurs parmi mes étudiants... Les thèmes définis par ces apprentis-chercheurs s'inscrivaient presque toujours dans le champ qu'ils avaient découvert en laboratoire, mais avec motivation et orientation personnelles... L'équipe doit sauvegarder l'originalité de chacun de ses membres et chacun de ses membres doit... considérer sous l'angle qui lui est propre le champ de la recherche dans sa totalité[13].

Une telle conception du travail collectif était peu fréquente dans les centres ou labos de recherche que j'ai pu connaître. Elle exige forcément de celui qui en prend la responsabilité tout à la fois présence, vigilance, effort de coordination et de décentration quasi permanent.

Dans le même texte, R. présente de façon concise les thèmes des recherches collectives qu'il avait dirigées dans ses deux laboratoires. Les dates qu'il indique se chevauchent mais *toutes correspondent aux années cinquante*, y compris les travaux qui seront achevés ultérieurement.

Ceux-ci ont abouti à des publications où la contribution de chacun est parfaitement respectée. C'est le cas notamment du *Manuel pour l'examen psychologique de l'enfant*[14]. L'ouvrage est dédié au médecin-chef de l'hôpital Henri-Rousselle qui venait de prendre sa retraite : « Si le laboratoire de psychologie a pu devenir le centre de recherche et d'applications, c'est en grande partie grâce à l'appui matériel et moral d'Yves Porc'her... ».

Entre sa première édition qui date de 1958 et la dernière, publiée en deux volumes en 1967, le nombre de signataires augmente avec celui des épreuves analysées, signe de mobilité et de vitalité des équipes. Il s'agit d'un manuel de tests, mais d'un manuel pas comme les autres. En témoignent les dernières lignes de sa présentation :

---

[13] *Op. cit.*, p. 51-57.
[14] Delachaux et Niestlé, Neuchâtel, Suisse, 1958.

> *« Le présent ouvrage revêt une allure assez inhabituelle pour un manuel de tests. Nos techniques ne se présentent pas comme un exposé pur et simple de consignes. Elles sont données avec leurs postulats et leurs implications. Ainsi, l'utilisateur pourra s'en servir en connaissance de cause, et les critiquer, et les améliorer.*
>
> *Trop souvent, les auteurs de tests ne livrent de leur travail que les résultats, consignes et étalonnages : l'instrument « fin prêt », assorti d'un copyright comme s'ils craignaient qu'on surprenne le secret de fabrication. Or, si le test est vraiment un « modèle » de fonction psychique, il ne vaut pas grand chose quand on n'en connaît pas le secret de fabrication.*
>
> *Puisse enfin notre travail, exposé dans tous ses détails utiles, aider le praticien à concilier, comme nous les avons conciliés nous-mêmes, l'esprit clinique et l'esprit expérimental. »*

Plusieurs colloques et congrès à l'étranger pendant ces années. Je mentionnerai seulement le *Study Group*, séminaire interdisciplinaire organisé par l'O.M.S. : échange de vues entre quatorze éminents spécialistes du développement de l'enfant. Quatre réunions à Genève et à Londres entre 1953 et 1956 : théories et pratiques, inventaires et projets y sont analysés dont on trouvera des traces dans ses futures publications sur le thème de l'attachement.

C'est au début des années cinquante que j'acquiers une expérience qui me sera utile dans mes travaux ultérieurs. Grâce à quelques publications sur la compréhension de récits filmiques, mais aussi aux échanges que j'ai pu établir avec des spécialistes de divers pays, un projet plus ambitieux — une expérience pilote — est présenté puis accepté par le Centre International de l'Enfance (C.I.E.).

> Pour répondre à des questions posées d'une part par des réalisateurs et producteurs de films et, d'autre part, par des psychologues de l'enfance, le dispositif prévu vise *à analyser les films* à partir des réactions des spectateurs-enfants (réactions immédiates et préférences) et *à analyser la nature de ces réactions* en distinguant l'âge et le sexe des spectateurs.
>
> Ainsi démarre, en 1952, le *Concours International du Film Récréatif pour Enfants*. Une cinquantaine de films retenus seront présentés à près de deux mille écoliers âgés de sept à douze ans.
>
> Si ce projet est accepté et d'importants fonds accordés, je le dois à l'intérêt et à la bonne volonté de deux personnes : le professeur Robert Debré et le docteur Ludwig Rajchman, respectivement président et vice-président du C.I.E.

Robert Debré et votre père se sont bien connus pendant la Résistance, je l'ai déjà signalé. Personnellement, je l'ai rencontré pendant la Bataille de Paris alors que, installé dans un modeste local du Quartier Latin, il était chargé d'un « service de soins » pour des résistants blessés. Je l'ai beaucoup admiré ainsi que sa femme Elisabeth.

Ludwig Rajchman m'était inconnu, mais entre nous, contact et sympathie mutuelle sont immédiats. Notre origine polonaise nous permet de passer aisément d'une langue à l'autre avec, de sa part, charme, bienveillance et autorité.

Je ne vous donnerai que peu de détails de ce travail, plusieurs publications en rendent compte, sous notre double signature. A juste titre car R. m'a beaucoup aidée, tant dans le lancement et la conduite de cette étude que dans la diffusion de ses résultats. « Son statut et sa notoriété » (comme l'écrit la presse) ont certes servi de carte d'introduction, mais sa collaboration n'était pas seulement formelle. Je passe sur nos longues discussions, mises au point et mises à l'épreuve d'un dispositif expérimental complexe. C'est surtout grâce à lui qu'une équipe a pu se constituer, avec ses collaborateurs, des stagiaires et quelques collègues, une quinzaine de personnes, toutes volontaires. Cette initiation à la recherche collective m'a permis d'apprécier la valeur des contributions individuelles complémentaires, dans un climat de coopération, et de bonne humeur.

La plupart de ces collaborateurs, je les connaissais déjà, mais « ailleurs », occupés à des tâches qui ne suscitaient que peu d'intérêt de ma part (notamment à l'hôpital). Les retrouver sur mon terrain, leur faire partager mes projets et mes démarches ont favorisé un élan de sympathie et d'amitié.

La mise en route et la réalisation du Concours ont demandé plus de deux ans de travail (1952-1954).

Le Concours était international par l'origine des films, présélectionnés par un Comité de spécialistes, lui aussi international, selon quelques critères majeurs : durée, intelligibilité et thèmes traités. Le Jury est français : le tout-venant d'écoliers parisiens, répartis en quatre groupes relativement homogènes, garçons et filles séparément, deux groupes d'âge (7-9 et 10-12 ans). Après chaque séance, tous les enfants votaient (bulletin dans l'urne) pour celui qu'il préférait parmi les deux ou trois films présentés. Les films choisis seront mis en compétition jusqu'aux « finales » qui établissent la liste des prix.

Le travail d'analyse des données a duré près d'un an. Il a fait l'objet de plusieurs publications et de débats[15]. Nos conclusions ont souvent

---

[15] Notamment in *Conduites et Consciences*, vol. II, p. 310-356, Delachaux et Niestlé, Neuchâtel, 1968.

étonné, je n'en citerai que deux :
– les choix *des enfants se portent sur des films qui, pendant la projection, suscitent un taux plus élevé* de silence-immobilité. *Ainsi, leurs réactions permettent* de prévoir leur préférences;
– *les réactions d'émotion et de tension se différencient fortement en fonction du sexe : à âge égal, mains à la bouche et repliement sur soi caractérisent les filles ; agitation posturale et cris sont surtout manifestés par les garçons. Un ensemble de photographies, prises en ultra-violet pendant la projection, mettent en évidence, de façon spectaculaire, cette différence.*

Mes obligations à l'Institut de Filmologie s'achèvent par l'organisation d'un Congrès International qui se tient à la Sorbonne en février 1955. Mais le recours au cinéma comme moyen de recherche est poursuivi, dans une perspective différente, avec des sujets adolescents. Une parenthèse : le souhait d'étudier cette période d'âge, période charnière dont on a beaucoup discouru mais dont on connaissait peu les caractéristiques, était depuis quelques temps déjà le mien (même s'il était encore mal formulé et rarement avoué).

Tout a commencé par une très large Enquête : quinze mille garçons et filles, âgés de 14 à 18 ans, ont été interrogés par questionnaire notamment sur le cinéma comme activité de loisir (Paris et Amiens, 1955)[16].

Cette enquête a été suivie par une *étude expérimentale* avec la présentation de neuf films à 900 spectateurs du même âge. Elle s'inscrit dans le prolongement du Concours pour Enfants, avec l'aide matérielle du Centre International de l'Enfance. Mais son objectif est différent : les films seront utilisés comme des *réactifs*, comme un moyen pour mieux comprendre l'adolescence dans ses aspirations, frustrations et affirmations.

Peu après — et une fois terminés ses travaux d'équipe sur les débilités mentales — nos efforts vont converger vers un objectif qui éclipse tout le reste : l'achèvement de la thèse de doctorat de votre père, si longtemps différé.

Deux années de suite, les vacances d'été y seront consacrées, toute visite amicale refusée. Je me charge des enfants et de l'intendance, lui

---

[16] «Une enquête sur le cinéma et la lecture», *Enfance*, 1957, 3, p. 389-411.

écrit : à Romeyer, dans la Drôme, en 1957, puis à Banyuls, en 1958. La thèse sera soutenue avec brio en octobre 1958, suivie d'une fête où tous les invités se déguisent en jumeaux (trois albums de photos).

J'ai donc la conscience tranquille mais l'esprit et le cœur bien troublés. J'éprouve alors un besoin de distance et d'autonomie, à la fois professionnelle et conjugale. Nos liens affectifs connaissent une crise, nous sommes en fait proches d'une rupture.

Tout à fait par hasard, en ouvrant une lettre placée sous enveloppe administrative (je n'ouvrais jamais les autres), je constate que certains de ses colloques à l'étranger ne sont ni collectifs ni solitaires. Ma confiance dans sa loyauté s'effondre, je propose immédiatement la séparation qui lui laisserait toute liberté. R. refuse ma proposition, banalise cet incident et, par surcroît, me reproche mon « snobisme de la vérité ». Or, selon la lettre, il ne s'agissait pas d'un *incident* ponctuel que j'aurais regretté mais toléré — je lui avais bien avoué les miens — mais d'un programme bien élaboré. Un sentiment de profonde déception m'accable, une sorte de nausée, un besoin d'air. Que sommes-nous devenus ? Une banale identité maritale a-t-elle remplacé nos liens de confiance ?[17]

C'est peu après, en 1956, que je dépose au C.N.R.S. ma candidature, un projet de recherche sur l'adolescence, étayé par mes sondages préalables. Votre père proteste : en sa qualité de membre de la Commission d'Évaluation, une candidature de son épouse le gêne. Je passe outre et ne tiens pas compte de ses réticences. Mon projet est accepté quelques mois plus tard : attachée de recherche avec, comme directeur, Ignace Meyerson. Désormais, je suivrai les conseils et tous les séminaires de ce maître, avec infiniment d'intérêt et un sentiment d'infériorité : sa culture m'impressionne.

Quant à nous deux, il a fallu du temps, d'autres événements et émotions pour retrouver un certain équilibre : la révolte de Budapest, notre exceptionnel séjour à Varsovie, la lutte commune contre la guerre d'Algérie m'ont rendue capable de lui redonner la main.

Mais davantage encore un incident de santé qui l'avait alors gravement affecté. Un mois de repos hors de Paris, un mois de lettres fréquen-

---

[17] En cette période, merci Marc, tu m'as beaucoup aidée. Te souviens-tu ? C'était l'invasion des Bourguignons — les Merle — débarqués à cinq ou six chez nous, qu'il fallait loger, nourrir et distraire, dans cette maison désertée par tous les autres. On a fait face, tous les deux, chacun de nous avec ses propres tourments et sans nous concerter, très solidaires.

tes. Je viens de les relire. Les miennes sont amères, parfois distantes. Les siennes disent son sentiment de solitude en même temps que sa tendresse. Elles sont belles.

Les dernières années de la décennie sont d'ailleurs pour chacun de nous celles d'un travail particulièrement intense. Pour moi, c'est le recueil des données, perpétuellement à la recherche d'adolescents de milieux sociaux différents. Quelques précisions sur cette recherche et mes incessants déplacements.

Le thème général de mon projet, agréé par le CNRS, est la représentation de soi à l'adolescence. Mon approche est, dès son départ, *différentielle*. Rejetant les notions qui considèrent l'adolescence comme une « seconde naissance », « versant psychologique de la puberté » ou bien comme un simple « fait de culture », mon hypothèse est pluraliste et mes interrogations portent sur les effets de sa *durée* assurée ou présumée.

Le terme de la période de transition entre l'enfance et l'âge adulte, je l'ai défini par l'entrée dans la vie active, telle qu'elle est prévisible par la nature des apprentissages. Dépendante le plus souvent du milieu social d'origine, la durée de l'adolescence conditionne à son tour la façon dont elle est vécue, le sujet acceptant ou rejetant les normes proposées. Aussi, il m'a fallu trouver et « mobiliser » des populations d'adolescents différenciés par leurs modalités de préparation à la vie active.

Dans ce travail, deux étapes sont à distinguer.

Tout d'abord, la construction de l'*image du « nous »*, celle du groupe d'appartenance distingué des autres catégories sociales, obtenue au moyen d'un questionnaire anonyme, collectivement appliqué. Mille deux cents protocoles ont été recueillis qui ont permis d'établir, au moyen de 33 traits proposés, quatre « portaits-types », selon des caractéristiques préférentiellement attribuées aux jeunes ou aux adultes, des deux sexes. Les sujets interrogés sont : lycéens, élèves normaliens, apprentis et salariés, garçons et filles séparément[18].

En une seconde étape, des adolescents volontaires devaient, chacun, se confronter à l'image du « nous », préalablement établie : les données portent sur 665 entretiens individuels.

---

[18] Souvenir : les adolescents déjà salariés, je les ai « suivis » dans leurs centres de loisirs, organisés par la SNCF ou la RATP, de Lille à Saint-Raphaël !

La comparaison de l'*image de «soi»* à celle de ses semblables met en évidence des *différences* dont l'ampleur augmente avec l'âge, et plus encore avec le niveau d'études : les adolescents les plus cultivés (lycéens et élèves normaliens) manifestent une individualisation plus marquée, notamment par le besoin de solitude, le doute de soi et leurs intérêts sociaux et politiques.

Ce travail passionnant et épuisant s'est poursuivi pendant plusieurs années et a abouti à la rédaction de ma thèse de 3ᵉ cycle.

A les consulter maintenant, les résultats chiffrés m'apparaissent souvent obsolètes. Ils nous renseignent d'avantage sur les changements intervenus dans notre société que sur les adolescents d'aujourd'hui. L'allongement considérable de la période d'apprentissage, les changements des structures familiales, les incertitudes de l'insertion professionnelle renforcent sans doute le poids d'un «nous-les-jeunes» au détriment de la construction de l'image de soi. Pourtant, la distinction entre le «nous» et le «moi» alors constatée demeure : le sentiment de sa singularité est une condition nécessaire de l'estime de soi et de son équilibre.

Les obligations de votre père sont plus dispersées. A ses engagements quotidiens ou occasionnels — enseignements, articles promis, conférences ou colloques — s'ajoutent deux contraintes difficiles à différer.

La première est la publication de sa thèse, texte qu'il revoit, complète et corrige sans cesse pour le rendre accessible et utile à ses lecteurs, futurs chercheurs, espère-t-il. Elle paraîtra en 1960, en deux volumes qui présentent de façon rigoureuse, méthodes, résultats et projets[19].

Le premier volume traite de *L'individuation somatique*, le second de *L'individuation psychologique*, analyse comparative des effets de l'hérédité et du milieu sur la construction de la personnalité. Et surtout, à partir des données diversifiées (tests, questionnaires, observations), elle met en relief les déterminants psychiques, principalement le rôle des relations interindividuelles, l'*effet de couple*.

Cette publication lui vaudra ultérieurement d'être considéré à la fois comme «le» gémellologue et comme «le» psychologue de la personne. J'en dirai d'avantage plus loin.

---

[19] *Les jumeaux, le couple et la personne*, PUF, 1960, Paris.

La seconde tâche urgente est d'un autre ordre. Il s'agit des travaux collectifs poursuivis depuis une dizaine d'années à l'hôpital Henri-Rousselle sur la *débilité mentale*. Une étape se termine, plusieurs collaborateurs de sa première équipe vont entreprendre, avec talent et succès, des recherches personnelles : il tient à rendre hommage à leurs efforts communs. Un premier bilan est à établir, un long article qui paraîtra dans la revue *Enfance* en 1960.

Un bref retour en arrière pour mieux situer ces travaux.

Lorsqu'en 1940 R. accepte d'assumer, de façon supposée alors provisoire, la responsabilité du laboratoire de psychologie de l'hôpital, il ignore tout des conditions de ses nouvelles charges. Il y trouve, en fait, non pas un « laboratoire de recherches », mais un service de sélection professionnelle. Absence de collaborateurs et profusion de tests ; perplexité et déception de sa part. Il n'était d'ailleurs pas le seul psychologue dans ce cas. J'ai retrouvé, avec intérêt, un texte du professeur Alfred Fessard qui décrit sa propre expérience hospitalière des années trente. Mêmes lieux, accueil semblable, conditions de travail qui seront encore aggravées pendant l'Occupation. A. Fessard écrit notamment :

« Le laboratoire de psychologie appliquée était installé au pavillon Ferrus... Qu'y faisions-nous ? Nous mettions au point des tests (temps de réaction, dynamographie, fatigabilité, etc.). Ces tests auraient dû, en principe, servir à l'examen des malades... En fait, cet usage était assez rare... L'œuvre essentielle fut surtout destinée à la sélection professionnelle des conducteurs d'autobus... sélection des téléphonistes et surtout des mécaniciens de chemins de fer.... En fait nous, jeunes chercheurs, étions accueillis parfois avec sympathie par les médecins du service, mais parfois avec une nuance de scepticisme... »[20].

C'est dans le même pavillon Ferrus qu'est installé le laboratoire de psychologie que R. devra faire fonctionner avec, par chance, l'aide de deux personnes exceptionnelles : Hélène Blanchard (une infirmière) et son mari, excellent technicien. Tous les deux ont su comprendre l'appétit de recherche de leur jeune « patron » et l'ont beaucoup aidé[21].

Peu à peu, et surtout après la guerre, des collaborations systématiques vont s'établir avec quelques psychiatres, et le laboratoire de psychologie accueillera plusieurs apprentis-chercheurs. Des équipes se

---

[20] « Naissance et premiers pas des laboratoires de l'hôpital Henri-Rousselle », *Cinquantenaire de l'hôpital Henri-Rousselle, 1922-1972*, éd. Laboratoires Sandoz, 1973, p. 32-36.
[21] Lorsque je l'ai interrogée sur ces premières années, Hélène Blanchard m'écrit : « Il me semble qu'à l'arrivée de Mr Zazzo, nous étions seuls puisque c'est moi qui l'ai mis au courant du fonctionnement du service... Je n'arrive pas à bien situer les périodes... mais je n'oublierai jamais le climat qu'il avait su créer tant par sa personnalité que par les équipes qu'il avaient choisies... C'est pour moi, la meilleure période de ma vie. »

forment, se succèdent et se diversifient. Ainsi, après un premier bilan, dans les années soixante, des investigations sur les retards mentaux se poursuivront et donneront lieu à de nouvelles publications[22].

A travers ces publications, on saisit bien la logique et l'intérêt de ces recherches ; à partir d'enfants-problèmes, une voie s'est ouverte qui établit l'articulation entre la psychologie clinique et la recherche fondamentale[23].

Mais au centre du premier bilan, la priorité était d'ordre méthodologique et pratique. *Comment étudier* des enfants affectés par des difficultés scolaires graves et *comment les aider ?*

Le constat d'Age Mental est jugé insuffisant, c'est par un ensemble de tests que l'on procède à un *diagnostic progressif*; de nombreuses mesures permettent d'établir un *profil psychologique* du sujet ; une analyse de larges populations de déficients mentaux mettra en évidence *l'hétérochronie* de leur développement. On est à même de proposer, sinon une voie de récupération, du moins un pronostic d'une adaptation sociale satisfaisante.

La pertinence de ces pronostics sera vérifiée hors laboratoire, dans des établissements spécialisés, avec classes de perfectionnement et ateliers pour adolescents, en collaboration avec Robert Mandra et Jean-Paul Caron. Observations et examens complémentaires sont alors assurés par Lucette Vigier qui a l'avantage d'être à la fois psychologue et enseignante.

Dès 1959 — et simultanément — R. met au point le projet d'une nouvelle recherche collective. Après les jumeaux et les déficients mentaux, il était temps de s'interroger sur des écoliers tout-venant, en proposant à toutes les « bonnes volontés », anciens collaborateurs et quelques nouveaux, un thème-programme commun. Ce sera l'étude, dans les années soixante, du développement psychobiologique des garçons de six à douze ans.

Un événement familial pour terminer : le 25 juillet 1959, c'est le mariage de Marc avec une ravissante jeune fille : dès notre première rencontre, Marie-Thérèse m'a séduite. Ainsi, on change de génération en même temps que de décennie.

---

[22] On peut lire avec intérêt le rappel de ces travaux dans *Enfance*, 1996, 6, principalement les articles de Serban Ionescu, Claire Meljac et Roger Perron.
[23] *Les Débilités Mentales*, Armand Colin, 1969, Paris (mises à jour en 1971 et 1974).

VOYAGES ET RENCONTRES : QUELQUES SOUVENIRS

1952 - MILAN, Université Catholique : *Congrès International pour la Presse, la Radio et le Cinéma pour Enfants*. Voyage commun. Hébergement et accueil luxueux, visite du Laboratoire de psychophysiologie de Padre Gemelli (quel personnage !).
Mais, surtout, le Congrès terminé, notre découverte de Florence. Dans un fiacre, en pleine nuit, rues désertes, ses palais et églises nous accueillent. Nous y reviendrons souvent.

1954 - PARIS, Sorbonne. *Les Journées Internationales de Psychologie de l'Enfant*, en hommage à Henri Wallon et sous sa présidence. Le *dégel* facilite la participation à ce vaste débat, de psychologues soviétiques et polonais. Premiers échanges entre l'Est et l'Ouest, avec notamment à l'ordre du jour la pratique de tests interdits en URSS en 1936[24]. Discussions captivantes mais date bien douloureuse.
Après une soirée amicale avec *nos* soviétiques, Henri Wallon refuse d'être accompagné à son domicile, prend seul le dernier métro puis, en traversant la rue, est renversé par une voiture. Gravement blessé, il sera condamné à une immobilité presque totale. Très affaibli, il parvient à reprendre son travail ; la consultation hebdomadaire et ses écrits, il les poursuivra à son domicile jusqu'à son dernier jour.

1954 - MONTRÉAL. *Congrès International de Psychologie*. R. y présente une communication mais son rôle est surtout d'accompagner les universitaires soviétiques et faciliter leurs premiers contacts Outre-Atlantique.

1955 - MOSCOU. Sa visite officielle avec Paul Fraisse et Jean Piaget. Échanges de vues avec des psychologues soviétiques et, comme thème central, *La reconstruction de la psychologie*. R. m'écrit ses impressions et en rendra compte dans plusieurs publications.

1955 - ATHÈNES. *Sixième Assemblée de l'Organisation Mondiale de l'Éducation Préscolaire* (O.M.E.P.). Pour votre père, c'est la conférence inaugurale (*L'évolution de l'enfant de la naissance à trois ans*). Pour moi, du tourisme sans relâche pendant près de quinze jours. Émerveillée, bien sûr. Je crois que c'est l'accueil par nos hôtes (Nitsa Charvatis, la plus charmante) qui m'a émue plus encore que l'Acropole, Delphes ou le Péloponèse. **Tous**, déjà connus ou rencontrés au hasard des jours, nous

---

[24] Précisions in *Conduites et Conscience*, vol. 2, p. 434-446.

ont manifesté générosité et affection exceptionnelles. Des amitiés se sont nouées qui ont perduré de longues années.

1956 - VARSOVIE. Conférences pour chacun de nous à l'Université. J'ai déjà dit l'ambiance historique de ce séjour, ses meetings, chants et défilés, Varsovie-Budapest totalement solidaires.

J'y retournerai, seule, en 1957, pour la mise en marche du Concours du Film pour Enfants, reprise exacte de mon expérience parisienne. Une certitude alors en dépit du changement politique : Varsovie est bien à l'est de Paris, mais plus encore à l'ouest de Moscou. Certitude confirmée vingt-cinq ans plus tard.

1959 - KYTHNOS (Grèce). Vacances avec nos deux plus jeunes garçons. Île déserte, pas de touriste, mais nous sommes entourés par de nombreux amis, interchangeables et toujours présents. On passe les journées à se faire mutuellement plaisir.

LES ANNÉES SOIXANTE

Pour ceux qui l'ont vécue comme pour ceux qui l'évoquent, on garde de cette décennie — la guerre d'Algérie terminée — l'image d'une période d'expansion et de prospérité économiques (les *Golden Sixties*), avec une année qui l'emporte sur toutes les autres, **1968**, devenue depuis le nom de baptême d'une génération. Année-symbole qui bouleverse modes, réactions et références, avec un «avant» et un «après». On en gardera jusqu'à nos jours une certaine nostalgie et quelques bien jolis slogans.

Le «Mai 68», vous l'avez bien connu, avec ses premières barricades sous nos fenêtres (face à l'École des Mines). J'y reviendrai bien sûr avec quelques expériences personnelles et mon regard **d'alors**. Mais d'autres imprévus ont précédé ces turbulences culturelles, ils les ont en quelque sorte préparés. Les rappels historiques que je vous propose, je les puise, à bon escient, hors de l'Hexagone. Pendant que «la France s'ennuie», quelques événements qui ont beaucoup compté dans ces contestations nationales.

1960 - Conflits puis rupture entre Moscou et Pékin. J.F.Kennedy est élu Président des États-Unis.
1962-63 - Affrontements entre les États-Unis et Cuba : échec de l'expédition américaine (la Baie des Cochons). Missiles soviétiques à Cuba retirés par Khrouchtchev. Présence officielle de militaires américains au Sud-Vietnam.
1963 - Assassinat de J.F.Kennedy, Marche Noire, en Alabama, conduite par Martin Luther King.
1964 - Naissance de l'O.L.P.. En Afrique du Sud, Mandela condamné à la prison à vie. Premiers raids américains au Vietnam.
1965 - Coup d'État à Alger : Boumediene chasse Ben Bella. Assassinat de Malcolm X.
1966 - Putsch militaire en Argentine. Putsch au Centre-Afrique : Bokassa au pouvoir. «Révolution culturelle» en Chine : diffusion en Occident du *petit livre rouge*.
1967 - Dictature des colonels en Grèce. Guerre des Six Jours. Des Comités pour la paix au Vietnam s'organisent dans tous les pays. Aux États-Unis : désertions et «refus de mourir pour le Vietnam». Arrestation de Régis Debray en Bolivie. Mort du «Che».
1968 - Offensive du Têt : l'armée du Nord-Vietnam occupe Hanoï et détruit les bases américaines. A Prague, après la «Révolution de Palais», Dubcek prend le pouvoir. Les tanks soviétiques écrasent le Printemps de Prague.
1969 - Les États-Unis retirent 25.000 soldats du Vietnam mais les bombardements au napalm continuent. Le cessez-le-feu n'interviendra qu'en 1972, l'évacuation des derniers G.I. en 1975, après les «pourparlers de Paris». A Prague, on «normalise»...

Pendant que tant de luttes pour le pouvoir se déroulent dans le monde, notre vie professionnelle se poursuit de façon accélérée, nos relations sociales s'épanouissent et la famille accueille trois petites personnes toutes neuves : Catherine en 1962, Vincent en 1964 et Anne en 1968, les premiers de nos petits-enfants.

Des voyages — congrès, séminaires ou vacances — sont fréquents, aussi nos échanges épistolaires et carnets de route me permettent de reconstituer aisément les événements et nos réactions.

L'avant mai 68

De cette période émerge surtout le travail collectif du Laboratoire. Une équipe est née, faisant retraite à la campagne, en juillet 1960. Tous les membres du Laboratoire — une dizaine de chercheurs confirmés et quelques débutants — décident de participer à une investigation collective, « avec un programme commun auquel projets et techniques individuels devront se soumettre ». Cinq rapports, préalablement élaborés en commissions, sont présentés autour d'un thème bien général qui devra être précisé ultérieurement, celui de *la genèse de la personne.*

Pour ma part, le recueil des données sur l'adolescence s'achève en 1960. Puis je consacre mon temps à la rédaction de ma thèse ; elle sera soutenue en 1964 et publiée deux ans plus tard[25].

Un souvenir : après avoir lu mon texte, Ignace Meyerson me déclare de manière quelque peu nostalgique : « *A vous lire, je crains être un adulte inachevé...* ». Je n'osai pas lui dire, à mon tour, que ce jugement pouvait s'appliquer à bien d'autres personnes.

En fait, pendant deux ans, je partage mon temps entre la thèse et la mise au point de ma contribution à la recherche de l'équipe, l'une ayant pour une part inspiré l'autre. Mon travail sur l'adolescence m'a fourni quelques idées directrices pour l'étude de l'autonomie, dans le double sens qu'elle peut revêtir, celle des conduites et celle des valeurs. Il m'a paru intéressant d'éprouver ces notions, tant en amont qu'en aval de l'adolescence : soit avec les six-douze ans que l'équipe devait examiner, et avec des adultes, pères et mères des enfants étudiés. L'épreuve de « dynamisme évolutif », version enfant et version adulte, a été mise au point et proposée à notre première assemblée des chercheurs. Les deux versions diffèrent, bien entendu, mais elles ont en commun un même objectif : nous faire connaître la représentation de soi du sujet — enfant

---

[25] *Psychologie différentielle de l'adolescence : étude de la représentation de soi*, PUF, 1966, Paris.

ou adulte — par les frontières et les valeurs qu'il attribue aux différentes périodes de la vie.

Ma contribution au travail d'équipe a consisté, par ailleurs, à établir, en collaboration avec Marie-Claude Hurtig, une identification affinée du statut social des familles. Une « cote sociale » a été construite, un indice composite qui prend en compte, en les pondérant, la profession, le niveau d'études et l'origine sociale du père et de la mère.

Dans un ouvrage collectif publié en 1969, votre père rend compte du point de départ et de l'itinéraire de notre aventure scientifique, sans omettre ses inévitables ratés. Je relève ici quelques lignes qui rappellent des débuts bien optimistes[26] :

> *Après ces trois jours de vie commune, nous avons le sentiment que des liens nouveaux sont tissés entre nous. Jamais sans doute la tonalité de nos discussions ne sera aussi joyeuse. Nous avons éprouvé le plaisir d'une communauté de pensée sans nous heurter encore aux obstacles, aux désagréments du travail quotidien. Dans les annales du Laboratoire, ce premier colloque restera bucoliquement « le Pont-qui-penche », du nom du petit village où nous nous sommes réunis.*

Ce qu'il désigne par *travail quotidien* se poursuivra six années consécutives.

A relire cet ouvrage, j'éprouve tout à la fois un sentiment d'indéniable plaisir et celui de regret sinon de déception. Expérience unique de collaboration où chacun a mobilisé toute son énergie mais aussi absence d'une coordination espérée des résultats.

L'objectif commun, tel que rédigé, était *d'étudier le développement de l'enfant en tenant compte de ses conditions d'existence à la fois biologiques et sociales*. Deux notions-guides sur lesquelles l'accord s'est fait rapidement : acquisition de l'autonomie et de maîtrise de soi.

Vaste programme auquel tout le monde est prêt à contribuer MAIS selon ses propres objectifs sans trop se soucier de ceux des autres. Plaisir de travailler ensemble — mêmes sujets, déroulement des examens bien planifiés, mise en commun des données recueillies par chacun — une analyse d'ensemble des résultats est sans cesse différée, et en fait jamais réalisée. Une addition plutôt disparate des recherches a favorisé, pour (presque) chacun de nous, publications, thèses ou promotions de carrière mais a eu pour conséquence une dislocation de l'équipe.

---

[26] *Des garçons de six à douze ans*, PUF, 1969, Paris.

Je me demande maintenant à quoi, ou à qui, attribuer la responsabilité (j'allais dire l'échec) de cet arrêt de jeu regrettable. Plusieurs raisons ont dû jouer.

En **1967**, votre père est nommé à l'Université de Nanterre. A ces nouvelles charges — fonder et organiser une chaire de psychologie de l'enfant — s'ajoutera rapidement la nécessité d'adaptation à des situations imprévues (**le 22 mars**).

Un « chef d'équipe », débordé par trop d'obligations, toujours soucieux d'aider individuellement chacun de ses collaborateurs, était-il, par la force des choses, conduit à négliger ce qui fut espéré au départ, à savoir une synthèse des résultats ou bien, considération plus générale, l'ambition d'une synthèse exige-t-elle que soit prévu et précisé de façon préalable un dispositif qui assure la coordination des buts et des moyens ?

En cette période, deux événements bouleversent le cours de notre vie.

Décembre 1962 : Mort de Henri Wallon. Notre maître à tous de façon directe et amicale ou par transmission fidèle. - Son appartement si vide, sans âme; ses écrits dispersés en des cartons puis rassemblés au Laboratoire; le discours de Piéron au cimetière du Montparnasse...
Dans un volumineux dossier je conserve tous les articles que R. lui a consacrés. Un ouvrage suivra quelques années plus tard non seulement pour honorer sa mémoire mais pour faire mieux connaître, en divers pays, l'homme, sa pensée, son œuvre[27].
Bien plus tard, en 1985, un cadeau d'anniversaire que R. arrange nuitamment : nos souvenirs et rencontres partagés, un magnifique album avec lettres et photos, un quart de siècle. Je le regarde souvent.

Janvier 1965 : une intervention chirurgicale m'est imposée, suivie d'une interruption forcée d'activité, un mois de repos.
Pendant une quinzaine de jours, votre père m'accompagne à Villars sur Olon sous la neige. Je marche difficilement, il me soutient en me faisant rire et trébucher : une récréation ensoleillée. Lorsqu'il me quitte, il m'écrit quotidiennement et ses lettres sont tellement « jumelles » de celles reçues trente ans plus tôt. Je crois aux miracles, je me sens rajeunir et mes forces reviennent.

Ce beau séjour est en fait le seul où nous nous trouvons en tête-à-tête, sans les autres. Dès mon retour à Paris commence le *temps des amitiés*. Plutôt agité.

Au Laboratoire ou à la maison, nous sommes constamment entourés de fort nombreux compagnons. Qu'ils soient seuls, en couple ou en

---

[27] *Psychologie et marxisme : la vie et l'œuvre d'Henri Wallon*, Denoël-Gonthier, Paris, 1975 (mise à jour augmentée en 1979).

groupe, c'est la porte ouverte à nos Grecs, Polonais, Cubains, Russes, Algériens et, bien sûr, à quelques amis de toujours. Vous nous quittez souvent, la maison est vaste et, pour ma part, j'aime beaucoup ces rendez-vous collectifs. De son côté, quelques réserves.

Toutes ces visites, attendues ou imprévues, freinent son travail. Je retrouve dans ses carnets des aveux de lassitude, et surtout des remords d'être si souvent en retard dans ses écrits et projets « urgents ». Mon rôle est alors de médiateur et je parviens peu à peu à l'entraîner dans l'ambiance de chaleureuse sympathie que tous nos hôtes lui témoignent.

Pendant nos vacances estivales, les « invasions » continuent. Les photos aidant, quelques rappels : douze personnes à Carnac qui viennent admirer les menhirs et... loger chez nous ; à Saint Tropez, puis à Gassin où des matelas font office de lits ; l'Hôtel de la Plage à Morgat est bien souvent rempli des « nôtres ». C'est à Morgat également, où nous retournons l'été suivant (1966), que l'on prépare le scénario d'un film. Le réalisateur Ange Casta nous y retrouve pour une brève semaine. Ce sera *Avoir 6 ans*, un moyen métrage, parfaitement réussi, présenté ultérieurement lors de plusieurs échanges avec des publics de parents et d'enseignants.

Nos engagements politiques diffèrent et forcément nous séparent quelque peu : on en discute fermement mais on ne se retrouve qu'aux heures des repas. Pour ma part, je milite autant que je peux contre la guerre du Vietnam : appels, tracts, journaux, comités pour la paix, réunions restreintes, meetings et spectacles. Une fois de plus, je fais des « tournées » auprès des universitaires et artistes de toutes opinions, non sans succès (vous m'avez d'ailleurs souvent aidée).

Quant à votre père, ses activités publiques (une fois terminée la guerre d'Algérie) se modifient. Il procède désormais à un choix. Le partage des connaissances avec ceux qui en sont privés lui apparaît prioritaire et plus efficace que toute autre revendication ou manifestation politiques. Les progrès du savoir sont nécessaires à des futures conquêtes de justice et de liberté. Ainsi, il s'emploie à contribuer au mieux à l'enseignement de la psychologie génétique dans des pays où celui-ci ne fait que débuter comme l'Algérie, la Tunisie et surtout Cuba, pays alors très à la mode : par stagiaires interposés, accueillis dans ses laboratoires et par ses enseignements ou conférences dans les universités dites émergeantes.

Nos voyages à l'étranger sont trop nombreux pour être tous cités ici.

1960 - BONN (Allemagne Fédérale) : *XVIe Congrès International de Psychologie* où je présente un rapport. Voyage en compagnie de Lucette Vigier, sans R. C'est pour moi une excellente et **unique** occasion d'arborer, en Allemagne, ma «croix-de-guerre-pour-faits-de résistance». Un peu puéril comme geste, mais j'y tenais. Rencontre fort amicale avec plusieurs académiciens soviétiques dont c'est le premier voyage à l'Ouest.

1961 - ROME : *Conférence Internationale de Génétique Humaine*. Voyage avec Jean-Fabien et Jacques : nous sommes logés à l'Institut de Gémellologie du professeur Gedda. Conférence magistrale de R. (trop longue : j'ai dû la dactylographier la nuit). Avec des amis et collègues italiens, on visite **tout**, sous une chaleur accablante. Pour terminer, grande réception au Château Saint-Ange. Enchantés et épuisés.

1963 - ANKARA : Séminaire de R. à l'Université sur invitation de Alexandre Vexliard, avec comme thème introductif : *Pour une psychologie intégrale*. Ce titre fort ambitieux répond à sa volonté de combattre la tendance en cours de sectoriser les recherches en psychologie. En présentant ses propres travaux, il plaide pour une notion-guide : tout individu, toute personne est une *structure* et non une addition des caractéristiques que des tests peuvent révéler ; ces mesures sont utiles mais ne doivent pas être considérées isolément.

Je m'attarde en Grèce puis je le rejoins à Istanbul : conférences, réceptions officielles, mosquées, églises, balades. Splendeur et misère.

1965 - La GRÈCE - Nos dernières vacances familiales avec les deux plus jeunes fils. Souvenirs peu agréables, en dépit (ou à cause ?) d'un accueil par trop chaleureux.

Nos amis veulent sans cesse nous distraire : d'une île à l'autre, temples, musées, repas très collectifs. Et aussi manifestations contre les Colonels auxquelles nous participons sans rien comprendre. Je passe mon temps à faire et défaire les valises ; J.F. nous quitte pour des raisons sentimentales (20 ans !) ; Jacques potasse sa philo ; votre père épuisé, me lance des regards hostiles. Une décision ferme de ma part : finis les voyages en famille, le temps de la liberté pour nos grands garçons est arrivé.

1966 - MOSCOU : *XVIIIe Congrès International de Psychologie*. Chacun de nous présente un exposé ; puis réceptions et visites. Mon premier séjour en Union Soviétique est trop «international» pour que je puisse établir un véritable contact avec ses habitants. Mes impressions :

Je n'aime pas Moscou (un village qui se déguise en capitale) ; je suis séduite par Leningrad et ses musées. Les collègues soviétiques me semblent plutôt conformistes y compris dans leurs manifestations d'hospitalité.

Je me souviens d'une dispute avec notre interprète qui affirme que l'Assurance maladie n'existe pas dans les pays capitalistes ; je suis forcée de lui montrer ma carte de Sécurité Sociale.

Je rentre plutôt déçue par la *patrie du socialisme*.

1967 - ROME : *XVIIIe Assemblée de l'Association de Psychologie de Langue Française*, avec comme thème central *Le comportement*. Votre père présente un rapport au titre inattendu : *Conscience et Comportement*. Une fois de plus, j'admire l'intelligence et l'élégance d'expression de *mon* orateur.

Échanges de vues et discussions captivantes suivies de nombreuses visites guidées ; mais surtout le plaisir de rencontres avec des amis, notamment des psychologues polonais (Maria Zebrowsla, Alina Szeminska...). Et bien sûr de très belles photos.

1967 - LA HAVANE - l'École de Psychologie est en formation, la collaboration de votre père est sollicitée (sans doute pour éviter l'influence nord-américaine). Il y partira seul, mais ses nombreuses lettres rendent bien compte de son expérience : elles méritent d'être conservées.

Surpris par des questions qui lui sont posées, tant par des officiels que par des candidats étudiants (culte de la personnalité, délinquance, homosexualité, etc.), il se sent désorienté par cette «révolution en chantant», mais, peu après, la glace est rompue, il se laisse entraîner par l'élan général, la personnalité de Fidel Castro le fascine. Il m'écrit : «... *son dialogue avec la foule... 100.000 personnes rassemblées Place de la Révolution... Un chef admiré mais surtout un acteur incomparable, tour à tour solennel et tonitruant... Cela ne se raconte pas...*»

A son retour, il en parlera pourtant souvent, en public comme en privé, en mimant les gestes du «guide» et les mouvements de foule. Aussi ma décision est prise : aux prochaines vacances scolaires, nous y retournerons tous les deux.

1968 - LA HAVANE (5 avril - 12 mai). Un programme est établi : enseignement théorique pour lui, méthodologie de recherche pour moi. Un voyage interminable. Trente heures d'avion : l'appareil en panne qu'il fallait réparer (tant à Prague qu'à Shannon et Gander). Etonnant spectacle des passagers cubains qui boivent et chantent sans répit ni repos. Je vous ferai grâce des détails de notre séjour, un bref bilan de mes réactions et sentiments.

J'ai **aimé** les gens rencontrés, leur gaieté, leur enthousiasme, leur accueil. J'ai **admiré** le souci de certains de faire face à un désordre quasi institutionnel en faveur de la santé publique notamment. J'ai **douté** de l'égalité présumée des citoyens, en participant à quelques repas officiels, face à des queues devant des kiosques à glaces, interminables et dansantes. J'ai **douté** surtout de l'utilité de notre enseignement de psychologie très éloigné des préoccupations idéologiques de nos auditeurs.

Mais je me suis beaucoup **amusée** : ce «socialisme» ne ressemblait guère à celui que j'avais connu en Pologne ou en U.R.S.S. Un seul exemple : dans un centre de rééducation, d'anciennes prostituées disposaient d'un salon de beauté qui leur permettait de retrouver, le soir, leur belle apparence.

Les **companeros** étaient bien plus distrayants que les **camarades**. Comme bilan : j'aime ce pays mais je m'interroge sur son devenir.

Je rapporte à Paris un portrait inédit du «Che» — il m'a beaucoup plu, un ministre me l'offre — mais aussi une très forte fièvre (eau polluée bue dans un ruisseau !).

1968 - BESANÇON (18/19 mai) : *Colloque International de Neuropsycho-pathologie Infantile* que R. doit présider (pour moi : une table ronde). Je mentionne ce voyage à cause de notre trajet style opérette.

La grève générale fait arrêter à mi-parcours notre train : un faux-semblant improvisé nous permettra d'arriver à temps. Avec Anzieu, Koupernik et quelques volontaires, nous organisons le «C.A.R.» (Comité d'Action Révolutionnaire) du train. Impressionnés, les cheminots suspendent la grève : tout était alors possible, l'imagination aidant. Notre petite ruse a bien amusé les collègues; excellente humeur; exposés intéressants; retour à Paris : Jean-Fabien vient nous chercher en voiture.

Mai 1968 et après

A notre retour de Cuba, la fièvre dans les rues de Paris a vite guéri ma supposée typhoïde. Des barricades, des C.R.S., des A.G. incessantes, des cortèges improvisés avec leurs slogans et rumeurs. J'y allais bien sûr, c'était un beau spectacle, même si certains acteurs jouaient faux ou se trompaient de texte. J'y retrouvais, plutôt réjouis, de bons amis de nos Comités-Vietnam.

Nous étions nombreux à tenter de convaincre les dirigeants communistes qu'il fallait faire participer les ouvriers et leurs syndicats à ces contestations contre un ordre social injuste et un gouvernement autoritaire[28].

En vain : effet de surprise et surtout méfiance persistante à l'égard d'un mouvement de masse dont l'initiative et la direction leur échappaient. Hostilité pour commencer, puis un trop long temps de latence, même si des grèves dans des usines ont suivi et abouti à des Accords de Grenelle.

Pour ma part, cette révolution culturelle à la française (partiellement inspirée par celle de Pékin?) m'a plus divertie que convaincue. Le 15 juin, l'évacuation de la Sorbonne annonce la fin du spectacle. Ce qui l'a suivi ailleurs sera bien plus grave, en commençant par les massacres des étudiants au Mexique. Et en France, une écrasante victoire de la droite et pour un grand nombre (l'essence enfin accessible) les départs en vacances.

Vous avez, tous les trois, pris part à ce joli mois de Mai, chacun à sa façon, de manière que j'avais appréciée : sans illusions, sans hystérie, en essayant de vous rendre utiles lorsque la cause vous semblait juste.

Par contre, les réactions de mes collègues du Laboratoire m'ont étonnée, sinon choquée. Ils n'avaient ni l'âge, ni raisons directes, ni même choix politiques affirmés, pour pratiquer cette gesticulation «révolutionnaire», non seulement dans les rues, mais sur nos lieux de travail. Ce sont d'ailleurs, je crois me souvenir, les plus âgés qui tenaient les propos les plus tonitruants, peut-être par besoin d'affirmer leur jeunesse d'esprit...

Avec votre père, peu de discussions ou commentaires en cette période; il est trop occupé pour faire une pause. L'ambiance est semblable dans tous ses lieux de travail. Je relève quelques notes qu'il trace hâtivement (c'est moi qui souligne).

> *Nanterre, 14 mai, au cours d'une réunion houleuse où Cohn-Bendit intervient... Parmi tous ceux qui prennent la parole, il y a X. (professeur) qui propose que les examens aient lieu pour éprouver l'esprit critique de l'étudiant. Que s'il échoue, il aura un examen traditionnel avec appel devant un jury politique, composé d'étudiants et de professeurs activistes...*

---

[28] Rue Gît-le-Cœur, réunion d'intellectuels communistes, Ignace Meyerson parle en leur nom, les dirigeants l'écoutent avec une apparente attention, en évitant toute discussion.

> *Hôpital Sainte-Anne, amphi Magnan, le 21 mai : Daumezon (le directeur) est calme... Un fou, Y. qui tient des propos de délire révolutionnaire. Des militants syndicaux viennent pour inviter médecins et assistants au Comité de grève... Y. éructe contre les syndicats... Le labo fait sa rébellion...*
>
> *L'U.N.E.F. <u>organise</u> une manifestation <u>spontanée</u> en faveur de Cohn-Bendit... tout le monde y va...*
>
> *Labo Gay-Lussac, 21 mai : au Labo... en mon absence, élection des comités de gestion[29]...*

En relisant ses écrits, en faisant appel à mes souvenirs, mon impression : votre père réagit pendant ce mois de mai en spectateur attentif mais reste sceptique, pressentant le caractère éphémère des événements. Parfois solidaire, mais surtout déçu d'être si inopinément classé dans une autre génération. Certes, il accepte d'être critiqué, mais être catalogué de « mandarin » lui paraît à la fois injuste et blessant (à moi aussi).

Le Colloque de Besançon fait une agréable diversion mais, au retour, la fête perd son lustre avec Charléty, le 27 mai ; des A.G. et autres réunions sont moins fréquentes ; les cours et les examens sont reportés à la rentrée.

On vient de célébrer le trentième anniversaire de ces événements. Des magazines et revues qui les condamnaient alors violemment reproduisent avec une étonnante complaisance des images et témoignages de cette « belle jeunesse ». Nos révolutionnaires de jadis sont devenus, avec l'âge, nostalgiques mais prudents. Rares sont les historiens qui tentent d'analyser les causes et les effets de ce mouvement ; quelques voix rappellent ses conséquences bénéfiques. L'appréciation dominante : ce n'était pas une révolution mais une brève révolte et une secousse salutaire qui a changé quelque chose à l'ordre ambiant. (« Des cris peuvent être aussi des armes »).

En famille, un second couple se forme : Jacques nous présente Martine qu'il va épouser. Nous nous échappons tous deux quelques jours à Honfleur. Et en juillet : nos dernières vacances avec Madeleine et Jean Braun à Grimaud, plages de Saint Tropez et... **les événements de Prague**.

Nos vacances tropéziennes sont brèves (25 juillet-11 août) et plutôt perturbées : le Printemps de Prague survit encore mais des menaces planent sur ce « dernier espoir du socialisme ».

---

[29] Il sera élu avec 18 voix sur 20.

Pendant nos balades et baignades, la radio marche, on est aux aguets, on espère, on discute parfois âprement. Mon cœur est à Prague : « *le syndrome de la guerre d'Espagne est de retour* », ironise votre père.

Le 3 août, c'est la conférence de Bratislava : *les dirigeants du Pacte de Varsovie cherchent un compromis*, écrit la presse. Nos amis l'espèrent (surtout Jean, Madeleine doute davantage), moi, **j'ai peur**, puis une nouvelle poussée de fièvre me permet d'éviter sorties et discussions.

R. parle peu, il rédige son avant-propos pour le second volume des *Conduites et Conscience*, plutôt content de lui.

On rentre à Paris tous fatigués.

Ma santé défaillante incite Jean-Fabien à nous conduire en Bretagne (qu'il venait de découvrir). Ce sera Trégastel, mon coup de foudre pour les Côtes du Nord et, le **21 août**, l'entrée à Prague de sept mille chars soviétiques, accompagnés des armées du Pacte de Varsovie (un *presque* anniversaire du Pacte germano-soviétique !).

Peu après, on lira les déclarations ambiguës, ou contradictoires, des responsables communistes. Un seul exemple (qui a beaucoup compté), le discours de Fidel Castro du 23 août : il n'approuve pas cette intervention armée mais il l'estime nécessaire ! Nécessaire pour qui, et pour quoi ?

Ma décision est cette fois-ci irrévocable : je quitte le Parti que je refuse de nommer *communiste*. Sans hésitation mais non sans tristesse et amertume. Le monde sera différent mais il ne sera pas *meilleur*, avec les Soviétiques qui mènent le jeu, il risque même d'être pire. Les Soviétiques deviennent des Russes dont on connaît les traditions impérialistes, les tsars et... Raspoutine. Réaction de ma part immédiate, sans efforts d'analyse.

Votre père ne me contredit pas, il cherche toujours « à comprendre » et ne suivra pas le même chemin. Voici quelques notes qui disent ses réactions :

> *Trégastel, le 31 août. - Les nouvelles de Prague sont de plus en plus accablantes. On parle de listes noires, de conseils donnés aux intellectuels par les dirigeants tchèques à quitter le pays. Je ne veux pas y croire. C'est insensé. Ce qui m'étonne... c'est le mépris que les Soviétiques affichent de l'opinion mondiale. Le cynisme et la bêtise sont au premier plan. J'aimerais savoir ce qu'il y a derrière, les dangers réels qui expliquent l'intervention. Et si il n'y avait rien qu'un impérialisme à la mode stalinienne ?*

En somme, nos opinions sont proches, mais nos actes différent : entre nous, un EEG affectif bien plat ! Son attitude me déplaît, me déçoit et je ne me prive pas de le lui dire et redire. Comment l'expliquer? Plusieurs raisons ont dû jouer.

Une rupture avec le P.C., compte tenu de sa «notoriété», risque-t-elle d'avoir un retentissement qu'il voulait éviter? Ou bien l'engagement politique avait-il pour lui une importance négligeable? Il se considère avant tout comme un homme de science et non comme un militant? Ou alors, espère-t-il, comme quelques autres, parvenir à changer les choses «de l'intérieur»? Cette dernière raison a sans doute beaucoup compté : comme preuve sa participation aux activités de l'Union Rationaliste et sa collaboration à la revue *Raison Présente*, fondée en 1966, clairement opposée à la ligne orthodoxe. Il y retrouve de bons amis — Victor Leduc et Yves Galifret entre autres — et une opportunité de se battre pour des idées qu'il estime justes, *en toute liberté d'expression*, de la façon qui lui convient.

Quelques années plus tard, au cours d'un entretien avec Claude Fischler, il dira[30] :

> ... le parti communiste... j'y avais adhéré en 1933. Je l'ai quitté en 1978 lorsque la direction du parti a brisé l'union de la gauche... Pourquoi suis-je resté? Pour me bagarrer à l'intérieur du parti, sur le front politique mais aussi «idéologique». Et puis il y avait tous mes liens d'amitié : avec mes camarades, avec les psychologues soviétiques (beaucoup moins «paillassons» que la plupart des «intellectuels» du P.C. français et des compagnons de route). Il y avait ma solidarité avec la classe ouvrière...

Et plus loin, un rappel de ses positions antérieures :

> La fameuse opposition entre science bourgeoise et science prolétarienne est une caricature qui m'a toujours révolté. Aujourd'hui, je dirai seulement ceci : la recherche scientifique, tout comme la création artistique, doit être indépendante des impératifs du pouvoir, quel qu'il soit... Il y a une chose que je redoute plus encore que l'idéologie, c'est le sectarisme méthodologique, c'est qu'un domaine de la recherche prétende détenir le monopole de la scientificité...

D'autres raisons peuvent expliquer le long temps de latence qui a précédé sa rupture avec le P.C. Il ne les a pas clairement exprimées dans son entretien, mais nous en avons souvent parlé.

Tout d'abord, la crainte d'être, comme d'autres intellectuels, «récupéré» par des adversaires du Parti qui s'opposent non seulement à ses stratégies staliniennes mais à des idéaux qu'il approuve. A joué, sans

---

[30] *René Zazzo, psychologue de la personne*, Le Monde Dimanche, 26 décembre 1982.

doute également, son refus de juger en bloc les dirigeants qu'il a souvent critiqués et les militants de base, courageux et nullement dogmatiques.

Entre nous, après Prague, les discussions sont interminables et les désaccords fréquents. Je crois saisir mieux maintenant l'origine de ces divergences. Nos choix et nos appartenances sont les mêmes mais nos enthousiasmes ou combats diffèrent. L'éternelle question des buts et des moyens !

Ce sont les moyens qui ont fait naître, dès mon adolescence, mon désir de me battre pour les «damnés de la terre», sans trop me préoccuper des effets possibles de mes actes. Etre contre et agir, quitte à se tromper, pour changer ce qui me révolte. Un «soldat de deuxième classe» parmi d'autres qui espère et veut contribuer à la victoire finale. Puis, un jour, l'on constate que les moyens détruisent le but et tout devient sinistre.

Son attitude est différente : lucidité et esprit critique ne lui ont jamais manqué pour s'interroger sur ses engagements militants et les réviser à l'épreuve des faits. Pas d'hésitation lorsque son courage personnel est en jeu. Pendant nos bagarres estudiantines, dans la Résistance comme plus tard à contre-courant de ses promotions de carrière, il fait figure souvent d'un «premier de cordée». Mais il prend distance et s'oppose ouvertement quand il s'agira d'obéissance ou de choix de simple opportunité. Son hostilité à l'égard de tout système, il la proclame à l'intérieur du Parti comme dans ses projets et travaux scientifiques.

A propos du matérialisme dialectique auquel il adhère dans les années trente, il dira souvent plus tard «qu'il faut le considérer comme une méthode et non comme un système». Une méthode qui exige, notamment en psychologie, une analyse attentive des causalités mais aussi celles des contradictions. Un enchaînement raisonné des démarches est nécessaire pour mieux comprendre et ne pas perdre de vue les buts que l'on vise. Déterminé et sceptique à la fois en maintes occasions.

R. quittera le Parti dix ans plus tard que moi avec une certaine indifférence et détachement. Une sorte de «cela suffit» qui ne l'affecte pas ou peu. Alors que pour moi, en 1968, c'est un bouleversement. Une période de désintoxication était nécessaire pour une droguée par tant d'années de militantisme.

Je manifeste alors mon besoin de prendre racine dans ce beau pays breton, loin de Paris, de ses dogmes et mensonges. On passera beaucoup de temps à chercher un abri, une maison proche de la mer (et d'un bureau de tabac); plusieurs seront visitées mais rien n'a pu être conclu, partie remise, on y reviendra.

De retour à Paris, **l'après-mai** nous attend. Au Laboratoire, si la recherche collective est définitivement abandonnée, le bilan de six années de travail reste à terminer. Analyse des données et rédaction des résultats occupent les chercheurs séparément; votre père écrit la préface du livre collectif qui en rendra compte.

A l'Université de Nanterre, rattrapage et restructuration. Les examens changent peu (deux examinateurs jugent désormais le candidat interrogé), mais les modalités d'enseignement se modifient : des cours par petits groupes remplacent des amphis surpeuplés. C'est une occasion idéale pour R. de mettre en œuvre une pédagogie qu'il avait préconisée avant les événements de mai : instaurer avec ses étudiants un échange, une sorte de dialogue et non un cours magistral.

Dès sa nomination en 1967, il se charge de l'enseignement de débutants et, exceptionnellement, seulement de celui des étudiants avancés : il veut assurer au mieux un bon départ.

L'enseignement par petits groupes favorise les échanges; il adaptera ses exposés aux interventions des étudiants qu'il sollicite de façon à la fois amicale et efficace. Je n'ai pas assisté à ses cours, mais j'ai reçu beaucoup de témoignages.

Autre innovation qu'il introduit : pour certains thèmes, ce sera un enseignement « à plusieurs voix »; les étudiants suivent alors non un discours mais un débat, beaucoup plus attrayant.

Quelques lignes relevées dans son *Autobiographie* :

> ... je transformai un de mes cours de licence en colloque, avec la collaboration de collègues (Anzieu, Chauvin, Widlöcher)... Des cours à plusieurs voix, des voix pas toujours concordantes, où les étudiants étaient invités à intervenir, à nous interpeller. Ils se sont instruits et amusés de nos embarras. Ils nous ont forcés, mes collègues et moi, au maximum de clarté et de rigueur.

Le C.N.R.S. s'est « démocratisé » : les réunions officielles sont régulièrement accompagnées par des réunions officieuses, on y discute beaucoup. Les turbulences de mai ont changé l'ambiance, mais bien moins les structures même si le syndicat est en état de permanente vigilance.

Dans mes projets de recherche s'opère alors un tournant, une réorientation. Après avoir achevé ma contribution à l'ouvrage collectif et rédigé quelques articles, je prends conscience de mes lacunes et éprouve le besoin de recueillir des données hors laboratoire.

Je précise : la recherche en équipe a permis d'évaluer d'âge en âge les *capacités* des sujets, de les confronter à des comportements décrits, mais en fait nous ignorons les réactions et les *conduites* elles-mêmes, telles qu'elles se produisent en divers situations ou contextes. Seule une étude *sur le terrain* permettrait d'analyser conjointement des capacités et leur *usage*, ou, si l'on préfère, leur mise en œuvre en des situations différenciées. Notamment à l'école.

Il m'a fallu du temps pour mettre en œuvre ces projets. Pendant l'année 1969, travail exploratoire dans deux écoles parisiennes, aidée par quelques étudiants de maîtrise dont la charge venait opportunément de m'être confiée.

Quelques souvenirs de mes débuts d'enseignante. Les séminaires hebdomadaires de maîtrise se tiennent au Laboratoire rue Gay-Lussac.

Première séance : dans la salle de réunion, je trouve une douzaine d'étudiants très décontractés : assis-couchés-pieds-sur-la-table, ils m'invitent, en me tutoyant, à me joindre à eux. A ce style soixante-huitard inattendu, je réponds par une attitude de silence-immobilité, puis je leur propose le choix, soit cinq minutes de récréation supplémentaire, soit le départ. Deux minutes ont suffi, on s'est mis autour d'une table (une personne a quitté la salle) et l'on a bien travaillé ; chacun a exposé ses intérêts, compétences et interrogations. Je garde toujours, cadeau de fin d'année, l'album à la manière «dessins d'enfants», exécuté par eux, en hommage à nos efforts communs, parfois épuisants, toujours amicaux.

Ces évocations pour vous faire comprendre combien et comment je me suis peu à peu éloignée et du Laboratoire et des préoccupations de votre père.

Pour sa part, outre ses divers enseignements, il rédige sans répit, en éditant, ou rééditant, plusieurs travaux terminés, notamment sur la débilité. Au cours des années soixante — sans compter ses nombreux débats —, six ouvrages publiés, collectifs pour une bonne part, et près de quatre-vingt articles et conférences dont j'ai retrouvé les traces (*cf.* ses *Publications*).

Il approuve mes initiatives mais c'est une période où bien des choses nous séparent : réactions politiques, travaux, obligations quotidiennes et familiales.

En famille, c'est surtout la naissance de Anne («une petite pomme ravissante»). Voilà notre Jacques père de famille à vingt-et-un ans (plus précoce encore que son père) qui s'apprête à assumer des responsabilités accrues. Cela ne sera pas facile pour commencer.

C'est aussi la santé de Mamé qui se détériore : elle devient pratiquement aveugle, une opération suivra peu après. Mais elle me semble surtout très affaiblie. Désormais, les tâches pratiques seront de mon ressort, je les accomplirai certes moins bien qu'elle, les attentions de mes fils me rassurent, mais la vie me paraît morose.

De temps en temps, on s'échappe ensemble (Nice, Saint-Malo), apartés agréables mais sans véritable proximité. J'en étais consciente mais le temps manquait pour s'attendrir sur soi-même.

C'est maintenant que je sais ses tourments d'alors : un coup de foudre pour une jeune personne, perturbée et perturbante, qu'il n'arrivait ni à surmonter ni à assumer. J'aurais dû le pressentir : son état de santé se détériore une fois de plus (conséquence de ses non-dits ?), fréquentes visites — qu'il me cache — chez un médecin et, à des moments d'évidente fatigue, des élans de tendresse à mon égard.

Un événement heureux cependant : ma décision de nous installer en Bretagne se réalise enfin. Après des vacances d'été familiales plutôt éprouvantes, on trouve une charmante maison vide à louer : jardin ravissant et vue sur la mer. Son aménagement définitif — murs à abattre, meubles à trouver — sera terminé à Noël 1969 (merci Jean-Fabien de ton coup de main si efficace qui faisait contraste avec la passivité de ton père !).

C'est *Ker Franzic*, à Perros-Guirec, modeste demeure, aussitôt envahie par de nombreux visiteurs, certains pour le plaisir de la rencontre, d'autres pour travailler (thèses ou autres publications).

On y restera pendant cinq ans, puis on achètera notre dernier logis breton, beaucoup trop vaste pour moi maintenant.

LES ANNÉES SOIXANTE-DIX

De cette décennie vous gardez sans doute des souvenirs précis. Pour chacun de vous, elle est marquée par des événements majeurs : un mariage (Jean-Fabien), plusieurs naissances, votre choix professionnel et votre autonomie.

En évoquant ces années, une question surgit, qui peut faire mieux comprendre mes réactions personnelles. Jusqu'à quel point votre émancipation m'a-t-elle aidée à trouver force et équilibre après mes désillusions politiques et l'abandon de mes engagements ?

La naissance de vos enfants, leur présence et la vôtre ont souvent joué. **Ici et maintenant**, comme on dit, entourée des êtres proches, en Bretagne, les petits que l'on accueille, des amis qui arrivent nombreux et souvent aussi désorientés que moi par les «événements»; ses thésards qui ont besoin d'aide directe, et autres hôtes de passage, toutes ces présences m'ont redonné courage et plaisir. Une sorte de convalescence dont je dirai brièvement les étapes. Avec, pour moi, un objectif prioritaire : mes projets de recherche dans les écoles, désormais autonome. Avec, pour votre père, des obligations accumulées mais aussi des initiatives nouvelles, en une période où il connaît lui aussi, une certaine mélancolie et découragement[31].

Ces années soixante-dix m'apparaissent maintenant — ses notes et écrits aidant — comme bien remplies, riches d'expériences agréables et, d'une certaine façon, éloignées des bouleversements et menaces qui secouent le monde. Quelques brefs flashs pourtant pour les rappeler, en distinguant deux périodes.

1970-1974 : traces ou conséquences laissées par les mythes et réalités des années précédentes, quelques avancées démocratiques fragiles.

Si le «guevarisme» échoue en Amérique Latine, la gauche prend légalement le pouvoir, avec Salvador Allende en 1970 au Chili, mais pour une période brève. Avec l'aide (ou sur l'initiative?) des États-Unis, ce sera en 1973, le coup d'état de Pinochet suivi d'une répression sanglante. Allende se suicide et l'opération *Condor*, dont on connaît mieux maintenant les sinistres détails, prend son essor et s'étend aux pays voisins.

Les dictatures sont chassées au Portugal et en Grèce, puis, en Espagne, c'est le décès prévu de Franco. En France, l'Union de la Gauche présente un *programme commun*.

---

[31] Son désarroi, j'en ai pris conscience à l'occasion d'un «manque d'attention» que j'ai toujours regretté : une fête d'anniversaire pour ses soixante ans que j'organise à son insu. Averti de l'arrivée imminente de nos nombreux invités, il se réfugie dans mes bras étonné, attristé et fragile. Son permanent refus de vieillir?

Mais, parallèlement, sous couvert d'idéologie « révolutionnaire », des actions terroristes se multiplient. **Les années de plomb** : Brigades Rouges, Autonomes, Bande à Baader, Septembre Noir en Jordanie, prise d'otages aux Jeux Olympiques de Munich. Et j'en passe...

1975-1980 : après une première alerte en 1973, le second choc pétrolier puis l'inflation ébranlent l'économie mondiale et menacent la paix. Des conflits meurtriers sont nombreux.

Coup d'état en Argentine, émeutes raciales en Afrique du Sud (Soweto); les Accords de Camp David, suivis de l'assassinat de Sadate au Caire; les Khmers Rouges prennent le pouvoir au Cambodge, l'épuration sera atroce (on comptera les morts plus tard); en Iran, les Islamistes triomphent, début du conflit Iran-Irak (le pétrole !).

Plus près de nous, c'est l'affrontement direct entre Ouest et Est : les Pershing 2 font face aux SS 20.

En France, la rupture de l'Union de la gauche est officiellement annoncée.

Je laisse aux politologues le soin de trouver des liens entre tous ces événements qui nous perturbent, certes, mais que, impuissants et quelque peu désabusés, nous tentons d'oublier. Comme si, par un besoin de protection, une frontière s'établissait entre le monde extérieur et le cours de notre vie.

Ce sont nos **activités** qui passent au premier plan. Je vais les évoquer, en commençant par les miennes, plus délimitées.

C'est en **1971** qu'est installé officiellement (par convention entre l'Université de Paris X et la municipalité de Nanterre) le **Centre de Psychologie de l'Enfant** dont j'aurai la responsabilité.

> Pour commencer, l'équipe est restreinte et les objectifs limités : un psychologue scolaire, Michel Le Louvier, une collaboratrice technique à mi-temps et moi-même, chargés de sélectionner quelques épreuves psychologiques et mettre au point des techniques d'observation directe des comportements de tous les écoliers dans une classe de Maternelle.
>
> L'examen psychologique est destiné à évaluer le niveau de divers secteurs du développement de tous les écoliers d'une classe : il nous renseigne sur les capacités adaptatives de chacun.
>
> L'observation directe, en Maternelle où les activités proposées sont bien diversifiées, a clairement montré que l'adaptation n'est pas un simple état mais un processus continu et fragile dont on a tenté de préciser au mieux les modalités et les déterminants : scolaires, familiaux et personnels.
>
> Après la présentation de mes premiers résultats, le projet d'une étude longitudinale est agréé par le C.N.R.S. avec pour thème *les modalités et les facteurs d'adaptation lors du passage de l'école maternelle à l'école élémentaire*. Les crédits accordés permettront de suivre les mêmes enfants, pendant deux ans, dans des contextes pédagogiques successifs et bien différents (trois Grandes Sections puis cinq Cours Préparatoires).
>
> Le changement de cycle représente, pour une majorité d'écoliers, une rupture brutale et coûteuse, un effort d'adaptation au changement, souvent constaté, plus rarement étudié.

Nos techniques se diversifient, notre équipe s'élargit : Edmond Hiriartbode étudie, avec l'aide de quelques vacataires, le développement psychomoteur. L'observation directe dans les classes sera complétée par des témoignages de parents et des enseignantes. Les performances en lecture (décodage et compréhension d'un texte) sont directement évaluées par nous, au début et à la fin de l'année scolaire.

L'accueil des enseignantes est bienveillant, comme celui des parents : sur une centaine de sujets suivis, un seul parent a manqué mes entretiens.

Passer du laboratoire au terrain n'est pas un simple changement de lieu, c'est une aventure, une réorientation de méthodes et aussi de l'état d'esprit. En commentant ultérieurement ces travaux, votre père écrit :

La recherche de terrain n'est pas moins scientifique qu'une autre, elle a ses propres règles et elle exige paradoxalement plus de rigueur encore, justement parce que la réalité à maîtriser est plus complexe...

J'assume avec énergie et enthousiasme ces nouvelles obligations si différentes de l'ambiance devenue quelque peu assoupie au Laboratoire. Je tente aussi de transmettre à votre père le plaisir de mes «découvertes» : je crois avoir souvent réussi.

Pour lui, il n'était évidemment pas question de faire comme moi, de larguer les amarres : il poursuit toujours ses enseignements et la direction des laboratoires. Peu à peu, il modifie leur orientation, les façons de faire puis, ultérieurement, ses propres recherches.

A l'hôpital Henri-Rousselle, avec l'arrivée de nombreux stagiaires, des réunions hebdomadaires de synthèse (basées sur des cas cliniques) se diversifient. Et, en collaboration avec quelques collègues psychiatres, principalement Daniel Widlöcher, un groupe de recherche sera créé en 1975 : l'*Association Française de Thérapie Comportementale*, dont R. assurera la présidence pendant deux ans.

Au Laboratoire Gay-Lussac (E.P.H.E.), le travail d'équipe est définitivement abandonné. On peut consulter un **dossier** rassemblé par Jean Chaguiboff qui témoigne bien de l'état de choses antérieur et présent[32]. Une photographie illustre son texte, elle n'est pas banale : prise avec un objectif «œil de poisson» (*fish eye*), tous les collaborateurs réunis *grimacent*. Astuce de présentation? Ironie? Souci d'originalité? Je l'ignore, mais cette déformation des visages et des regards reflète bien la situation.

---

[32] *Psychologie*, n° 41, 1973.

Votre père s'emploiera à réorganiser ce Laboratoire en introduisant de nouvelles règles du jeu. Plus de recherches communes mais une mise en route de débats collectifs où chacun pourra tout à la fois s'exprimer et apprendre. Sous diverses formules, ou appellations, des exposés personnels seront présentés et soumis à des discussions générales, dans une ambiance souvent cordiale. Des années ont passé, je risque de me tromper dans leur énumération et spécificité :

— *le grand séminaire* est destiné à des exposés de «doctorants». Ouvertes aux auditeurs de deux laboratoires, et le cas échéant à des étudiants avancés, ces assemblées mensuelles accueillent aussi des psychologues étrangers ;

— *le petit séminaire* : réunions plus restreintes des chercheurs du C.N.R.S., consacrées à la présentation des travaux individuels ou apparentés ;

— *les assemblées générales*, héritage de Mai 68, réunissent en des périodes opportunes, tous les membres du Laboratoire, quel que soit leur grade ou statut, pour établir en commun le bilan, l'orientation générale et l'organisation du travail.

A ces échanges entre psychologues, il convient d'ajouter la tenue de **Colloques** interdisciplinaires, animés par des universitaires de haut niveau, notamment des biologistes tels que François Jacob, J.P. Changeux et J. Paillard. Inutile de dire qu'en ces occasions, la salle était comble.

Je participe à toutes ces réunions, ou presque. Les liens avec les collègues se sont renoués, même si les collaborations ont pris fin. C'est aussi pour nous deux l'occasion d'une ambiance commune de travail, délaissée pendant quelques temps, lui absorbé par ses projets de recherche et moi dans les écoles de Nanterre.

Une fois la réorganisation du Laboratoire mise en route, une autre phase s'amorce pour lui. Besoin d'air? Refus de routine? Désir de renouvellement? L'essentiel de ses activités se modifie de façon que l'on peut estimer complémentaire : des investigations personnelles (*en solitaire*, écrit-il) et de nombreux débats contradictoires, suivis de publications.

Pour ses **recherches personnelles**, il fait retour à des anciennes interrogations : ce sera l'identification de soi dans le miroir, émergence saisissable de la prise de conscience de soi. Il prépare un dispositif expérimental qu'il va «rôder» et qu'il modifiera sans cesse.

Tout d'abord, dans des crèches, assisté par Anne-Marie Fontaine, c'est une mise au point de techniques d'observation (réactions devant le miroir de jumeaux et de bébés singuliers).

Puis, grâce à la collaboration de réalisateurs du Centre Audiovisuel du C.N.R.S. (J.P. Dalle et J.D. Lajoux), plusieurs *opérations* en studio bien aménagé et aussi dans une école maternelle. Deux films illustrent ces travaux : *A travers le miroir* (1973) et *C'est moi quand même* (1976).

Ses activités hors du Laboratoire sont fréquentes. D'après des traces écrites, R. a participé, en cette période, à plus d'une douzaine de débats, plus ou moins contradictoires.

Dans ses écrits, il avait déjà proposé l'idée d'une *psychologie intégrale*, ou autre version qu'il juge d'ailleurs lui-même utopique, celle de son *unité*, le temps est venu de mieux faire connaître la diversité des approches, réviser éventuellement ses propres choix en s'interrogeant sur ceux des autres.

Des face-à-face, tables rondes ou séminaires sur un thème commun entre chercheurs de disciplines voisines et/ou d'orientations divergentes, peuvent enrichir les réflexions et favoriser les progrès des uns et des autres. Un souvenir ensoleillé et une entreprise de longue haleine seront rappelés ici.

Le souvenir est celui du **Colloque de Dourdan**, organisé par l'Union Rationaliste, en été 1976, lors d'un week-end prolongé à la campagne, qui a rassemblé d'éminents spécialistes, bien connus pour leurs différences d'approche[33].

L'entreprise de longue haleine est celle de la diffusion qu'il entreprend de la notion de *l'Attachement*. Il est probable qu'un Colloque international, organisé par le C.N.R.S. (*Les modèles animaux du comportement humain*) a alimenté ses réflexions et argumentations.

C'est en **1972** que R. publie dans une revue qui vient de paraître un long article qui suscitera attention, remarques et controverses : *L'Attachement, une nouvelle théorie de l'affectivité*[34].

Ce texte, légèrement modifié et traduit en anglais, va servir de **document de base** à la discussion écrite d'une douzaine de spécialistes du développement : éthologistes, pédopsychiatres, psychologues et psychanalystes de diverses tendances. Un Colloque épistolaire, les textes et

---

[33] *Les psychanalyses et le rationalisme*, Colloque de Dourdan, Cahiers Rationalistes, 1977, 333.
[34] *Orientation scolaire et professionnelle*, 1972, 2, p. 101-108.

commentaires de chaque auteur sont transmis à tous les autres qui peuvent à leur gré exprimer leurs approbation, réserves ou critiques. Toutes les contributions seront réunies dans un ouvrage, sous le titre *Le Colloque sur l'Attachement, organisé par René Zazzo* : douze signataires[35].

> Une *note* de John Bowlby amorce la discussion. L'auteur et ses travaux sont peu connus en France. A partir des faits observés chez les jeunes enfants et chez les petits de certaines espèces animales, il a pu constater que l'attachement n'est pas le résultat d'un processus libidinal ou d'apprentissage, mais qu'il correspond à une *tendance primaire*.
>
> Le succès de cette publication fut incontestable. Elle sera suivie de nombreux débats, y compris dans les magazines et les médias à large diffusion. Il convient de souligner qu'à cette époque une discussion ouverte entre éthologistes, observateurs des comportements, et psychanalystes, explorateurs des fantasmes, n'était ni fréquente ni sans risques.
>
> Dans la seconde édition de cet ouvrage, R. se déclare fort satisfait des polémiques suscitées. Il en tiendra compte en ajoutant au texte initial une *mise à jour* avec ses réponses à quelques critiques : «*Mon but est atteint*, écrira-t-il, *les psychologues de notre pays connaissent maintenant la notion d'attachement.*»
>
> Dix ans plus tard, il reviendra sur la question posée qui est en fait celle des rapports entre le biologique et le social dans le développement de l'individu. Il écrit : «*L'attachement est bien une notion de base, mais une notion à réviser selon les techniques et les découvertes plus récentes (notamment)... par l'abondante littérature des dernières années.*»[36]
>
> Vingt ans plus tard, des recherches se poursuivent.

En ces années, votre père écrit sans relâche avec, comme priorité, des préfaces à plusieurs ouvrages de ses collaborateurs. Et, chose surprenante, il me «passe» son virus. J'écris, certes avec moins de talent et de contraintes, mais avec le même besoin de faire connaître ce que j'ai appris et apprends en cours de route.

Après une quinzaine d'articles et la mise à jour de mon *Adolescence*, ce sera, en 1978, la publication du *Grand Passage* dont la première édition est, au grand étonnement de l'éditeur, épuisée en quelques semaines[37]. Je dois aussi ce succès à notre petit-fils Julien (en plein passage alors) dont une ravissante photo accompagne mon livre exposé en vitrine.

Je viens de parcourir cet ouvrage qui rend compte de ma première recherche de terrain. Avec un regard critique et une certaine émotion.

---

[35] *Textes de base en psychologie*, Delachaux et Niestlé, 1974, (2ᵉ édit. 1979).
[36] *Contribution à un glossaire critique*, Raison Présente, 76, p. 131-145.
[37] *Un grand passage de l'école maternelle à l'école élémentaire*, PUF, 1978, Paris.

Critique : texte trop descriptif sans doute, toutes les variables sont exposées en détail, nos multiples élaborations sont suivies de longs commentaires destinés à bien faire comprendre notre procédure. Emotion : elle est due pour une part à mes efforts d'intégration dans l'univers scolaire, à ma propre adaptation à plusieurs communautés. Celle des écoliers qui m'ont accueillie comme un adulte de leur «bord» (toujours assise par terre, à leur hauteur, pour établir les échantillons comportementaux); celle des enseignantes avec nos échanges quotidiens à propos de leurs petits; celle aussi des parents qui ont bien compris nos intérêts. Et souvenir également de mes collaborateurs et la mise en commun des travaux de chacun d'eux.

Entre-temps, mes recherches dans les écoles se poursuivent. J'obtiens un second contrat (et des crédits) pour l'étude d'une autre période critique : *l'entrée en sixième*. Il s'agit, comme pour la recherche précédente, d'une recherche longitudinale ayant pour objet *l'effet de rupture* et la ré-adaptation des écoliers âgés de dix à treize ans : un an dans quatre terminales de l'Ecole Elémentaire, un an dans cinq Sixièmes.

Coïncidence de dates : l'analyse des modalités d'adaptation au changement permet un double éclairage. Côté *enseignés*, en tenant compte de l'hétérogénéité de leur parcours scolaire antérieur et de leur croissance physiologique et mentale, mais aussi côté *enseignants*. A mi-parcours de cette étude, mon entrée au collège coïncide avec la *Réforme Haby* (collège unique, suppression des filières) qui, comme toute réforme est, à ses débuts, accueillie avec réserve, parfois contestation. Une comparaison entre les attitudes des maîtres et celles de leurs élèves m'a paru intéressante.

Aussi, l'étude longitudinale de Nanterre sera complétée par une investigation transversale, avec des populations socialement plus différenciées et des effectifs plus importants : douze classes élémentaires, dix-huit classes de sixième, près de huit cent cinquante élèves et leurs maîtres sont interrogés par questionnaires. Les résultats sont publiés[38].

Comme le collège est toujours considéré comme le «maillon faible» du cursus scolaire, je reprends ici quelques propos tels que présentés dans les remarques finales de ce travail déjà ancien.

---

[38] *Les 10-13 ans, garçons et filles en CM2 et en Sixième*, PUF, 1982.

«A la lumière de nos résultats, la façon d'enseigner — et ceci quel que soit le contenu de l'enseignement — apparaît comme plus efficace lorsque l'activité demandée aux élèves privilégie leur mobilisation personnelle : consignes précises, exercice de courte durée, interrogation individualisée, sollicitation directe de ceux qui s'effacent le plus et ne s'expriment que rarement. Le cours magistral n'est attrayant que pour l'enseignant lui-même et pour ses meilleurs «éléments»»...

«... Les enseignants du Collège appliquent leur programme qui ne correspond pas toujours au point d'arrivée des écoliers. Ce programme devrait faire l'objet d'un aménagement qui assurerait une continuité, une transition plus aisée entre les deux cycles... Les aménagements à envisager sont d'ordre structurel, et peu importe qu'ils se situent à la fin de l'Ecole Elémentaire ou au début de l'Ecole Secondaire.»

«... La prolongation de la scolarité obligatoire... exige une action éducative continue, faute de quoi elle demeurera une mesure «pour rien», un leurre... L'important n'est pas de poursuivre longtemps sa scolarité mais de la réussir... L'école doit faire plus que constater des différences. Elle doit les connaître, les reconnaître et s'y adapter... toute chose inégales par ailleurs.»

Bien sûr, pour écrire comme pour affiner tous nos projets, le manque de temps était un obstacle difficile à surmonter. Votre père était capable (en catimini ou ouvertement) de travailler la nuit, alors que je n'ai jamais pu prétendre à une telle performance. Mais il y avait **la Bretagne**, notre habitat enfin aménagé où nous nous promettions, l'un et l'autre, de rattraper nos retards. Avec quelque naïveté d'ailleurs.

Notre maison bretonne était bien un refuge, un lieu de travail et de repos, mais pas seulement pour nous. C'était aussi l'occasion, souvent imprévue, de nombreuses visites et d'obligations d'accueil : famille, amis, collègues, étudiants en panne d'inspiration et aussi quelques amis étrangers curieux de connaître ce beau coin de France. Impossible de tous les loger mais il fallait les accueillir, à notre table de préférence.

Certains arrivaient en famille — Yvonne Halbwachs, Hélène Gratiot — s'installaient dans des «résidences d'été» toutes proches. On se retrouvait partout : chez eux, chez nous, au marché, sur les plages. C'était *le meilleur des mondes*, bien à nous. Jeux, balades et discussions interminables : les «politiquement corrects», les indécis ou les indifférents, une fois les journaux lus, chacun donne ses commentaires, tout en évitant de trop heurter les autres. L'amitié peut vous rendre bien tolérant.

Je retrouve dans une lettre à R. (qui a fini par fuir à Paris pour rédiger d'urgence) une question posée par Anne, une de nos petites-filles, qui illustre bien la situation. Alors que notre dernier invité nous quitte, elle demande : «*Qui vient maintenant?*»

J'ai, bien entendu, abandonné, sans trop de regrets, mon programme estival de travail. J'écris à votre père : «*C'était un festival d'amitié!*» et il me répond le 8 septembre 1971 :

> *C'est vrai que cet été à Perros fut extraordinaire : le climat du dehors et le climat du dedans... Les mondanités elles-mêmes que je déteste m'ont été agréables. J'avais le sentiment que tout le monde était heureux ou du moins content... Je suppose que tu y étais pour quelque chose. Tu es la bonne fée de Perros...*[39]

Bonne fée, sûrement pas. Peu douée pour les tâches ménagères, je me fais souvent aider et m'écroule parfois de fatigue, mais le plaisir d'être ensemble et nombreux, l'emporte sur le reste. Et une sorte de jubilation d'avoir su lui apporter un peu de joie de vivre, après ses tourments et ennuis de santé.

L'année suivante — été 1972 — n'était guère différente, vous souvenez-vous ? Yvonne demeure chez nous, ce qui me ravit mais rend Mamé un peu jalouse de notre connivence.

Malgré les visites toujours fréquentes, on a réussi à limiter quelque peu le temps des loisirs. R. rattrape ses retards : lancement de la collection *Zethos*, l'introduction promise pour la seconde édition de ses *Jumeaux* ni publiée ni même achevée ; un interminable article *Hérédité et Milieu* pour le Traité de Psychologie de l'Enfant (inédit également : je viens de le retrouver, excellent, trop long !).

Et surtout — tâche prioritaire — mise au point de son enseignement au Québec, à l'Université de Sherbrooke : un séminaire de deux mois pour «étudiants avancés». Nous y partirons tous les deux, lui pour travailler et moi pour découvrir le Nouveau Monde.

Notre souhait était de nous arrêter à New York, mais avec mon refus de répondre à un questionnaire insensé et indiscret exigé par le Consulat américain, pas de visa de transit : ce sera un vol direct Paris-Montréal, le 2 septembre 1972.

Mon premier voyage Outre-Atlantique — dans ce pays francophone où il m'a fallu du temps pour comprendre la langue —, mériterait plusieurs pages pour être conté. Des pages et des confidences. Un séjour merveilleux, imprévu, une nouvelle rencontre. Nos turbulences affectives, il n'est pas possible de vous les confier, encore moins de vous les faire partager. Il y a des «rôles» qui font obstacle, nous sommes vos parents et non un couple de roman. C'était pourtant une aventure bien

---

[39] Dans son carnet retrouvé, je lis le même sentiment : «... les vacances les plus agréables que j'ai passées depuis longtemps !»

romanesque. Quelques éclairages seulement, et avec un brin d'indiscrétion, de brefs relevés de ses lettres, après mon retour à Paris, fin septembre.

D'abord notre séjour.

A notre arrivée à l'aéroport, on nous attend les bras ouverts avec un programme soigneusement préparé : repas pantagruéliques, hôtel très confortable (le King George), fête champêtre le lendemain et encouragement à visiter le pays avant que les cours commencent. En plein été indien, les érables rouges et dorés, cela s'impose !

On s'embarquera donc dans un autocar pour la Gaspésie (hommage obligé à Jacques Cartier), mais on n'y arrivera jamais. Après deux heures de route, je décide que cela suffisait : on descend avec nos bagages, on marche au grand étonnement des résidents qui « roulent ». C'est un village, Saint-Jean-Port-Joli, sur la rive du Saint Laurent, forêt, boutiques d'artisans et charmante église. Trois jours dans un hôtel (« appartement nuptial pour les maudits Français ? », nous propose le patron). Repos intégral et sentiment d'être au paradis.

Retour à Sherbrooke. Outre les cours prévus pour R. et conférences à Montréal, des invitations quotidiennes par des collègues, vite devenus des amis (les Ruel, les Paulin et d'autres).

Pendant que R. donne ses séminaires, moi je fais du tourisme à ma manière. Je me balade, déniche un bistrot italien où le café est bon (chez Toni) ; la forêt est à cinq minutes de notre hôtel, je marche au même pas que les écureuils (qui s'arrêtent avec les piétons aux feux rouges). Je souris à tous. Avec ceux qui me connaissent déjà, on « cause ». C'est la période de laïcisation et les gens aiment bien raconter comment leur monde a changé. (« *Les enseignantes, ce sont surtout d'anciennes bonnes-sœurs, les coiffeurs sont bien contents, les perruques se vendent bien* »). Parfois, je me réfugie dans la bibliothèque de l'Université où j'attends la fin de ses cours. Lectures rapides.

Tout s'est terminé par l'achat d'un manteau de vison, grâce aux dollars prêtés par un collègue français, Gaston Mialaret. Le manteau est toujours là, je le caresse souvent et le porte rarement.

Après trois semaines de cette vacance intégrale, je rentre seule à Paris, reprends mon travail et j'attends ses lettres. Je les retrouve maintenant, bien rangées par lui. J'écris sur l'enveloppe qui les réunit : *à relire en cas de cafard*. Trois extraits « présentables ».

Samedi 30 septembre, sept heures du soir, minuit à Paris. Tu étais là à mon réveil, ton télégramme... En cinq mots tu me dis beaucoup de choses... Je n'ai pas envie de sortir. Je m'ennuie de toi. Mon sentiment est d'ailleurs plus fort, plus étrange que l'ennui : je me sens amputé de toi...

4 octobre, minuit et demi. - Je regrette tellement que tu n'aies pas été avec moi ce soir. Je te raconterai... alors que j'aurai ta première lettre que j'attends avec tant d'impatience. Tu me manques... Je ne comprends pas comment après tant d'années j'ai toujours tant besoin de toi. Non, ce n'est pas la force de l'habitude, l'émerveillement n'est pas une habitude...

15 octobre (la dernière lettre). Une expérience décisive est faite. Un voyage, une découverte, c'est avec toi que je dois m'y lancer. Non seulement parce que je vois les choses avec quat'yeux, les tiens et les miens, qu'alors le relief des choses est bien meilleur, mais aussi parce que c'est toi que je re-découvre. D'accord ?

Bien sûr que j'étais d'accord, je le lui ai dit, et on a tenu parole. A partir de cette date, et à de rares exceptions près, nos voyages seront communs. Et ils furent nombreux.

Je viens de relire mes lettres, rangées avec les siennes (le plus souvent dactylographiées pour gagner du temps). Sa présence me manque, à mes paroles tendres s'ajoutent des compte-rendus détaillés du travail en cours, le sien comme le mien. Je n'y trouve pas l'étonnement devant le « rebondissement » affectif qu'il déclare mais plutôt la certitude que *l'amour n'a pas d'âge*. « Et vive le Québec libre ! »

Je lui fais part aussi de l'extrême gentillesse de Jacques qui vient me voir tous les soirs ; il a dû deviner ma nostalgie et veut me « remonter le moral », en dépit de ses propres soucis et obligations.

Les souvenirs de notre escapade québécoise me réchauffent le cœur, mais je n'ai pas une minute à perdre : la recherche à Nanterre entre dans sa phase décisive, examens et observations en classe débutent, présence quotidienne dans les écoles s'accompagnent d'une analyse régulière des données recueillies[40].

Dès son retour du Québec, votre père est submergé de travail. A tout ce qu'il a laissé en friche s'ajoutent alors la rédaction de nombreux « hommages », la préparation de plusieurs colloques et congrès, tant en France qu'à l'étranger.

---

[40] Il me plaît de citer ici les paroles de bienvenue de la directrice d'une école : « Bon courage pour votre travail, tout marchera bien ! Maintenant que nous avons le Programme Commun, il n'y aura plus de redoublements en Cours Préparatoire ». On peut sourire maintenant.

On se voit rarement, chacun ses « urgences ». Lui avec ses thésards, chercheurs et éditeurs et, le plus souvent possible, films et observations dans les crèches.

Pour moi, les primo-écoliers sont prioritaires, avec d'interminables trajets Paris-Nanterre et retour. Et aussi une initiation au calcul par ordinateur, en collaboration avec Max Reinert, charmant garçon, informaticien doué et esprit ouvert.

En *famille* soucis, chagrins et quelques heureuses surprises.

L'état de santé de Mamé se dégrade, elle est hospitalisée en février 1973.

A la même date, à quelques jours près, Jean-Fabien se marie avec une jeune personne que je connaissais déjà ; elle me plaît, devient vite proche (et utile!) ; son seul défaut, son prénom, Renée.

Peu après, un autre événement plaisant : la naissance de Julien le 3 mai 1973 (3 mai, fête nationale polonaise, bonne augure).

En septembre de la même année, Jacques et sa famille quittent Paris : service militaire comme coopérant en Algérie. Sa femme le précède avec leur petite Anne, en s'embarquant sur le *Massilia* dont c'est la dernière traversée.

Le parcours cahotant de Jacques mérite d'être rappelé. Cinq années de changements et d'adaptation pas toujours facile (1973-1978). En désordre : Algérie, Tunisie, Maroc et, par intermittence, Paris (naissance d'Emmanuelle en 1975). Je me souviens de notre voyage au Maroc, gâteau et trois bougies pour elle. Puis tous rentrent définitivement à Paris et notre infatigable Jacques reprend des études ; après ses diplômes en Lettres et en Philo, il s'attaque au Droit. Et, bien sûr, il réussit brillamment tout en assurant le quotidien. Il ressemble tout à la fois à son père et au mien !

Pour nous deux une brève mais belle récréation : Congrès International de Psychomotricité à **Nice** où nous retrouvons quelques amis proches (les Débot de Liège notamment), mais **surtout** les lieux de notre premier séjour en 1935 : la Pension des Baumettes et la rue Meyerbeer où est né Marc : nostalgie, tendresse et ciel bleu.

Pendant nos absences, vous avez tous les trois fidèlement assuré des présences au chevet de votre grand-mère. Son état ne s'améliore pas. Elle mourra en décembre 1975, après deux longues années de déclin.

> Toute personne est mortelle, nos anniversaires défilent sans retour et recours, prélude, à partir d'un chiffre, d'un terme que certains appréhendent alors que d'autres espèrent un délai.

Voir quelqu'un mourir *lentement* (je souligne) est bien plus douloureux que de penser sa propre mort, forcément ignorée. C'était alors le cas pour Mamé : une descente progressive, une distance au monde extérieur, brouillée par des divagations, présence éphémère, inconscience. J'allais la voir en reculant, en espérant quelques minutes de lucidité et de contact.

J'ai bien cherché dans les écrits de votre père le rappel de ces deux si pénibles années. Rien ou presque. Deux mentions : «*Le 1ᵉʳ mai 1973, du muguet pour Mamé*»; la seconde où il m'écrit qu'elle s'inquiétait de ma santé et de mes vacances. Pas un mot ni sur son agonie, ni sur sa mort alors qu'il évoque à plusieurs reprises la mort subite de son père.

Les a-t-il détruites ou ne les ai-je pas encore trouvées, ses réactions consignées en cette période ? Ou a-t-il ressenti que cette disparition en annonçait une autre, celle de la génération suivante ? Une attitude de refus ou de défense ?

J'ai bien lu dans ses notes des propos sur la mort : «*Avant moi le néant, après moi le néant, je suis entre deux néants...*» Une réflexion formulée alors qu'il était jeune, fort éloignée de la réalité qui nous concerne plus tard...

Nos *travaux* continuent.

Aux publications mentionnées, ou répertoriées, j'ajouterai pour R. des échanges, en cette période, avec deux directeurs de collection à **large diffusion**.

C'est en 1975 que débutent ses entretiens avec Georges et Laurence Pernoud (éditions Stock) à propos du *Paradoxe des jumeaux*. Ils seront interrompus deux ans plus tard par le décès de Georges Pernoud, puis repris ultérieurement sous une autre forme.

C'est en 1978 que Jean-Louis Ferrier nous propose d'écrire ensemble un livre pour sa *Bibliothèque-Médiations* (édit. Denoël-Gauthier).

A votre père est réservée la partie théorique (analyse de divers secteurs du développement); moi je me charge des chapitres relatifs aux périodes dites critiques de la croissance. L'argumentaire et quelques feuillets sont acceptés, on se met au travail ensemble, et séparément, pendant les mois de vacances.

Ce livre commun n'a jamais été terminé, sans doute l'élan comme le temps ont manqué. Je l'ai regretté alors un peu, notre collaboration avançait bien. Et maintenant je regrette plus son titre que son inachèvement, aussi je vous le rappelle : *Les enfants : masculin-féminin ; singulier-pluriel*. Vous laisse-t-il comprendre la complémentarité de ce projet ?[41]

Une fois achevée ma recherche sur l'entrée au Collège, je consacre mon temps à publier ses résultats. Et je «rêve» déjà d'une nouvelle investigation : il s'agit toujours d'un *passage*, d'un changement de

---

[41] On peut lire dans une revue italienne l'introduction inédite qu'il avait rédigée sous le titre : *Qu'est-ce que l'enfance?*, Eta Evolutiva, 1997, 56).

milieu éducatif, mais qui se situe en amont des âges que j'avais étudiés : *l'entrée en maternelle*.

Un obstacle : la date de ma retraite est proche[42].

Je prends acte alors d'une proposition inattendue de trois de mes étudiantes de collaborer à ce travail à titre bénévole («Pour apprendre davantage», disent-elles). J'en suis émue et ravie : notre petite équipe fonctionnera une année, puis je poursuivrai en solitaire.

La situation de votre père est à la fois semblable et différente : il approche de la retraite mais l'âge requis varie d'une institution à l'autre.

De toute façon, il évite ce sujet, et nous n'en parlons pas, ou peu. Il a trop de travaux en cours : thèses à diriger, conférences promises, participation à des colloques-débats, films à terminer, ouvrages envisagés... (J'ai retrouvé son programme de travail pour l'année 80 : pléthorique !)

Au milieu des années 70, il nous a fallu prendre une décision importante, affronter une sorte de ré-adaptation. Notre «79» est mis en vente et, en cette même période, la maison bretonne change de propriétaire et on nous demande de l'acquérir ou de la libérer. Nos ressources (les *économies*?) ne permettent évidemment pas de faire face aux deux obligations. Notre logement Boulevard Saint Michel est devenu si vide et si triste que même la vue directe du Mont Valérien ne plaide pas en sa faveur. Mamé disparue et vous tous ailleurs, ces espaces abandonnés, notre foyer pendant trente-sept ans perd tout son attrait.

Et renoncer à la Bretagne est (pour moi en tout cas) inconcevable. Il fallut choisir : on a opté pour l'achat en Bretagne d'une grande maison, totalement à réaménager, et à Paris on louera — loin du Quartier Latin mais près de son Hôpital — un appartement beaucoup moins vaste.

Vous avez sûrement regretté, peut-être même désapprouvé cette décision : le Boul'Mich, c'était aussi **votre** maison, vos habitudes, le cadre familier de votre vie quotidienne. Mais essayez d'imaginer notre désarroi (non sans une part d'humour) de nous retrouver *à deux*, réapprenant une vie de couple après avoir connu et aimé celle d'une famille nombreuse. Retour aux sources, en somme, avec regrets et interrogations.

---

[42] J'aurais pu alors demander une prorogation, le fait d'être mère de trois enfants l'accordait, mais j'ignorais (ou oubliais) ces subtilités administratives.

La mise en état de Pen-ar-Chra à Perros-Guirec est à peu près achevée en 1976; on la perfectionnera ultérieurement. Et (date que j'avais oubliée), R. note dans son carnet : «*Le 23 février 1978, c'est notre dernière nuit Bd Saint Michel*».

Vous connaissez ses attachements **aux lieux**. D'un rêve à l'autre, il retrouve, nostalgique, le Faubourg Perpreuil de sa nourrice à Beaune, la rue de Vaugirard-Nouveau de ses parents, et plus souvent encore, la rue de Musset avec nos premiers meubles (achetés à crédit!). Les murs restent dans sa mémoire, alors qu'il oublie noms et visages, le temps n'a pas prise sur eux. Ils lui permettent de se retrouver à tous les âges. Quelques lignes écrites en août 1978 :

> La nuit dernière j'ai encore rêvé à ma maison d'enfance... Avec B. nous avons loué en plus de l'ancien logement... une pièce inconnue, après avoir abattu le mur, comme c'est ma manie... Avec une émotion que je sentais en moi-même; B. s'est mise à pleurer sur le passé... Amalgame entre B. et ma mère?... Bachelard après la Libération m'avait parlé d'une psychanalyse de la maison...

Heureusement, il y avait beaucoup à faire pour nous «caser» : trouver une juste place à ses bibliothèques, livres et papiers; notre chambre est petite, mais à chacun son bureau et une plus grande pièce pour accueillir les autres.

Pour ma part, le changement de décor ne me déplaît pas, notre XIVe me convient — un village. Le Quartier Latin, je le retrouve en allant au Labo, et je suis alors totalement absorbée par mon travail. Les questions que je me pose avec curiosité, parfois avec inquiétude, ne concernent pas notre habitat, mais bien davantage notre vie commune qui devient «gémellaire». Réussirons-nous, une fois de plus, à maintenir nos liens si particuliers face à un possible vide relationnel? Vivre autrement, certaines habitudes quittées, éprouver plaisir et intérêt à être seuls et ensemble? (Un voyage en Israël nous aidera à faire le pont entre nos deux modes de vie.)

Pendant ces années, quatre naissances chez vous : j'ai déjà dit Julien en 1973, puis c'est Antoine en juillet 1974, Emmanuelle en mars 1975 (le 24!), Mathieu en avril 1977. Plus tard, ce sera Madeleine en février 1981, en souvenir de l'autre Madeleine qui nous a quittés.

Madeleine Braun, mon amie si proche depuis 1936, est hospitalisée en décembre 79, pour une intervention supposée banale : le chirurgien constate un cancer généralisé.

Je lui rends visite le 16, la trouve très affaiblie, toujours souriante et probablement consciente de son état. Peu après, on la transporte à l'Hôpital Ambroise-Paré (formule d'usage : *examens complémentaires*).

Séjour pénible et inutile. Nos visites sont fréquentes, c'est elle qui les anime.

Début janvier, elle souhaite vous revoir **tous** : vous êtes aussi un peu ses enfants. Ma dernière visite le 18 janvier : elle regarde les amaryllis que je lui apporte et me gronde : «*Je ne connaissais pas ces fleurs, pourquoi avoir tant attendu en me les offrant seulement aujourd'hui?*» Mon bouquet dans ses bras, on la transporte le même jour dans une clinique privée. J'étais là, je l'ai vue partir, allongée et souriante. Puis c'est le coma, elle meurt le 23 janvier à 73 ans. Son mari, Jean, décédera quinze jours plus tard.

R. consigne toutes nos visites, mais aussi et en même temps, toutes nos incontournables obligations et activités qui se poursuivent, au même rythme.

Peu après, j'assiste au déménagement de leur appartement, sa famille respectant nos liens d'amitié. J'éprouve alors davantage le sentiment de sa présence que celui de son absence. Au milieu de tous ses objets, témoins de sa vie, dispersés dans le plus grand désordre, elle était là.

Pas de *néant* comme l'écrit R. Ce qui reste immortel, ce n'est certes pas la personne, mais tout ce qui a existé entre elle et les autres; ses liens, sentiments, échanges sont ineffaçables, même si elle n'est plus là pour les poursuivre : «le meilleur et le pire» d'une existence demeure.

Si le temps nous a si souvent manqué, c'est aussi en raison de notre appétit de voyages : l'âge ne m'a pas rendue sédentaire. Je dirai maintenant quelques dates et lieux qui m'ont enchantée, émaillés de découvertes et rencontres[43].

1973 - MADRID (octobre) : *Séminaire pour étudiants diplômés en psychologie*. Après hésitation, R. accepte cette invitation (elle émane de l'Alliance Française et non des autorités espagnoles).

Je pars en Espagne le cœur battant, mais j'y trouve un climat très éloigné de la dictature. Nous y avons découvert — du moins à l'Université — une génération postfranquiste. Un jeune couple — Amelia et Pablo del Rio — nous font vite comprendre que «la guerre est finie» et le franquisme effondré; c'est avec eux que nous admirons les splendeurs de Tolède.

Je n'ai pas aimé Madrid et ses *avenidas*, mais beaucoup apprécié ses habitants et

---

[43] L'ordre chronologique permettra de retrouver plusieurs publications qui leur correspondent.

leur franc-parler. Mes évocations des Brigades Internationales sont écoutées avec attention et émotion[44].

1974 - LISBONNE. Fondation Gulbenkian : Séminaire : *Théorie et pratique en psychologie et en pédagogie.* Pour chacun de nous, un exposé suivi de discussion entre spécialistes.

On a beau être en décembre, le soleil inonde cette cité toute blanche et lumineuse, avec ses maisons aux toits rouges. La *Révolution des œillets* a chassé la dictature, les gens se promènent en groupes, le sourire aux lèvres.

Ma séance terminée, je fais comme eux, accompagnée de Fernanda, une collègue amie qui m'explique la ville et ses trésors. Pressée de tout voir, je confie à votre père mon appareil photo tout neuf (enfin, j'en ai un pour moi, une fois tous les «hommes» équipés). Manque d'attention de sa part : mon précieux cadeau est volé. Vous connaissez la suite; de retour à Paris, il accepte pour un temps un travail de «critique» pour une revue. Ce revenu complémentaire lui permettra de m'offrir un autre appareil, plus perfectionné. Toujours cachottier, mais tellement gentil !

1975 - BARCELONE (avril). Conférence sur la notion d'*attachement* pour lui ; séminaire sur *l'adaptation scolaire* pour moi. Une brève semaine.

La dictature est toujours là, même si Franco agonise, mais sur les Ramblas, à la St. Georges, on vend ouvertement des publications antifascistes. Les Catalans ne ressemblent pas aux Castillans : plus spontanés, plus sociables et si fiers de leur belle région.

La vieille ville, l'extravagante cathédrale de Gaudi, les premiers dessins de Picasso : il fallait tout voir. Repas bruyants, balades interminables, manifestations d'amitié, en commençant par notre hôte, le professeur Siguan, mais aussi notre chauffeur, toujours disponible et loquace.

1975 - TUNIS (octobre). *Initiation à la recherche psychopédagogique.* Tables rondes et échanges. J'apprends les difficultés particulières de la scolarisation des villages. Réceptions officielles mais aussi des visites : musées, balades et, à Carthage, Jacques nous rejoint avec sa famille.

Puis une initiation éprouvante : au terme du Ramadan, une invitation exceptionnelle à une séance festive de circoncision. Chants, pleurs et repas; un gamin de sept ans, je suis horrifiée par ce spectacle où les uns s'amusent (les plus âgés et les filles), les autres hurlent de peur.

1977 - Année **record** de nos déplacements communs.

- LES ANTILLES (février). Séjour prolongé à Pointe-à-Pitre (*Formation des maîtres*), quelques jours seulement en Martinique (conférences publiques).

On découvre une «France» colorée et chaleureuse. Parfum des fleurs et du rhum. J'ai préféré les marchés ouverts à tous, accessibles à certains, aux plages et hôtels réservés aux touristes.

Un long entretien avec le député-maire Henri Bangou qui avait suivi les cours de R., puis enchaîné sur des études médicales avant d'assurer ses fonctions politiques. Il connaît bien — et nous les explique — les proximités et les différences entre la Métropole et ses «Territoires». On y était très heureux.

- PAVIE (septembre). Ville jusqu'alors inconnue, si proche de Milan et tellement différente, sans les H.L.M., une cité intacte depuis des siècles.

---

[44] C'est Pablo del Rio qui éditera trois ans plus tard la version espagnole de Psychologie et Marxisme.

Le programme est attrayant : *Biosocial Aspects of Developement*. Colloque international, les exposés en anglais sont difficiles à suivre, les discussions sont plus aisées. Et, aux repas, toujours une cordiale ambiance, quelle que soit la langue des convives : un jargon anglo-franco-italien, les échanges sont vite établis.

J'ai oublié le nom de la *Piazza* magnifique, je me souviens fort bien de la tombe d'un Recteur, placée (à sa demande ?) dans un amphithéâtre de l'Université. Je me souviens aussi des relations amicales avec tous les *professore* et quelques autres, rarement présents aux séances et souvent aux repas. On y retournera quelques années plus tard.

– **MEXICO** en septembre également : *Maturation, Croissance et Développement*, Séminaire interdisciplinaire à l'Université Autonome. R. y présente deux conférences, ma participation est plus limitée.

On y retrouve plusieurs collègues français (notamment Jacques Paillard), les exposés sont passionnants et parfaitement complémentaires. Cette belle réunion scientifique n'était pour moi qu'un prétexte, j'avais surtout le désir de connaître le Mexique. Logés chez des amis — Géraldine et Alain Grébot — on prolongera notre séjour. Une balade qui va durer une bonne dizaine de jours en camionnette, repas pris dans des auberges campagnardes au hasard des routes.

Je garde de ce voyage un souvenir mitigé. Admiration pour la beauté du pays et étonnement : d'un village à l'autre les gens sont si différents d'aspect, de taille, de couleur et de manières d'accueil. Mais aussi un sentiment de révolte, surtout à Mexico. Trop de misère, des mendiants de tous âges dans les rues et aux feux rouges ; bidonvilles étalés tout au long de l'autoroute. Par contre, au centre de la ville, près de la Cathédrale, un quartier bien propre, avec ses hôtels et restaurants luxueux visiblement protégés. On a beau savoir mais de voir de près de tels contrastes est difficile à admettre.

Avant notre départ, une brève visite sur la tombe de Trotsky, dans un jardin fleuri proche de notre domicile. Silence et méditation.

1979 - BRUXELLES *Université Libre* (février).
Votre père y reçoit la distinction *Honoris causa*; la cérémonie exige une toge. Me méfiant de ma maladresse, mais aussi par amitié, je demande à Lucette Vigier de nous accompagner et m'aider à « installer » ce distingué costume. Pendant nos essais-et-erreurs, agacement de votre père, fous rires de notre part, on y arrive quand même, ou approximativement (il y a des photos).

Amphithéâtre rempli, presse et télévision au premier rang, la cérémonie s'avère collective, d'autres personnalités sont honorées : Maurice Béjart, Paul Delvaux, François Jacob. Discours en latin du Recteur, accolades à l'ancienne, remerciements, prises de vues, la fête est finie.

R. pourra quitter cette robe qui le gêne. Le dîner est plus simple et sa conférence à l'Université, le lendemain, sera très applaudie.

1979 - MADRID (octobre). *Rencontres Internationales de Psychologie et de l'Éducation*. Quelques souvenirs pittoresques.

L'invitation m'est adressée : un rapport sur mes recherches en milieu scolaire à présenter en séance plénière. Le rôle de R., officiellement convié, n'est pas précisé. C'est au cours du dîner qui précède ces Rencontres qu'il l'apprendra : le discours d'ouverture de cette réunion dont il ignore le programme (ce sera *Le psychologue à la rencontre de l'enfant*, texte rédigé la nuit, évidemment).

Quand mon tour arrive, je ne me sens pas, comme d'habitude, intimidée par le grand nombre d'auditeurs, mais troublée par l'orateur qui m'a précédée. C'est B. Bernstein, le célèbre psycho-linguiste britannique (auteur du *Langage et Classes*

Sociales). Son nom, ses écrits et son approche théorique m'étaient connus, mais je les situais dans un passé éloigné : une fiche bibliographique. Le voilà devant moi vivant — bien vivant et plein d'esprit — je lui dis ma « surprise », on a bien ri puis on a dîné ensemble.

Lorsque je dis *ensemble*, je dois ajouter qu'alors je n'étais que rarement seule. Un éminent psychologue soviétique, l'académicien Zaporojets ne lâche pas ma main, je suis en permanence son guide et interprète. Il ne connaît pas l'espagnol (moi non plus), son français est vacillant, je m'adresse à lui en polonais, il me répond en russo-ukrainien, nos échanges verbaux sont forcément limités. Il a recours, je m'en rends compte, à une personne pouvant servir de relais entre son univers soviétique et cette ville enfiévrée qui réclame plus de démocratie et de liberté. J'ai donc joué ce rôle.

Il comprend parfaitement la situation : Franco est enterré depuis quatre ans, ses militaires sont devenus très discrets, avec des rassemblements dans les rues, sporadiques ou prolongés, des jeunes qui exigent changement et « révolution », celle des mœurs pour commencer et après peut-être...

Un jour, il me demande : « *Pourquoi veulent-ils la révolution ? C'est **après que les problèmes les plus difficiles commencent...*** » Je lui suggère : « *Dites-le, ouvertement, lors de votre discours à la mairie !* » Il ne l'a pas fait, trop poli ou bien prudent ?

C'est avec lui — et bien sûr votre père — que nous allons à plusieurs reprises au Prado, admirer les Velasquez : l'art contre *le bruit et la fureur* du monde. C'est avec lui, toujours la main dans la main, que l'on assiste à d'interminables palabres de nos amis espagnols, dans les cafés de la vieille ville. Il me semblait fort satisfait de l'air occidental qu'il connaissait peu. Je ne l'ai plus jamais revu, quelques photos dans un album, j'apprends sa mort en novembre 1982.

Je vais arrêter ici cette trop longue lettre, une mosaïque de souvenirs, détaillés selon ma respiration du jour. Lignes droites ou chemins de traverse, nombre de ces faits vous sont connus, il reste à savoir comment vous me lirez.

Ce récit n'est pas un journal de bord. Gardienne de ses nombreux carnets de notes et de nos échanges épistolaires, j'étais aussi leur prisonnière, une prisonnière volontaire et nostalgique, bien souvent à l'écoute de ses propres tensions et émotions.

Au sentiment d'avoir été trop présente dans ces écrits s'ajoute le regret de certaines absences, celles des amis qui ne sont plus. L'amitié est si parente de l'amour, elle aussi est preuve et épreuve, joie et chagrin, en partage.

Ces amis furent nombreux, trop nombreux pour dire ici l'importance et la valeur de chacun. Quel pourrait être le critère qui justifierait mon tri ? Après réflexion — et quelques rêveries — je choisis celui de la durée de nos belles liaisons sentimentales.

Dans les ultimes pages que je vous destine, deux personnes seulement seront évoquées : Yvonne et Maria. Témoins privilégiés de nos longs cheminements, elles ont été attentives, chacune à sa façon, à vos propres devenirs. Elles font partie de notre patrimoine commun. Leur souvenir vous appartient aussi. Le rappel de leur vie, celui de nos rencontres, liens et échanges vous aideront à mieux déceler les «riens» de tous les jours que ma chronique fragmentée a forcément laissé échapper.

*
* *

Yvonne Halbwachs, son nom est connu. Fille de Victor Basch, universitaire brillant, président de la Ligue des Droits de l'Homme, un des fondateurs — en 1935 — du Rassemblement Populaire, militant prestigieux de divers mouvements antifascistes. Épouse de Maurice Halbwachs, éminent sociologue, professeur à la Sorbonne, nommé au Collège de France avant sa déportation en Allemagne. Son nom est cité dans de nombreux ouvrages, thèses et publications. On retrouve le témoignage de son trajet familial, tourmenté et bouleversant, dans l'ouvrage de sa nièce, l'historienne Françoise Basch[45]. On y apprend, documents à l'appui, bien située d'une époque à l'autre, l'épopée tragique et exemplaire d'une famille.

Le nom est connu, mais sa personne l'est beaucoup moins. A l'ombre des grands hommes dont elle a partagé la vie, on ne peut que deviner ses propres richesses d'intelligence, de cœur et de courage. Un courage de vivre, une mobilisation sans trêve, cachée sous un constant humour face à l'adversité, comme face à elle-même. C'est à la retrouver à diverses périodes et pendant des années, dans la banalité des faits quotidiens comme à certains moments critiques, que j'ai appris sa force de résistance, son inépuisable énergie, sa complexité et son charme.

Je relis ses lettres, très éparpillées, des pages y manquent, les dates sont souvent omises (elle note toujours le jour, parfois l'heure, rarement l'année); ses missives sont des messages et pas seulement des traces à sauvegarder. J'y retrouve nos enthousiasmes et nos indignations communes, parfois ses reproches, toujours son affection. A des années de distance, elle m'apparaît la même, inchangée, son style plein de saveur, telle que je l'ai connue pendant près de quarante ans.

Notre première rencontre, je la dois à Franco, je crois l'avoir déjà dit.

Fin juillet 1936, je me présente à la Ligue des Droits de l'Homme où vient de s'installer une *commission pour l'aide au peuple espagnol*, en

---

[45] *Victor Basch : De l'affaire Dreyfus au crime de la Milice*, éd. Plon, 1994.

proposant ma collaboration. Doutant de mes aptitudes, impressionnée par le cadre de cette célèbre institution, je m'emploie à dire mes convictions, « compétences » et disponibilités. Une dame, toute menue, interrompt mes propos, me tutoie et me prie de me « mettre au boulot » sans tarder : des appels à une réunion doivent partir d'urgence. Son ton familier chasse ma timidité. Son regard me frappe : direct, profond et déjà complice.

Le travail terminé, elle me félicite, m'embrasse et nous quittons les lieux la main dans la main. Elle boite un peu et s'appuie sur mon bras. J'apprendrai ultérieurement que c'est à une poliomyélite précoce qu'elle doit ce handicap qu'elle semble d'ailleurs négliger.

Quelques semaines plus tard, notre Commission, devenue un Comité International, change d'adresse, s'installe dans des locaux plus vastes et je rencontre alors Yvonne régulièrement. Trois ou quatre fois par semaine, selon l'urgence, elle s'installe dans nos bureaux, revêt son tablier de travail et fait tout ce qu'on lui demande : lettres ou appels à rédiger, tracts et affiches à expédier, vêtements destinés aux Républicains espagnols à trier, prête à se rendre utile de toutes les manières.

Conversations-bavardages accompagnent nos travaux, confidences réciproques et, de sa part, un humour constant, son sens de la répartie, sa verve, ses propos à la Zazie m'enchantent. Pas un visiteur — surtout parmi les plus éminents — qui ne trouve un surnom ou une imitation gestuelle (le *petit gris* pour un ambassadeur, *la planche* pour une journaliste en vogue, etc.).

Je lui raconte ma vie, elle manifeste aussitôt à tous les miens son affection, me pardonne mes engagements politiques et m'avoue que Marx l'a toujours ennuyée mais déclare qu'elle est et restera « laïque, républicaine et socialiste ».

Nos enthousiasmes puis nos désespoirs lors des luttes des combattants espagnols, nous les avons pleinement partagés. Une seule réserve de sa part : mon attitude à l'égard de son père, notre « Président », qu'elle trouve insuffisamment respectueuse. Il contrefait si joliment mon impossible accent et me fait trop souvent rire !

Peu à peu, nos rencontres se multiplient, visites dominicales, le plus souvent chez elle. C'est alors que je la découvre dans ses rôles d'épouse et de mère, aux apparences effacées, soucieuse de ses proches jusqu'à l'anxiété. Tout retard l'inquiète, tout bruit l'alerte, tout appel téléphonique est risque d'une mauvaise nouvelle.

Elle me surprend aussi dans ses fonctions d'hôtesse lorsqu'elle accueille tout naturellement des visiteurs, quels que soient leur grade ou leur prestige, à sa table, dans sa cuisine, les autres pièces de son vaste appartement étant bien protégées et réservées aux «hommes» de la famille.

Elle fait merveille dans son talent de conteuse. Elle m'apprend, à sa façon, l'histoire du siècle. A écouter ses souvenirs et anecdotes à propos d'illustres personnages, ses récits de l'affaire Dreyfus, de la Première Guerre Mondiale, des grèves ouvrières et des rassemblements pacifistes, je me sens «multigénérationnelle» dans mes espoirs et mes élans.

Alors qu'elle sait si bien faire revivre l'Histoire, elle est très pudique et discrète quand il s'agit de la vie privée, la sienne comme celle de ses proches. Ce n'est qu'en lisant l'ouvrage de Françoise Basch que j'ai découvert et compris certaines zones secrètes de sa vie[46].

Plus tard — la guerre, la défaite et l'Occupation obligent — nos relations deviennent forcément plus discrètes mais ne prennent pas fin.

Plus tard — en juin 40 — son frère Georges, médecin militaire, sur le point d'être arrêté par les Allemands, se suicide. D'une fratrie de cinq enfants, seule Yvonne restera.

Plus tard, ses parents se réfugient en zone sud, non occupée, où ils survivent grâce au courage et au soutien de leur belle-fille, Marianne, médecin à Bollène.

Yvonne rentrera à Paris. L'enseignement de son mari reprend à la Sorbonne (il n'est pas Juif), sa place est près de lui. Cependant, ses jours et ses nuits sont remplis d'angoisse pour les siens, dispersés, y compris ses fils Francis et Pierre. Des cartes inter-zones, parfois des lettres, sont fréquentes; elles sont citées dans le livre de Françoise Basch.

Plus tard, en dépit de son étoile jaune et du «tampon» dûment enregistrés, Yvonne n'hésite pas un instant et m'ouvre sa porte, dès qu'elle me sait sans abri et en danger.

Pendant près de trois mois, le temps de trouver une «planque» plus sûre, j'ai eu le bonheur de vivre chez elle, près d'elle, de la connaître mieux encore, de l'aimer davantage. Je savais bien que je n'étais pas son unique «petite fille chérie», mais elle était **ma mère d'élection**. Tout

---

[46] Les péripéties de carrière de son père, les attaques politiques et antisémites dont il fut l'objet, les difficultés matérielles et familiales auxquelles il a fait face pendant de longues années. Et aussi les exigences affectueuses mais fort pesantes de son autorité : un «père-époux», comme l'écrit l'auteur.

chez elle est pour moi source d'admiration et d'attachement, y compris ses faiblesses et ses contradictions. Comment dire ses qualités et leurs antinomies ? Je retiendrai celles qu'elle s'attribue alors elle-même avec franchise et ironie.

> Esprit critique **et** besoin de croire
> Franc-parler **et** respect des usages
> Lucidité **et** impulsivité
> Besoin d'agir **et** angoisse latente
> Générosité **et** souci d'économie[47].

J'ajouterai mon propre regard : Yvonne est, avant tout, une personne « surdouée » de tendresse. Penser aux autres et les aimer explique tout à la fois sa sensibilité, sa fragilité et son étonnante capacité de résistance. Il lui en fallait.

Le 10 janvier 1944, ses parents sont assassinés par la Milice, leurs corps seront découverts le lendemain. C'est Maurice Halbwachs qui partira seul pour les identifier et nous dira les circonstances et l'avertissement écrit qui « justifie » le meurtre : « LE JUIF PAIE TOUJOURS... A BAS DE GAULLE ».

Le 26 juillet 1944, alors que se prépare la Bataille de Paris, c'est son fils Pierre, engagé dans la Résistance, et Maurice Halbwachs qui sont arrêtés, puis déportés à Buchenwald. Maurice Halbwachs décède au camp le 16 mars 45 (son premier cours au Collège de France n'aura pas lieu). Yvonne a pu s'échapper par miracle, en enjambant le balcon de leur cinquième étage ; Pierre reviendra de déportation dans un état de santé très détérioré.

Peu après — trop de souffrances — c'est Yvonne elle-même qui tombe gravement malade. Après plusieurs mois de soins et d'hospitalisation, elle trouve pourtant la force de rebondir. L'affection qui l'entoure l'a beaucoup aidée mais plus encore sa propre force et sa détermination[48].

---

[47] Un souvenir précis : en 1943, Yvonne part à Lyon pour revoir son père souffrant. Elle me confie le soin de veiller sur l'ordinaire de son époux. Je découvre alors, sous des piles de draps, des provisions bien altérées... alors que l'on manquait de tout. Mes goûters sont très appréciés mais que de reproches à son retour !
[48] Un autre souvenir : les scellés étant enfin levés, c'est seulement le 31 mars 1946 que nous déménageons l'appartement parisien de Victor Basch, rue Huysmans, à l'aide **d'une voiture à bras** !

Aussitôt rétablie, elle accepte, en femme indépendante, un emploi au Centre d'Études Sociologiques. Son adhésion au Parti Communiste quelques années plus tard est une réaction intempestive à l'arrestation parfaitement ridicule, en mai 1952, de Jacques Duclos («l'affaire des pigeons»). Je me souviens de ses actions militantes fort modestes : la vente de *l'Humanité*, métro Vavin, devant le Dôme, sa frêle silhouette faisait sensation!

On se rencontre alors souvent. Nos enfants, elle les adopte d'emblée, baptisant (à juste titre) notre dernier né «petite brioche»; elle s'inquiète de la carrière universitaire de R.; m'apporte tous les livres qu'elle a a i m é s; accueille aussi avec sympathie plusieurs de nos amis.

Nos relations chaleureuses s'accompagnent de temps en temps de désaccords et de discussions bruyantes qui s'achèvent d'ailleurs par des réconciliations tout aussi manifestes.

Le plus souvent, nous sommes en harmonie sur les «buts» à atteindre, mais divergeons sur les «moyens» pour y parvenir. Ainsi, en 1939, le Pacte germano-soviétique jugé par toutes les deux comme une alliance incompréhensible et odieuse, pour ma part, j'attends et j'espère une réaction en France du «peuple de gauche», alors qu'Yvonne rassemble et envoie des skis à nos braves soldats à Narvik. Elle changera bien sûr d'attitude en juin 41, le Pacte rompu et l'URSS attaquée.

Au cours de l'année 1952, lors de vacances en Normandie, nos querelles reprennent : son soutien inconditionnel à la Corée du Nord me paraît discutable. Mais, elles ne durent pas, la présence et l'affection de nos enfants calme vite les polémiques. Le principal reproche à mon égard est mon refus obstiné de la nommer «petite mère», comme tout le monde[49]. Pas «petite» du tout pour moi!

Notre premier désaccord durable date de 1956. Nous sommes, R. et moi, à Varsovie, je lui décris, inquiète mais ravie, l'attitude de la population polonaise, son hostilité à l'intervention soviétique à Budapest. Elle riposte sur un ton sec et m'envoie plusieurs coupures d'articles parus... dans l'Humanité.

Ses reproches se durcissent lorsque la presse publie la «Lettre des Dix» cosignée par R.[50]. Nous recevons une longue lettre, un véritable

---

[49] Elle le fait même par écrit : «Je désire te faire savoir de toute urgence que j'en ai assez d'être traitée par toi de *chère madame*. Appelle-moi n'importe comment, tante Yvonne, petite mère, mais ne me donne pas du *madame*. C'est ridicule. Je t'ai déjà écrit cela de Lyon en 1943, mais maintenant c'est sérieux...»
[50] Un bref rappel de ce texte déjà signalé : à la suite du rapport de Krouchtchev et des événements de Pologne et de Hongrie, dix intellectuels, membres du Parti Communiste, demandent la convocation d'un «congrès extraordinaire pour lever le silence».

acte d'accusation, que je ressens surtout comme l'expression d'une amitié déçue. Quelques extraits :

«... *Ce que j'ai reçu de vous dans le passé est sans prix. Toute la passion et la douleur et les heures d'exaltation et aussi les heures d'entente et d'euphorie de ce temps qui va de la guerre d'Espagne jusqu'à la Libération, sont aussi inséparables de vos personnes... Vos actes pendant la Résistance font partie de ce patrimoine dont on s'enorgueillit et qu'on porte en soi comme un trésor personnel... Les vivants et les morts ont tissé entre nous cette amitié indestructible...*

«*En ce moment, nonobstant tout cela, vous me faites beaucoup de peine... Tout à coup, il y a quelque chose qui nous sépare gravement... La* **Lettre**... *a rebuté tout le monde... J'ai grand peur que vous qui évoquez, mon cher R. avec une entière bonne foi... être inspiré par le pur amour de la vérité et qui ne pensez obéir qu'à l'objectivité scientifique, vous ne vous raidissiez dans une attitude d'orgueil, dans la volonté d'avoir eu raison à tout prix... Le chagrin d'une amie qui vous aime est aussi une réalité objective et dont il faut tenir compte... Oh, comme je voudrais me retrouver cœur à cœur avec vous.*»

Je n'ai pas poursuivi le débat; mes propres incertitudes me font mieux comprendre ses réactions : Yvonne puise sa force dans l'espoir des progrès possibles — et imminents — de la société. Je lui épargne mes doutes.

Nous nous retrouvons totalement quelques années plus tard : l'entrée des chars soviétiques à Prague brise nos fidélités et nos appartenances. Dans ses lettres comme dans nos conversations, nos réactions sont les mêmes.

Le 31 août 1968, Yvonne m'écrit, bien à sa façon :

«... *On se croyait très malheureux au moment où tu as écrit à propos de la Pologne. Et que dire de ce qu'on ressent maintenant. C'est au-delà de toute expression. On a toujours été couillonnés, piétinés, méprisés par cette grande Union Soviétique que nous aimions tant. D'abord le Pacte germano-soviétique, puis la révélation des crimes de Staline et maintenant c'est le dernier coup. Le communisme déshonoré dans le monde entier par un geste digne des anciens tsars. Ce qui me frappe dans l'attitude de cette fameuse «direction collégiale» de l'URSS, c'est moins le crime contre un petit peuple, la mauvaise foi punique et cynique à la Hitler, que la bêtise incommensurable, l'incapacité totale à comprendre autrui...*

« *... Je m'arrête car on a vite épuisé le soulagement qu'on éprouve à couvrir de crachats ce qu'on a respecté et chéri... Ce que nous vivons en ce moment-là nous l'avons frôlé à un cheveu près quand Krouchtchev a failli occuper la Pologne... Mais... je n'ai jamais eu une tête politique et je réagis d'une manière passionnelle.*»

Notre merveilleuse amie avoue alors ce que l'on sait depuis toujours : ses choix et ses actions sont dictés par son cœur, un cœur qui bat pour tous ceux qui souffrent, qu'elle est prête à aimer et soutenir. Quitte à rêver l'impossible et à se tromper.

Telle que je l'ai connue, elle s'est très souvent révoltée, a fréquemment protesté et ne s'est **jamais** attendrie sur son sort, même pendant ses années de détresse.

On ne peut pas évoquer Yvonne sans penser à tous ceux qu'elle désigne elle-même comme sa «smala». A quelques rares exceptions, passé le temps de l'Occupation, je l'ai toujours vue entourée, **avec** les autres.

Le premier cercle : sa famille. Son fils Pierre, revenu de déportation, mais aussi l'aîné Francis, leurs épouses puis leurs enfants (deux chez l'un, cinq chez l'autre). Ses fils ont à peu de choses près notre âge, nous les avons connus et beaucoup appréciés comme étudiants, enseignants puis plus tard chefs de famille bien établis. Ils acceptent de partager avec nous leur «petite mère», tout en marquant leurs indiscutables priorités. Surtout Pierre, le Parisien, qui habitera avec elle après son mariage et l'arrivée des enfants.

A sa famille, il faut ajouter de nombreux amis, du moins les «adoptés» qu'elle reçoit ou héberge. Ses réactions, volontairement caustiques, lui évitent la présence de quelques importuns, mais avec les personnes qu'elle accueille, les intérêts communs sont vite trouvés. Ses élans d'affection, accompagnés de curiosité et de plaisir de nouvelles rencontres, sont contagieux : un climat se crée.

Tous ceux qui recherchent sa présence se soucient d'elle, elle se préoccupe de tous, même au prix d'inévitables fatigues. Toujours prête aux échanges, Yvonne sait non seulement dire à chacun des mots justes,

---

[51] Je trouve même dans ses lettres quelques projets matrimoniaux entre ses petites-filles et nos garçons ; en toute discrétion bien sûr, les intéressés étant alors loin de l'âge requis pour de telles unions.

mais l'écouter avec une attention ressentie comme particulière, à lui seul destinée.

Sa tendresse va spontanément aux plus jeunes, aux « petits », qu'ils soient de sa famille ou ceux de ses amis. Aussi a-t-elle suivi et souvent compris les diverses difficultés de nos fils, dès la naissance jusqu'à leur âge adulte, avec plus de patience et d'indulgence que moi-même[51].

Lorsque je la retrouve, parfois à l'improviste, dans sa vaste cuisine, au milieu de bien d'autres personnes, c'est toujours elle qui capte l'attention. Par ses gestes et paroles, son accueil vous donne vite le sentiment d'être attendue et bienvenue; ses convives, aussi agréables qu'ils soient, passent au second plan, un tête-à-tête s'établit même dans ces collectivités animées.

De tous ses proches, une personne émerge dans mes souvenirs : Geneviève, la femme de Francis. Est-ce grâce à son allure, sa beauté, sa sensibilité, son calme ou son courage sans faille? Est-ce parce que je n'ai jamais oublié son hospitalité lors de nos premières vacances estivales, en 1946 : quatre personnes dont une bien petite, débarquées à l'Olivette, *la Bicoque* d'Aix-en-Provence à peine installée, pour se « refaire » un peu la santé?
Maintenant qu'ils ont disparu, c'est son image qui prévaut pour me rappeler tous ceux qui ont aimé Yvonne.

Les années passent et la santé d'Yvonne se dégrade; elle semble de plus en plus menue, des incidents se succèdent. Mais son moral résiste. A une lettre un peu inquiète, elle répond en 1969 (elle a presque 80 ans) :

« ... *Je suis un peu clopin clopant. Mais je remonte un peu doucement la pente... Je suis décidée à me secouer et à ne pas me laisser aller à geindre... A l'occasion de cette stupide histoire, j'ai eu l'occasion de faire le bilan de toutes mes richesses. Avec une famille comme la mienne et des amis comme les miens (ma chérie tu sais quelle place est la tienne parmi mes amis), cela vaut la peine de se battre pour continuer à profiter de tout cela.* »

Elle s'est battue et une fois de plus avec succès. A notre grande joie, nous avons pu l'accueillir dans « sa » Bretagne, deux années de suite.

D'abord en 1971, entourée des siens, dans une maison voisine de la nôtre. On se quitte rarement et, tout désaccord politique négligé, elle fait la conquête de nos nombreux visiteurs. Elle nous redonne le goût de vivre. Ses récits et anecdotes font le tour du village. Comme celle de sa difficulté de trouver une place *louée* dans un train parce que, anxieuse, elle arrive souvent avec une avance d'au moins une heure et prend celui qui précède le sien.

L'été suivant, Pierre nous la confie seule pour quelques trop brèves semaines. Je peux alors apprécier encore davantage sa présence. Je découvre ses silences, une façon nouvelle d'être ensemble en parfaite communion, lors de nos lectures ou de nos brèves promenades. Ses habituelles moqueries ou dérisions, elle les exprime à son propre égard. Un moyen efficace pour garder toute sa vigilance.

Quelques mois plus tard, la mère de R. tombe gravement malade, puis doit être hospitalisée. Les lettres qu'Yvonne nous écrit alors, je ne les citerai pas : trop tendres, trop tristes. La dernière date de 1975.

En cette même période, Yvonne, très affaiblie, est accueillie à *la Bicoque* par Geneviève et Francis qui veillent sur elle. Les nouvelles nous affligent et je n'ai pas eu le courage d'aller la voir dans l'état que l'on nous décrit. Je le regrette maintenant et regarde souvent la photo de Noël 1943 du temps où tout était encore possible.

Son courage, ses combats et sa générosité sont une inoubliable leçon de vie.

*
* *

Maria Blunden alias Craipeau. Son nom patronymique manque ici, celui sous lequel je l'ai connue alors qu'elle m'accueille lors de mes premiers vagabondages parisiens. D'ailleurs pour moi — puis pour nous — son prénom était suffisant, modifié jadis par des diminutifs polonais bien tendres, mais imprononçables.

Maria, une «partenaire» au long cours, elle était là avant ma rencontre avec R., elle est restée après lui. Pas pour longtemps (avril 98). Entre nous deux, une amitié à la fois indestructible et vacillante, avec des éloignements imposés mais aussi des distances et affrontements délibérés.

Pour conter sa vie, il eût fallu des centaines de pages et aussi des informations précises sur ses expériences et aventures que, pour une part, j'ignore. Peu de lettres conservées de son séjour aux États-Unis, quelques photos seulement qui marquent certaines de nos étapes. Celle de 1933, lors du camping savoyard (pour moi «préconjugal»); celle de 1943, alors que clandestine, j'arrange un dîner-réveillon chez nous, en y conviant aussi la famille Halbwachs; plusieurs images de nos balades en Bretagne avec Geoff, son mari déjà souffrant. Et la dernière, de 1997, prise au Colloque-Hommage à R., à l'Université de Nanterre, entourée de mes petits-enfants. Enjouée et souriante, elle est tellement des nôtres.

Un carnet de route donc seulement pour dire notre longue liaison sous un titre qui la reflète bien : *Le premier sourire et la dernière « engueulade »*.

Le premier sourire : je rencontre Maria peu après mon arrivée en France. Elle est un peu plus jeune que moi, bien plus jolie et surtout beaucoup plus éloquente ; elle aime et ne s'en prive pas, donner son avis sur tout et sur tous.

Les raisons de notre séjour en France sont semblables : nos engagements politiques incitent nos familles à nous faire quitter la Pologne, les études interrompues sont à rattraper, une rente mensuelle est assurée, assortie d'incessantes recommandations.

Maria devient aussitôt mon guide, me fait découvrir et aimer le Quartier Latin, ses bistrots, cinémas et librairies. Et aussi les « copains » et leurs lieux de rencontre.

Pendant une bonne année nous sommes inséparables : nos discussions sont interminables, on apprend vite à parler en même temps que l'autre tout en écoutant ses paroles. Nos goûts et plaisirs concordent et des habitudes sont prises : journaux, livres, pâtisseries, cinéma, puis retour au café pour en discuter avec les copains, un bon moyen de mon intégration parisienne.

Ma rencontre avec R. et ses suites — le séjour à Nice, la naissance de Marc — nous séparent quelque peu, même si Maria adopte affectueusement mon conjoint (je disais alors « mon collègue ») et devient vite notre amie commune.

Nos premiers désaccords datent, je crois me souvenir, du Front Populaire, mouvement trop réformiste à ses yeux. Ils seront plus fréquents lors de la Guerre d'Espagne. La victoire des Républicains est pour moi prioritaire, alors que Maria adhère à une organisation trotskiste et éprouve méfiance et mépris à l'égard de ses ex-camarades. On se retrouve alors moins souvent, nos discussions sont parfois orageuses, le temps me manque pour les poursuivre, mais mon affection pour cette néo-croyante ne faiblit pas.

Contrairement à ses espoirs, la « révolution permanente » n'étant pas au rendez-vous, le Pacte et la défaite ont fait reculer, sinon disparaître, nos différends. L'assassinat de Trotsky, en août 40, a probablement contribué à notre réconciliation. (Je crois savoir qu'elle avait connu et approché son assassin.)

Pendant l'Occupation, même si nos cheminements et activités diffèrent, une même volonté de part et d'autre : préserver notre amitié contre tout ce qui la menace, ne pas confondre nos choix politiques avec notre proximité.

Cette promesse tacite a été tenue. Pendant les deux premières années, alors que l'on manquait de tout, Maria trouvait pour nous — dieu sait comment ? — vivres ou vêtements indispensables, en les complétant parfois par quelque cadeau **de luxe** auquel je ne pouvais même pas rêver.

Plus tard, dans mes obligations difficiles de résistante-à-plein-temps, j'ai pu également faire appel à elle. Sans être elle-même associée à une activité illégale, elle prenait le risque de conforter la mienne (hébergement des clandestins ou dépôt de matériel). J'ai appris récemment, par les écrits de Laurent Schwartz, que les trotskistes préconisaient, sous l'Occupation, le «défaitisme révolutionnaire». J'atteste que Maria a fait alors preuve de plus d'indépendance ou de courage que ses théoriciens préférés. Peut-être en désaccord avec eux, mais en bon accord avec elle-même.

Après la guerre, alors qu'elle trouve «l'homme de sa vie», elle m'abandonne. Coup de foudre, puis mariage avec Geoff Blunden, journaliste américain (australien d'origine) qui, après un long séjour sur le Front de l'Est, passe par Paris, avant son retour à New York. Pour Maria, c'est à la fois une rencontre heureuse, une sorte de renaissance et une ouverture. Elle part aux États-Unis comme correspondante d'un journal issu de la Résistance (*Franc-Tireur*).

Je lisais régulièrement ses articles et je les ai beaucoup aimés. Dans ses reportages ou interviews, elle nous fait très joliment connaître ce pays et quelques personnages célèbres ; elle se distingue aussi par un style direct, simple et élégant. Sans l'avoir appris, elle **sait** écrire.

Nos lettres personnelles sont assez rares, trop occupées l'une comme l'autre, tant par le travail que par les enfants. Je me souviens pourtant de celle qui annonce la naissance de sa fille, «*prénommée Catherine pour te faire plaisir*».

Son retour en France date des années cinquante (sauf erreur, son mari est alors correspondant d'une agence de presse américaine). Premières retrouvailles : dans un café du Quartier Latin, aussitôt suivies de désaccords et affrontements. Ce sera une quasi-rupture pendant près de deux ans.

La raison est simple à dire maintenant, elle l'était moins à l'époque : le procès et l'exécution des époux Rosenberg, espions de l'Union Soviétique d'après elle, victimes du maccarthysme selon moi. Après toutes mes marches et démarches pour les sauver, j'étais incapable de serrer la main de quelqu'un qui leur était visiblement hostile. J'en étais désolée mais inébranlable.

Avec le temps (Budapest et Prague aidant), mes humeurs s'apaisent. On reprend contact, je la revois mais rarement : elle quitte une fois de plus Paris et s'installe dans le Midi.

Lors de ses passages, elle vient chez nous et raconte. Son plaisir de vivre en Méditerranée, son bonheur conjugal, son cercle d'amis, ses voyages et quelques allusions à ses activités de journaliste-pigiste qui lui laissent le temps pour « faire autre chose ».

Il a fallu attendre son retour à Paris (une première alerte à propos de la santé de son mari) pour que je comprenne mieux ses propos et l'apprécie encore davantage. Elle n'est plus celle que je croyais si bien connaître.

Ses enthousiasmes (et certitudes ?) d'antan ont laissé place à une prise de conscience beaucoup plus exigeante à l'égard d'elle-même. Sans illusion sur les progrès rapides de nos sociétés, elle veut et parvient à assurer ses progrès personnels. Tout au long de ces années de notre séparation, Maria a fait preuve de lucidité, de courage et de force de caractère exceptionnels.

Lucidité et courage de se juger : son « miroir » lui renvoie une image qui ne lui plaît pas et, au lieu de tourner le regard, elle se remettra sans cesse en question.

De l'autodidacte qu'elle se perçoit, elle parviendra peu à peu à devenir une personne de grande culture. Avec passion et ténacité, elle s'attaque à tout : quatre ou cinq langues étrangères apprises et pratiquées, suivies de nombreuses lectures en versions originales, et surtout le piano, la musique, jamais enseignée, puis maîtrisée et appréciée. Elle consulte aussi divers ouvrages scientifiques, avoue ses lacunes, mais ne renonce pas.

Cette même ténacité et ce courage, elle les manifeste face à ses fréquents ennuis de santé. Elle me les dira plus tard, après plusieurs hospitalisations relativement bien terminées.

Son attitude de battante, nous avons pu la constater lorsque, avec son mari, ils séjournent dans notre maison bretonne. Son mari est atteint d'une maladie d'Alzheimer, à évolution lente : d'année en année nous avons pu observer sa dégradation progressive. Maria, toujours présente, est d'une vigilance permanente, banalise au mieux son état en l'attribuant à « une activité imaginaire un peu excessive ». Elle fait tout pour l'aider et ne rien laisser paraître, le fait accepter par les autres, quelles que soient ses surprenantes réactions. Je passe sur les détails de ses attentions, mais je dirai l'étonnement ravi de R. qui, à son tour, découvre l'inépuisable patience et courage que Maria manifeste alors.

Le décès de son mari (devenu inconscient, il est hospitalisé) n'est pas pour elle un soulagement; elle continue à s'interroger sur les limites de l'aide qu'elle a pu lui apporter.

Désormais solitaires, l'une et l'autre, on se rencontrait régulièrement. On bavardait comme jadis, en commentant les événements du monde, en nous passant livres et revues, en évoquant parfois les expériences de nos grands — et petits-enfants. Rarement le passé, sinon pour rire, en chantonnant «Si tu t'imagines», de Queneau. La réalité n'est plus joyeuse, mais la vie est pleine d'intérêt, cela vaut la peine de faire face à nos propres chagrins.

Maria a fait face à trois reprises :
– opérations de la cataracte : l'une réussie, la seconde, déconseillée par le médecin, ratée;
– chute malencontreuse, en courant (?) à une exposition, fracture classique du col du fémur, hospitalisation de près d'un mois, mes visites étant refusées : «*Tu détestes les hôpitaux*»;
– après des vacances en bateau sur la Volga, sa décision d'une autre intervention chirurgicale (les artères) est irrévocable. Négligeant l'hésitation du chirurgien, elle s'obstine : refus total d'être une «handicapée».

Notre *dernière engueulade* a lieu à ce propos. J'use de tous les arguments, je lui rappelle les dangers de l'anesthésie, son âge, le fait d'oublier tous ceux qui l'aiment, sa promesse d'écrire l'histoire de sa vie, je la traite de lâche et l'accuse de tous les défauts imaginables.

Elle tente d'apaiser mes reproches et propose le cinéma. Le dernier film nous a ravies : *Titanic*.

Le lendemain de son opération, son fils me téléphone : c'est le coma. Je ne suis pas surprise. Cette fin lui ressemble : le tout ou rien, le goût du risque l'ont le plus souvent guidée.

Elle me manque en me privant de son sourire.

Les années 1980-1995

Pour relater cette période, j'abandonne le mode épistolaire. Le retour vers nos dernières années communes rend inopportune la présence d'un destinataire, même proche : difficile de partager ma nostalgie.

La chronologie sera respectée de façon différente pour chacune des deux décennies. *Les années 80* sont celles de la liberté imposée, avec des échéances et des ruptures inévitables, mais c'est aussi pour nous deux une période d'activités intenses qu'il n'est pas aisé d'ordonner tant elles se chevauchent. *Les années 90* — temps d'inquiétude, d'espoir et d'angoisse — seront évoquées en suivant leur succession.

1980 est une date qui compte : soixante-dix ans pour lui, soixante-cinq pour moi, l'âge de nos *retraites*, un terme qui n'a pas la même signification pour chacun de nous. Pour moi, il s'agit surtout d'une limitation de moyens matériels utiles à mes recherches en cours, inconvénient que j'espère contourner plus ou moins aisément. Pour lui se pose un problème bien plus difficile à résoudre, celui de sa *succession* qui ne serait pas un simple remplacement, mais une *continuité*.

Lorsque trente ans avant, il succède à Henri Wallon, il n'y a pas de rupture entre ses travaux et l'œuvre de son maître, même si ses investigations personnelles se sont largement diversifiées. Le Laboratoire de Psychologie de l'Enfant restera toujours, comme il l'écrit, « le labo Wallon », port d'attache et source d'inspiration.

De surcroît, il s'agit, dans son cas, de quitter plusieurs institutions dont il assurait personnellement les liens : le Laboratoire de l'École

Pratique des Hautes Études (le labo Wallon); celui de l'hôpital Henri-Rousselle et l'Université de Paris X-Nanterre, sans parler de ses autres enseignements.

Si les dates limites diffèrent d'un poste à l'autre, son *héritage* universitaire et scientifique n'a été, en fin de compte, ni bien préparé ni réussi.

Mal préparé par lui-même ou par les circonstances ?

Il n'est pas facile de dissocier les deux raisons. Il y a eu sans doute de sa part une sorte de réserve, une certaine modestie : affirmer ses volontés, exercer ruses ou pressions, ne lui ressemblait guère, mais peut-être a-t-il manqué de psychologie au sens quotidien de ce terme. Il n'avait ni prévu, ni même soupçonné les réactions des chercheurs de ses équipes.

J'en suis à me demander, une fois de plus, si le terme d'*équipe* convient. Durant sa longue carrière, il a su accueillir dans ses laboratoires des personnes de qualité dont il a soutenu au mieux les efforts. Certaines ont appris à travailler avec rigueur, d'autres à faire progresser de façon autonome des savoirs acquis. Mais étudier des thèmes communs (retard mental, dyslexie, psychologie scolaire, etc.) est-ce suffisant pour que naisse et perdure un esprit d'équipe alors que, pour sa part, il a toujours privilégié échanges et relations duelles qui ne favorisent pas la cohésion d'une collectivité ?

Tout a certes commencé par des festivités, tant dans ses laboratoires qu'à l'Université. Amis, collègues et étudiants « arrosent » son anniversaire ; l'atmosphère est chaleureuse, son départ n'est d'ailleurs pas imminent : le fait d'être né en octobre laisse un certain délai. On va se quitter mais on est toujours là ! Photos et films montrent des visages souriants, y compris le sien.

Les échéances qui suivent ces réjouissances s'avèrent beaucoup moins euphoriques.

L'avenir qui le préoccupe le plus est celui du Laboratoire de Psychobiologie de l'Enfant. Dès 1979, ses intentions et projets exprimés sont d'y faire poursuivre les voies tracées bien avant lui. Après des entretiens avec plusieurs chercheurs, il proposera à l'Assemblée générale la candidature d'une jeune collaboratrice de Henri Wallon. Pas de consensus : les votes se dispersent, quelques personnes présentent leur candidature ; discussion décevante et interminable.

«*Advienne que pourra*» écrit-il découragé. Puis il fait appel à une candidate externe, psychologue appréciée par la communauté scientifique mais de formation et d'orientation différentes des siennes. La suite est sans surprise : plusieurs chercheurs quitteront le Laboratoire et, peu à peu, nous sommes obligés de vider les lieux. Non sans une réticence tenace et prolongée de **ma** part.

Avant même son départ officiel et de son plein gré, R. abandonne le bureau directorial et nous partagerons le mien, en alternant nos présences et rendez-vous. Mais peu après, je dois faire front aux demandes répétées d'évacuation de ces locaux fort encombrés. Je refuse : je suis alors soucieuse de mettre en ordre tous les écrits de Henri Wallon (qui dormaient depuis vingt ans dans des cartons), un long travail de classement avant leur remise aux Archives nationales. Près de dix ans de discussions orageuses et, chemin faisant, c'est la destruction de mes propres dossiers, puis le déménagement, en parfait désordre, de tous les documents de travail de R. Triste clôture d'un très long chapitre de notre vie[1].

A l'hôpital Henri-Rousselle, les procédures administratives sont rapides. Je lis dans son agenda : «*Le 1er octobre 1980, c'est le premier mercredi depuis 1940 que je n'ouvrirai pas la consultation.*» A cette date, pour le remplacer, deux personnes sont désignées : une excellente clinicienne et un chercheur du C.N.R.S. qui, sa thèse soutenue, attend et espère sa nomination à l'Université de Nanterre : clinique et recherche, la succession s'annonce bien. Elle n'a pas duré ; peu de temps après, cette cohabitation-collaboration est rompue. Une nouvelle déception que R. commente dans son carnet.

Pour ses divers enseignements, les dates suivent le calendrier universitaire : derniers cours à l'Institut de Psychologie et à l'I.N.E.T.O.P. en mai 1981 ; à l'Université de Nanterre, où il est nommé Professeur Emérite, dernier cours en mai 1983 (photo-témoignage, bien sûr). Il poursuivra jusqu'à la fin des années 80, et au-delà, la direction d'une quinzaine de thèses de doctorat.

Vieillir, cela s'apprend aussi, mais sans recettes ni mode d'emploi : à chacun ses armes, faiblesses et imagination. Il m'a fallu alors mobiliser suffisamment d'énergie pour la partager. Le temps libre laissé par notre présumée disponibilité (le stop de la retraite comme il l'écrit) sera largement rempli.

---

[1] Merci Lucette, Françoise et quelques autres, pour votre aide et soutien !

En tout premier lieu, quel que soit son statut administratif, R. s'emploie à terminer, en les perfectionnant sans cesse, ses « opérations » sur la reconnaissance de soi dans le miroir. Grâce à la collaboration et à l'ingéniosité de J.D. Lajoux, deux films seront achevés puis diffusés[2].

La mise en ordre de ses dossiers éparpillés dans l'espace trop réduit de notre appartement lui demande un effort qu'il supporte mal. Il note : « *... je cherche, je jette, je ne m'y retrouve plus...* ». Puis, tels documents retrouvés, il surmonte sa fatigue, reprend ses rédactions et, avec insouciance, en amorce d'autres.

Sa fatigue, il en prend conscience à des moments de pause ; je n'y prête pas suffisamment attention, préoccupée par mes propres obligations. Il la cache d'ailleurs fort bien, sinon par quelques mouvements d'irritation. Ses états de lassitude, il les avoue dans ses « confidences à soi-même », désormais brièvement notées dans ses agendas, le temps manque pour des cahiers intimes, à deux exceptions près : observations ponctuelles de nos petits-enfants, carnets de route pour nos voyages à l'étranger que j'encourage sans cesse pour combattre son désarroi.

Ils ne seront pas tous évoqués ici. Ce qui leur est commun, je le comprends seulement maintenant. Plaisir des imprévus certes — paysages, personnes, modes de vie, situations — mais aussi un regard différent sur son « partenaire » lorsqu'on le découvre dans des rôles non quotidiens. Deux personnes qui, de familières, deviennent singulières, étonnement d'en apprendre toujours davantage sur l'autre et bonheur d'être ensemble. Je dirai (en désordre) les pérégrinations qui ont laissé non seulement des souvenirs agréables, mais *le sentiment de sa présence.*

LE QUÉBEC

1980

Le premier séjour débute par le *Congrès du Conseil du Québec de l'Enfance Exceptionnelle*. Sa magistrale conférence d'ouverture dépasse largement les problèmes des retards mentaux à l'ordre du jour[3]. Il note : « *Salle énorme... dans ces circonstances, je ne me sens pas en contact*

---

[2] *L'image qui devient un reflet* (1981), *Un autre pas comme les autres* (1982).
[3] *À propos de ces enfants que vous dites exceptionnels*, Où en est la psychologie de l'enfant, 2ᵉ éd. 1988, 79-116, Denoël, Paris.

avec le public». Il se trompe, je suis dans la salle; son exposé est suivi avec une attention particulière et plusieurs prestations nous sont immédiatement demandées.

Accompagnés par Serban Ionescu (médecin et universitaire, thèse de doctorat ès Lettres en cours) et sa charmante compagne Colette Jourdan, tous deux vite devenus des amis, nous entreprenons, après le congrès, une série de conférences dans plusieurs universités. Dans la ville de Québec, réunions de travail avec cinq équipes de recherche qui nous font bien comprendre les intérêts, orientations et prospectives de la Belle Province. Enseignement prolongé à l'Université de Hull : exposés et ateliers.

Souvenirs aussi de nos rencontres avec des psychologues de Montréal, celle surtout, dans la neige, avec Thérèse Gouin-Décarie et avec Jean-Marie Bouchard, toujours souriant et serviable.

Brèves retrouvailles avec nos amis de Sherbrooke. Ambiance différente de celle de notre séjour *romantique* de 1972 (avec pourtant une photo-pélerinage de l'hôtel King George).

1984

Le second séjour sera plus long et encore plus divertissant. L'invitation émane de l'U.Q.A.M. (Université de Québec à Montréal). C'est une tournée dans plusieurs universités et centres de recherche francophones qui nous est proposée (Montréal, Québec, Hull, Ottawa, Trois-Rivières). Conférences publiques, séminaires, entretiens télévisés, nos journées et soirées sont bien organisées.

Mais ce sera aussi une échappée, un week-end prolongé, à New York, le visa américain cette fois-ci obtenu sans questionnaire préalable.

En voiture avec les Ionescu, Colette au volant, par la route des Appalaches : mille découvertes et joie partagée. A New York, sans voiture bien sûr, on marche sans répit, d'abord à la recherche des lieux que R. a connus dans les années 30. Ses musées et théâtres nous ravissent et les habitants me paraissent très familiers, probablement grâce aux films vus et revus (Une sorte de *Rose pourpre du Caire* à l'envers). Rencontres nostalgiques avec des amis français de naguère — les Sauvage — notre bien trop luxueux hôtel face à Central Park. J'ai adoré, malgré la fatigue, cette semaine américaine.

Retour et bref arrêt à Montréal : cadeau de R. acheté rue Sainte Catherine, un collier que je viens d'offrir à une de nos petites-filles, j'aime partager le bonheur.

1985

La distinction *Honoris causa* décernée à R. l'attend à l'Université de Sherbrooke. Je souhaite tellement revoir New York que R. cède à ma demande. Nous y passerons une semaine avant de nous envoler pour le Québec. A Sherbrooke d'abord, avec cérémonie et repas chantants, puis à Montréal. C'est l'été indien et, parmi les collègues et amis, tous accueillants, je me souviens surtout de Thérèse Gouin-Décarie; d'abord dans sa maison en pleine forêt, puis à l'Université de Montréal en séminaires avec son équipe. Mais aussi en «magasinant», nos conversations jamais achevées; sourires de R. enchanté par cette amitié.

Dix jours après notre retour à Paris, c'est le départ pour l'Italie («... *B. refait les valises, cela continue...*»). Participation promise à un *Convegno International* à Brescia. Conférence pour lui, table-ronde pour moi : rencontre avec plusieurs collègues britanniques, suisses et, bien sûr, italiens. Sur cette lancée, des visites-conférences pour chacun de nous dans d'autres universités italiennes : Siena, Cesena, Modena, Bologna. Si je mentionne ce voyage particulièrement *épuisant*, c'est surtout pour la façon dont il s'est achevé : *catastrophique*.

Nos prestations terminées, je propose un bref week-end «conjugal» à Venise (revoir les musées!). Je prends trop tard conscience de ce qu'est Venise en novembre : pluie, vent de steppe, froid accablant. Au retour, bien endormis dans nos wagons-lits, la sacoche de R. est volée, contenant tous ses papiers et agendas. Son **désespoir** est total : je ne l'avais jamais vu aussi abattu, je ne le savais pas si vulnérable et tellement soucieux de ses repères : les noms, adresses et rendez-vous, jamais retrouvés, difficilement reconstitués.

Pendant plus d'une année, l'Italie sera reléguée et remplacée par Amsterdam et Saint Jacques de Compostelle.

Cette pause mise à part, c'est bien en Italie que nos visites sont les plus fréquentes, parfois bi-annuelles. Souvenir particulièrement agréable du congrès à Bassano : *Handicap mental, Communication et Langage*, organisé par Cesare Cornoldi et son équipe. Séjours avec arrêt obligatoire à Bologne où plusieurs amis nous convient, organisent travail et loisirs (hôtel Roma, près de la Cathédrale, la même chambre).

De tous ces voyages transalpins, je conserve des centaines de photos, des dizaines d'albums qu'il a arrangés (et commentés) avec soin et aussi ses agendas difficiles à décoder. Mais sans ce recours, ma mémoire (ou mon émotion) me fait revivre une année précise et trois villes : **1988, Turin, Bologne, Milan.**

TURIN - mars 1988 : un *Congrès Interdisciplinaire des jumeaux* y est organisé par une de ses collègues en gémellologie, Liana Valente Torre. R. y présentera ses derniers films et soumettra à la discussion des spécialistes ses réflexions sur le « double perceptif ». Pour moi, un intérêt supplémentaire : parmi les participants annoncés, je trouve le nom de Cesare Musatti, un ami de longue date. L'accueil est particulièrement convivial, les séances de discussion très animées, la ville et sa région d'une beauté déjà printanière, Liana une incarnation d'hospitalité et entre nous deux une sorte d'euphorie inattendue (mon anniversaire, son embarras et empressement, photo-témoin). Mais... la presse annonce l'hospitalisation d'urgence de Musatti.

BOLOGNE - mai 1988 : l'Université célèbre son IXe centenaire, nous y sommes conviés (chacun sa conférence) et tout particulièrement priés d'assister à la remise solennelle du Doctorat *Honoris causa* au cinéaste polonais A. Wajda. Un appel téléphonique de Cesare Musatti : il est de retour chez lui, termine un ouvrage et exprime son très vif désir de nous revoir. Nous acceptons, bien sûr, train jusqu'à Milan avant de s'envoler pour Paris.

MILAN - mai 1988 : nous retrouvons Musatti chez lui, assis près de son bureau, souriant. Un ami de près de quarante ans, tellement vieilli et tellement le même. Nos souvenirs communs (rencontres filmologiques, la Biennale de Venise, vacances au Lac de Garde, Carla, son épouse d'alors...), il les évoque avec nostalgie mais avec la même pétulance, une intelligence intacte. Toujours présent au monde et à ses turbulences, il s'interroge sur l'avenir : à son âge et dans son état, il s'inquiète des espoirs et insatisfactions des jeunes. Admirable. Il décédera quelques mois plus tard.

Une date plus récente :

TURIN - novembre 1996 : cette fois-ci, je suis seule, même si une amie (Jacqueline Nadel) m'accompagne. C'est un *Hommage* à R.Z. que la même collègue italienne, Liana, organise à l'Université. Un *Convegno* au cours duquel de nombreux psychologues et psychiatres évoquent ses travaux, sa personne et ses liens avec les universitaires italiens. A l'entrée de l'amphithéâtre, une grande affiche colorée nous accueille : c'est un montage ingénieux de photographies prises à Turin en 1988 où l'on voit R. orateur, auditeur, spectateur au milieu de la foule des participants.

On me l'offre, je la regarde souvent et le retrouve si vivant.

De cette décennie 80, je garde l'impression d'une perpétuelle urgence et de fréquents changements.

A relire ses carnets retrouvés, il m'apparaît maintenant que ce sont surtout nos petits-enfants qui nous donnent alors le sentiment de continuité et de stabilité. D'année en année, lors de leurs vacances scolaires, ils viennent et reviennent dans notre maison bretonne, souvent sans leurs parents. Avec ces petites personnes si différentes par leur âge, leurs réactions et leurs attentes, une communauté se forme, des liens prennent racine et couleur. Les voir grandir : une expérience passionnante, imprévue et jamais retrouvée.

Témoigner de notre vie de couple pendant ces années n'est pas chose facile. Une période souvent exaltante mais faite de rapprochements et d'éloignements, de jours où le *nous* l'emporte sur le *je*, mais aussi l'inverse. Cette sorte de danse n'était pas une surprise, la gestuelle-tango où l'on se quitte puis l'on revient dans les bras de l'autre, nous l'avions déjà connue. Mais les raisons en étaient différentes. La cause principale de ce qu'il nomme « nos humeurs brumeuses » est, cette fois-ci, liée à nos obligations et au manque de place nécessaire à l'un comme à l'autre.

Aussi, ces « humeurs », parfois des bouderies et querelles, sont beaucoup plus rares pendant les vacances qu'à Paris. Même si des visites en Bretagne sont fréquentes, chacun de nous s'attribue un étage pour ses dossiers et écritures (celles-ci plus contraignantes pour lui que pour moi, évidemment).

Mais, pour commencer, j'évoquerai une année exceptionnelle dont je garde un souvenir *douloureux* mais très agréable à revivre.

Le 10 mai 1981, date historique : François Mitterrand est élu Président de la République. Évidemment, nous étions tous à la Bastille — enfants, petits-enfants et beaucoup d'amis — on se perdait dans la foule, on chantait sous la pluie. Et quelques jours plus tard, l'Histoire est entrée dans ma vie personnelle de façon *fracassante* : c'est le 21 mai que, munie d'une invitation, je me dirige (avec Lucette) vers la cérémonie du Panthéon, je saute de joie, puis je tombe et me casse le poignet (main droite !). Je crois avoir été la seule personne hissée dans un des nombreux cars de police et conduite vers un hôpital. (Je le sens toujours, mon poignet-Mitterrand, pourtant bien réparé.)

En relisant les notes détaillées de R, je prends conscience combien il est alors tendre, prévenant et *utile*. Mon lourd plâtre me prive pendant trois semaines de toute activité, il fait **tout** : courses, repas, ménage, ma toilette, petits-enfants à la sortie des écoles et constants encouragements.

J'en avais besoin : j'avais accepté de présenter la conférence d'ouverture au *Congrès National des Institutrices Maternelles* (A.G.I.E.M.)

le 24 juin à Lille. Je n'avais pas prévu ni la victoire de la gauche ni ma chute stupide et ai différé la préparation de ce discours.

La disponibilité et la gentillesse de R. sont d'autant plus précieuses que je le sais fort occupé : séminaires, thèses, examens ; sans parler des publications amorcées et de son film à « ajuster ». Il montre alors tant d'énergie et de bonne humeur (pas une ligne dans ses notes à propos de sa fatigue) qu'à le lire, je me dis aujourd'hui — toujours l'effet de balancier — *que j'aurais dû être plus souvent souffrante ou affaiblie pour qu'il le soit moins.*

Tout s'est arrangé, je m'exerce à la machine à écrire puis, toujours avec le plâtre mais allégé, nous partons à Lille. Quelques notes relevées dans son agenda :

> *... A Lille une voiture noire nous attend et nous conduit au Royal-Concorde... réveil à 7 heures du matin... Salle immense avec 3.000 congressistes. Après les discours introductifs, c'est B. Suis à côté d'elle, je lui tourne les pages... Cela finit par les ovations !*

Je ne saurai jamais si ce sont mes paroles ou les pages sagement tournées qui ont suscité ces applaudissements. En souvenir de cette aventure, R. m'offrira un superbe album de photos qu'il intitule *La main et la rose*[4].

A notre retour de Lille, un programme assez différent pour l'un et pour l'autre. Pour moi — conséquence de ce Congrès — débute mon premier « tour de France » des écoles maternelles.

Et, entre deux voyages, ce sera la mise en route d'investigations qui me paraissent nécessaires pour compléter mon « entrée » en maternelle : cette fois-ci en solo, mes charmantes collaboratrices achèvent leurs doctorat ou autres diplômes.

Un rapide résumé de ce parcours. Trois ans de recueil de données, trois phases[5].

---

[4] Mise à part ma satisfaction de voir la Gauche enfin au pouvoir, mes intérêts politiques se limitent, en cette période, aux « événements » de Pologne : échanges épistolaires et aide directe à des militants de Solidarnosc. Ce qui nous vaudra un jour la visite inattendue d'un prêtre polonais, totalement anarchisant.
Même la chute du Mur qui a fait tant de bruit, en 1989, ne nous a guère bouleversés : un événement-spectacle qui a mis fin à des années d'illusions et de mensonge. D'autres suivront inévitablement.
[5] *L'école maternelle à deux ans : oui ou non ?*, Stock/Laurence Pernoud, 1re éd. 1984, Paris.

La *première*, en collaboration, porte sur des populations relativement importantes : 170 sujets accueillis dans sept Petites Sections de Paris et de sa banlieue. Les techniques sont allégées : les épreuves psychologiques se limitent à deux secteurs de croissance : la psychomotricité et le langage. L'observation directe a pour axe principal l'activité et la sociabilité. Les enfants sont observés dans deux situations bien différenciées : activités communes initiées et dirigées par l'enseignante, et séances de jeux libres. Les entretiens avec les parents et les témoignages des maîtresses sont conservés.

Plusieurs constats m'inciteront à poursuivre la recherche :
– certes, les progrès entre le début et la fin de l'année se montrent, *en moyenne*, notables : de «un parmi les autres» le jeune enfant apprend à être «un avec les autres»;
– mais cette vérité de moyenne s'accompagne de différences entre sous-groupes de sujets, distingués selon plusieurs critères : différences selon les classes, redevables tant à l'aménagement des locaux qu'à l'organisation par l'enseignant du «temps scolaire»; différences nettes selon les antécédents d'élevage.

La *seconde* phase a pour but de vérifier, en direct, les options pédagogiques des enseignantes. Une enquête nationale sera lancée pour recueillir leurs opinions sur l'*âge optimal* et les conditions souhaitables d'accueil en maternelle : mille cinq cents réponses à mon questionnaire seront analysées.

Puis, en *troisième* approche, l'étude dans une crêche parisienne. Pendant un an, observation systématique, dans des situations habituelles de ce lieu de garde; l'année suivante, pour plus de précision, en situation semi-expérimentale : aménagement des lieux et activités homologues, avec deux échantillons appariés de sujets, l'un en crêche l'autre dans une Petite Section.

Pour lui, peut-on véritablement parler d'un programme ou «plan de travail»? J'ai déjà dit ses obligations universitaires, surtout la direction des thèses; ses engagements rédactionnels non seulement se multiplient mais se diversifient. Pendant cette décennie, trois ouvrages personnels, plusieurs contributions à des livres collectifs, des préfaces promises mais aussi hommages nécrologiques (tant d'amis disparaissent), des articles et entretiens sollicités. L'ensemble de ces publications est répertorié dans le recueil déjà signalé, je dirai ici, sans références, *comment il écrit*.

En *discontinu* et avec *ténacité*, il s'attaque à plusieurs textes simultanément en prenant conscience (avec retard) des échéances. Il note le nombre de pages jugées terminées (un minimum qu'il se fixe, avant tout repos). Pour chacun de ses écrits, il procède à de longues recherches dans des textes rédigés précédemment, non pour les reprendre mais pour les relire de façon critique : ses commentaires antérieurs sont-ils toujours de mise? Ne doivent-ils pas être modifiés ou précisés par ses réflexions actuelles ou des données récentes?

L'effort de retrouver ses documents est coûteux, ses papiers sont mal rangés en un mélange pittoresque de notes brèves, de manuscrits inachevés ou de conférences jugées un jour opportunes. Il passe des heures à les retrouver, en détruit une partie, le regrette aussitôt, puis recommence. Un texte enfin terminé, je dois le lire et il note sa satisfaction lorsque je l'approuve. Je peux alors le dactylographier, tandis qu'il entreprend sans tarder une autre rédaction. Son style est, le plus souvent, si souple et élégant après tant d'efforts pour parler clair, s'interroger, expliquer et faire comprendre !

Il y a eu de bonnes années, des années souriantes, d'autres qui l'étaient moins et nos réactions sont parfois discordantes. C'est surtout pour l'année **1983** que je constate nos différences d'humeur, d'élan, de plaisir de vivre.

Pour *moi*, c'est une année attrayante et stimulante. En avril, avec notre fils aîné et sa femme, nous visitons l'Italie (Bologne, Florence, Sienne). En mai, c'est une fois de plus Florence. R. présente une conférence à l'Institut de Génétique : trois jours au *Palazzo di Quatro Cento*, au bord de l'Arno[6]. En juin, un second Congrès des Écoles Maternelles à Lyon, puis plusieurs conférences en province avant notre départ en Bretagne. De nombreux amis nous y rendent visite ; ma recherche est achevée, je rédige quand j'en ai le temps. Je suis souvent débordée mais je trouve la vie divertissante.

Lui est plutôt morose, parait épuisé, *se sent noué pour écrire*, sourires forcés et silences prolongés. Est-ce le cinquantenaire de notre rencontre, ou la réaction aux adieux définitifs avec ses étudiants de Nanterre qui suscitent sa mélancolie ?[7]

L'arrêt de ses cours à Nanterre a sûrement joué. Je viens de relire l'introduction au livre dédié à ses étudiants (*Où en est la psychologie de l'enfant*). Sous le titre de « pré-textes », c'est davantage un bilan qu'une préface qu'il présente, un bilan critique et autocritique d'un demi-siècle de recherches ; les siennes s'achèvent, d'autres se poursuivront après lui. C'est cet « après » qui le chagrine sans doute.

L'année suivante — **1984** — tous les nuages disparaissent. J'ai déjà dit notre si attrayant voyage au Québec. Un autre événement va jouer à la fois pour le distraire et pour nous occuper en très bonne harmonie. Nos livres paraissent et, grâce à Laurence Pernoud, font l'objet d'une diffusion « grand public ». Ce sera son *Paradoxe*[8] et, à une semaine d'intervalle, mon *École Maternelle à deux ans*.

---

[6] *Le prodige de la ressemblance gémellaire, le prodige de la naissance multiple*, Université de Florence, 30 mai 1983.
[7] Elles étaient pourtant belles les cinquante roses que Marc nous envoie pour notre jour J. Ce même 12 juillet, totalement insouciante, je lui offre un livre dont le titre me parait convenir : *Les 3/4 du temps* de Benoîte Groult. *Mea culpa*, une fois de plus.
[8] *Le paradoxe des jumeaux*, Stock/Pernoud, 1984, 2ᵉ éd. révisée, 1987, Paris.

C'est la première fois que nous faisons l'expérience d'une promotion médiatisée, bien organisée par une attachée de presse. Radio, télévision, magazines et entretiens, il les avait déjà connus mais à une échelle plus réduite. Pour moi, c'est une épreuve nouvelle, un test que, pour commencer, j'appréhende (mon fichu accent!) mais que j'affronte avec intérêt. J'ai assez vite compris que l'embarras était partagé, celui du journaliste qui pose les questions est aussi fréquent que celui de l'invité qui doit répondre «vite et clair».

La conséquence de cette entreprise ne s'est pas fait attendre : mes conférences et débats se multiplient avec des auditoires bien hétérogènes (enseignants, parents, éducateurs, parfois des administrateurs). Il en est de même pour lui qui, de surcroît, reçoit alors une avalanche de lettres de jumeaux (surtout de jumelles) de tous âges et de toutes conditions, de France et de l'étranger. La seconde édition de son *Paradoxe* sera modifiée : il y insère plusieurs de ces lettres.

A partir de cette date, la nature de ses relations sociales se modifie : le contact direct avec ses étudiants qui lui manque est remplacé par de nombreux échanges épistolaires qui aboutissent parfois à de nouvelles rencontres et amitiés. Lettres reçues et ses réponses sont scrupuleusement consignées, voire copiées, dans ses agendas.

Après le succès de cet ouvrage, son principal éditeur (les Presses Universitaires de France) proteste : la seconde édition de sa thèse sur les jumeaux est toujours en attente. Il se remet à l'ouvrage. Ce sera une réédition modifiée qui exige une réécriture : une longue préface qui résume le premier volume, une mise à jour du second, l'ensemble à paraître dans la prestigieuse collection *Quadrige*. Il rejoint ainsi les «grands auteurs», après une bonne année de travail.

C'est en cette période que deux revues scientifiques consacreront un numéro spécial à ses travaux et à son itinéraire. La *Revue de Psychologie Appliquée* (1986) et le *Bulletin de Psychologie* (1987). Plusieurs textes d'éminents psychologues y sont complétés par sa biographie scientifique et des extraits de ses écrits : une nouvelle mise en ordre s'impose.

En se livrant à cette rétrospective, R. reprend et reclasse, une fois de plus, des écrits et photos dispersés, souvent oubliés, et note dans son carnet : «*Un mélange d'enchantement et d'écœurement... le passé retrouvé...*». Attrait et rejet du temps qui passe.

Parmi les évocations qui l'*enchantent*, certaines nous sont communes. Une journée qu'il décrit en détail me servira d'exemple. Après une «scène» plutôt houleuse — mon bureau envahi par une masse de ses documents —, pour apaiser ma colère, il me fait lecture de ses notes qui relatent les faits et gestes de nos fils alors petits. Ces souvenirs nous réconcilient, on s'en amuse, la paix revient.

Mais ces rêveries ne durent pas, un besoin d'activité nous anime et nous différencie une fois de plus. Récolte et analyse des expériences du passé pour lui, tandis que pour moi, c'est un appétit constant de « compléter » les données qui me fera retourner dans les écoles, même si des voyages en province se poursuivent à un rythme rapide. Il s'agit de deux mini-recherches que je trouve utiles pour parfaire mes observations sur les différences en fonction du sexe.

> La première (1985-86) est une comparaison garçons/filles lors d'un exercice de lecture exécuté sur ordinateur (une cinquantaine de sujets de huit à neuf ans).
> La seconde (1988) est une sorte de « vingt ans après » : questionnement des mères des écoliers sur leur devenir adulte, reprise exacte de mes entretiens de 1968. A moyens restreints, des résultats intéressants mais modestes, donnent lieu à quelques publications.
> C'est à propos de ces investigations limitées que R. écrit : (« ... *elle rêve d'écrire un livre sur les différences en fonction du sexe !* ») C'était bien mon projet, mais il m'a fallu du temps pour réunir d'autres informations (enquêtes démographiques notamment).

Un certain équilibre donc pour mettre en route nos rédactions. Son programme est beaucoup plus chargé que le mien : conférences et articles promis, plusieurs thèses à faire achever et, simultanément, un besoin personnel l'obsède qui exige disponibilité et réflexion.

Conséquence sans doute de ses rangements de dossiers et documents, il s'interroge sur ses propres expérimentations amorcées, interrompues puis reprises, relatives à *l'identification de soi dans le miroir*. Quelques précisions :

Les premières observations, celles de notre fils âgé de deux ans, datent de 1947 (*Enfance*, 1947), puis d'autres tâches l'accaparent et des expérimentations reprennent, je l'ai déjà signalé, en 1972 seulement. Prévues pour une durée de quelques mois, elles se poursuivront sept ans.

Une note retrouvée qui date de 1987 témoigne de son intention d'exposer dans un ouvrage les avancées et bifurcations de ces recherches successives. Projet qui a pour corollaire une mise en ordre de tous ses documents de base : hypothèses de départ, plans d'expérience, notes disparates, etc.

Un an plus tard, le plan de ce livre est établi : ce sera *Reflets du miroir et autres doubles*, son dernier ouvrage publié[9].

---

[9] PUF, 1993, Paris.

Sa préparation nous vaut un voyage. Entre autres, R. se pose la question des *autoportraits* exécutés par des peintres de renom. Il les connaît certes mais il veut les *voir* pour comprendre comment l'artiste parvient « *à se délivrer de son propre double* », de quelle façon s'exprime son effort « *d'objectivation de l'image spéculaire* ».

Ce sera, en novembre 1989, un « saut » à Florence (après un colloque à Pavie). Une visite exceptionnelle : on nous ouvre les archives des Offices (situées **sous** le *Ponte Vecchio*) où sont rangés tous les tableaux non exposés. R. prend des notes, on nous promet des photocopies, elles sont en noir et blanc, décevantes. Les a-t-il utilisées ou sont-elles seulement un témoignage d'une agréable balade ?

Revoir Florence est toujours un enchantement. Dans mes souvenirs, c'est notre dernier voyage **parfait** : la main dans la main et l'âme en paix. Nous sommes heureux de retrouver tout à la fois palais, statues, musées et de nous y revoir ensemble (avec Giusy Speltini qui nous rejoint). Un sentiment de connivence et de permanence. Les rues, *piazza*, *albergo* et *ristorante*, inchangés. Les voyages suivants, toujours l'Italie, seront bien différents : une alerte, pour commencer, pas encore angoisse mais déjà inquiétude et une année 1990 maudite.

L'année **1990** a fort mal commencé : après la chute du mur de Berlin, c'est « l'insurrection » en Roumanie qui nous perturbe directement. Notre ami, Serban Ionescu, de passage en Bretagne, en pleurs, téléphone tous les jours à sa mère à Bucarest. Les nouvelles sont confuses.

Notre dernier voyage commun (avril 1990), je ne le souhaitais pas. A mon tour, fièvre et divers ennuis de santé. Allongée, souffrante, je le regarde explorer cartons et tiroirs... Je lis maintenant dans ses notes :

... dans le meuble de grand-mère, je découvre que je suis officier des Palmes Académiques, je n'en savais rien!

Il retrouve enfin le document qu'il cherche : c'est le certificat de concession de « notre caveau ». Pour qui ? Lui ou moi ? Tout était alors possible.

Ce voyage en Sicile (Troïna) en quelques lignes seulement : *Séminaire franco-italien de Neuropsychologie de la Débilité*. Site magnifique, accueil grandiose, mais R. est grippé avec une forte fièvre alors qu'il doit présenter la conférence d'ouverture et une synthèse de travaux. La première se passe bien, mais sa voix est à peine audible pour l'exposé de clôture. J'ai hâte de regagner Paris et renonce à toute visite de l'île.

Trois semaines plus tard, je repars, seule, à Trento. Conférence promise sur *l'adaptation de jeunes enfants à la vie collective*. Avion, arrêt à Vérone, trois jours d'absence.

A mon retour, un choc : des ennuis familiaux (que je laisse dans l'ombre), c'est surtout son aspect qui me frappe. Amaigri, pâle, il me tend les bras, sourire évasif. Je me jure alors de ne plus jamais le laisser seul : finies mes tendances «courant d'air»!

J'attends avec impatience nos vacances estivales pour retrouver force, courage et les conditions nécessaires pour faire face à ses obligations de rédaction.

Espoir déçu : notre séjour breton sera épuisant et éprouvant. Les visiteurs sont nombreux et, pour chacun d'eux, ou presque, drame ou inquiétudes. Il a tout consigné.

R. «tricote» ses écrits amorcés, passe de l'un à l'autre, agacé, parfois désespéré de sa lenteur. Il note quotidiennement aussi bien ses découragements que les miens :

Je vasouille... B. a la fièvre... je me sens faible et vieux... elle pleure... j'essaie de la consoler...

Pour une fois, j'ai hâte que toutes nos visites prennent fin et que nous restions seuls. Je n'avais pas prévu une autre «surprise», celle de la nuit du 31 août.

R. me réveille brutalement, jette sur notre lit plusieurs photocopies de mes «lettres-aveux» et me dit (crie plutôt) ses reproches, accusations et blessures. Mon incompréhension est totale : ces lettres datent de... plusieurs décennies!

Je fonds en larmes, puis je riposte : les arguments ne me manquent pas. Discussion incohérente jusqu'à trois heures du matin. Et le lendemain, bouleversée, je me confie à une amie qui connaît bien notre passé. Et j'essaie de comprendre ses griefs inattendus et leur soudaine violence. Pourquoi ces reproches *maintenant*?

Je présume qu'en préparant son autobiographie à paraître dans un ouvrage collectif, il se plonge non seulement dans ses documents de travail, mais procède aussi à une recherche sur lui-même, sur son passé et, donc, forcément le nôtre. Il en retient ses propres blessures, les miennes, il les banalise. Une question que je me pose aujourd'hui : ses violentes accusations étaient-elles dues aux faits retrouvés dans mes si anciennes lettres ou plutôt à ses propres chagrins alors consignés et qu'il venait de relire?

Bien sûr, peu de temps après, il s'en excusera avec humilité et ferveur, détruira certaines lettres, en relira d'autres «belles et émouvantes»; il l'écrit et me le répète, mais j'ai du mal à retrouver apaisement et optimisme.

De retour à Paris, mon éternel remède, on travaille : je commence mon dernier ouvrage sur les différences garçons/filles; lui reprend ses rédactions en cours. Nous écrivons tous les deux, les brumes disparaissent...

Pas pour longtemps, cette *horrible* année se termine mal. Vacances de Noël à Perros, puis le 28 décembre, c'est la mort subite de notre «régisseur-jardinier», un très sympathique ancien gendarme qui, ce matin même, nous apporte des roses et des crêpes; puis, après (un bon) repas succombe à une crise cardiaque en se promenant sur la plage.

Je suis restée sans voix pendant vingt-quatre heures et, deux jours plus tard, R. se réveille avec une jambe immobilisée : paralysie ou parésie, le scanner nous le dira.

A Paris débute la ronde des médecins, spécialistes de divers maux et atteintes. Diagnostics qui ne concordent pas toujours ou restent secrets : infirmière et kiné suivront. Ma fièvre revient, mais je m'en désintéresse, c'est lui qui la consigne régulièrement.

Je cherche quelques mots-clés pour dire l'année **1991**. Ceux qui se présentent en désordre sont : angoisse, travail, fatigue, tendresse et retour au travail, sans oublier mes impatiences et mouvements d'humeur. J'éprouve un immense besoin de dire ma colère, mais contre qui? Besoin aussi de prendre ma part de ses malaises. J'évite de paraître trop attentive : manifester gentillesse et douceur risquaient de l'inquiéter davantage, pourtant, maîtriser les émotions m'est toujours difficile. Irritations passagères sont inévitables; il les consigne, bouleversé et étonné de ses propres réactions. A son tour, il désire profondément me conforter.

On a souvent pratiqué une sorte de *cryptographie* : des petits mots, des billets doux, sans objet précis, glissés sous la porte ou posés sur une table, pour dire à l'autre sa proximité. Les siens sont tellement plus beaux que mes griffonnages!

Le seul mérite que je m'attribue est mon refus obstiné d'abandonner nos écritures. Son autobiographie sera terminée, les préfaces et articles promis rédigés, l'achèvement des thèses en cours est assuré.

Il accepte aussi plusieurs entretiens — radio ou télévision — mais à condition que l'enregistrement se fasse à la maison : refus ferme de paraître sur un plateau. Quels que soient ses rendez-vous, je m'éclipse par discrétion mais aussi pour rencontrer des amis auxquels il prête peu d'intérêt. J'écris quand je le peux et l'entraîne au cinéma, parfois au théâtre, comme «avant». Le résultat est mitigé. Enfin, les argumentaires de nos livres sont remis à l'éditeur, la conscience tranquille, l'espoir au cœur.

Ses notes-confidences de **1992** sont beaucoup plus toniques ; il retrouve distance et humour à son propre égard. Visites médicales et soins à domicile se sont en quelque sorte institutionnalisés. Il reprend ses *Reflets* et ses écrits avancent bien. J'écris de mon côté, nous relisons ensemble : séances de critique et d'autocritique.

Je me souviens du 25 juin de cette année : remise de nos manuscrits à l'éditeur et préparation de leur mise en page (cher monsieur Fouquet-Lapar, si amical !). En taxi, c'est son retour au Quartier Latin, délaissé depuis longtemps. Il se déclare totalement dépaysé et désolé de me le dire. Je le sens vulnérable et ne quitte pas sa main. Pour rentrer, je décide que nous prendrons l'autobus *comme tout le monde*. Imprudence et astuce, je le vois plus détendu et souriant.

En cette même période, tout en rangeant une fois de plus nos anciennes lettres, il prépare des « montages » de notre passé à l'intention de nos prochains jours J (24 mars et 12 juillet) : le télégramme qui annonce son retour des États-Unis ; notre première photo ensemble ; le petit album « Miroirs » (1948-1950)... Sur une enveloppe retrouvée, ces quelques mots :

Je voudrais t'offrir autre chose que des souvenirs...

Vacances relativement paisibles en Bretagne, après d'inévitables visites. Il relit ses correspondances et journaux d'enfance, puis les range en bon ordre et commence un long article sur Alfred Binet[10]. Il lui arrive de sortir seul faire des achats. Il note aussi ma « bonne humeur exceptionnelle ». Promenades brèves mais régulières et, naturellement, notre scrabble vespéral. Nous nous endormons ensemble, les nuits sont bonnes.

De retour à Paris, je lui suggère d'écrire un récit de sa vie, une *vraie* biographie. J'ai déjà dit sa réaction de refus, l'intérêt d'une telle entreprise lui parait dérisoire. Est-ce modestie, discrétion ou sentiment de ne plus se « retrouver » qui lui donne « la nausée »? Cependant, son besoin d'évoquer le passé existe ; je le perçois bien dans son article dédié à Wallon (*Enfance*, 1993).

Peu de temps plus tard, il formule un projet qui lui semble plus pertinent : celui d'écrire *Psychologie et Idéologie* en y intégrant ses contributions et prises de position. Je l'approuve avec enthousiasme, sa mise en route ne débutera que quelques mois plus tard : thèses, articles et émissions ont la priorité.

---

[10] *Profils d'éducateurs*, éd. Prospectives, U.N.E.S.C.O., 1993 (traduit en anglais).

L'année **1993**, vue de près et vue de loin, n'a pas la même résonance. Vue de près, c'est une suite d'événements et de présences qui remplissent bien nos journées. Vue de loin, c'est notre dernière année que je qualifierai de normale. A la fois proches l'un de l'autre, attentifs et circonspects, tous les deux pratiquant le « faire semblant » et s'activant sans relâche. Quelques rappels :

– Les derniers cartons rangés dans un coin du Laboratoire sont transportés à la maison. Il s'agit surtout de mes dossiers que je détruis sans trop y prêter attention. Plein d'égards, R. jette des tonnes de papiers pour me laisser quelques rayonnages et, à cette occasion, retrouve enfin ses plus anciennes publications. Inépuisables archives !

– Des conférences pour moi (que je limite à l'Ile-de-France) et, pour lui, interviews avec des journalistes à la maison; tous ses engagements extérieurs, il les délègue désormais à des collègues. Les visites sont fréquentes, leurs intérêts et objectifs variables. Je précise : il y a des amis de toujours, les enfants et petits-enfants qui viennent régulièrement. Les « petits » devenus grands, R. prend plaisir à discuter avec eux, à s'informer de leurs devoirs et lectures ; pour ma part, ce sont plutôt des confidences intimes.

– Il reçoit également bon nombre de personnes qui font appel à lui. Certaines en des périodes de déséquilibre personnel, d'autres en vue de publications, parfois de promotion. En partageant les soucis des uns, en confortant les ambitions des autres, il se sent utile, oublie sa fatigue, surmonte son sentiment d'isolement et manifeste, après leur départ, humour et ironie que je connais. Ses consultations médicales et associées se poursuivent mais son esprit critique reste allègre. Quelques spectacles et sorties : cinéma, théâtre, plus rarement dîner en ville. Les nuits qui suivent semblent perturbées mais il croit me faire plaisir. « *B. est si désespérée de mon état* », écrit-il. Encore un effort.

– Ce n'est pas seulement son état qui me bouleverse. Lors de ces années 90, tant d'amis disparaissent (Ajuriaguerra, Lyne Auvray, Valdi...). Dans ses agendas, R. fixe solidement, l'un après l'autre, les faire-part publiés dans *Le Monde* ou ailleurs : deux dates sous chaque identité tracent les frontières. La fin d'une génération.

– En mai, nos deux ouvrages sont publiés, service de presse aux P.U.F. où notre petit-fils Antoine nous rejoint « pour une dédicace »[11].

L'été en Bretagne : fleurs, promenades, visites et écriture. En juillet, c'est la mise au point de son prochain livre et recherche de quelques documents complémentaires, interrompues par un courrier très abondant. Il aime toujours recevoir et répondre aux lettres. Pour moi, deux articles en cours.

L'année se terminera par des interviews à France-Culture : pour moi en studio, pour lui à domicile (Éliane Contini).

---

[11] Nos livres paraissent le même jour, sous une couverture que je trouve trop semblable : les auteurs et les sujets sont si différents. Je lis sa dédicace au premier exemplaire de ses *Reflets et autres doubles* : « *à B. mon double et ma moitié, mais pas mon reflet, dieu merci...* ». Mon titre est plus banal : *Féminin-Masculin à l'école et ailleurs*, P.U.F., 1993, Paris.

Je m'aperçois qu'au cours de cette année, ses sorties devenant rares, il consigne régulièrement toutes les miennes avec lieux, heures et objets de rendez-vous. Mon rôle devient celui d'un relais avec le monde extérieur.

Les événements du monde : on tue partout - des otages et des morts - la guerre du Golfe - la Bosnie - le suicide de Bérégovoy - Mitterand qui s'efforce de paraître bien portant... tout cela est noté par R., parfois commenté, mais pour moi « le monde » s'est beaucoup rétréci...

L'année **1994** est celle de ma double *résistance* : contre l'inquiétude pendant les premiers mois, puis contre l'angoisse face à sa très grave maladie. Je me souviens, je résume.

Les premiers mois se déroulent à peu près comme les précédents. R. surmonte sa fatigue, lit et écrit (articles, préfaces, etc.) puis reprend la rédaction de son ouvrage en février. De mon côté, je « bricole » un article promis.

Certaines rares sorties le réconfortent; cinéma et dîner à Montparnasse : «... *c'est une résurrection, redécouverte. La Coupole, la rue Delambre, un monde disparu et retrouvé, je crois que je marche mieux...*». D'autres le dépriment, Arturo Ui de Brecht avec Bedos «... *l'escalier du T.N.P. est très pénible, je me sens fatigué...*».

Des visites se succèdent qu'il abrège, accueil et bavardage me sont alors confiés. Il regrette surtout d'écrire trop lentement, certaines pages écrites le jour sont remises en question la nuit «... *en rêvant, des idées surgissent...*».

Notre départ en Bretagne en juillet, en compagnie de mon amie Renata est suivi par l'arrivée d'autres personnes plus ou moins attendues. Nos promenades sont limitées : il n'aime pas que l'on remarque sa démarche hésitante (j'avais tort d'insister....).

Puis, en août, c'est *l'accident*.

C'est Julien, notre petit-fils, qui le remarque. «*Mais, tu es tout jaune*», dit-il, pendant que R. discute avec Laure un mémoire de philosophie. Médecins, analyses, échographie, l'urgence de l'opération de la vésicule est décrétée. Retour précipité à Paris. Pour calmer mes pleurs, un dernier scrabble la veille de notre départ, hospitalisation le lendemain.

Je ne nommerai pas l'hôpital qui l'accueille. Parce que débute alors la phase *active* de ma résistance, en usant de tous les subterfuges et moyens contre les règles d'un tel établissement public. Je dirai *les dates* : hospitalisé le 6 septembre, opéré le 9, il y restera jusqu'au 24 octobre. Deux séjours en salle de réanimation, le premier de courte durée, est usuel, post-opératoire; le second est accidentel et plus grave.

Par chance, j'étais là, et je n'y étais pas seule, Renée Ch. a vite compris la situation : en avalant un verre d'eau, R. fait une fausse-route puis cesse de respirer... Alerte générale, suivie d'un séjour de dix jours en «réa», avec intervention de tous les appareils qui s'y trouvent. Un corps à réanimer et qui s'obstine à ne pas l'être; des réactions, des signes de vie, mécaniquement provoqués.

De cette salle où plusieurs malades étaient côte-à-côte allongés et «branchés», on avait beau me chasser par une porte, j'y entrais par une autre et, pour ne pas me faire remarquer, blouse blanche, masque et bonnet, je passe des heures à me laver les mains. Annie, une kiné remarquable, m'annonce un jour qu'il était sauvé!

Retour dans sa chambre. A force d'argumenter, de supplier, de pleurer, une autorisation exceptionnelle de garde de nuit est accordée. «On a gagné!» Je lui apporterai carnet et crayon («*pour faire le brouillon de tes lettres...*») et lui jure qu'il retrouvera notre maison pour son anniversaire le 27 octobre[12].

Des amis déclarent «un miracle», il suffisait (alors) d'être obstinée jusqu'au bout des forces. La joie de le voir sourire de plaisir, à son retour en ambulance, a fait disparaître toute ma fatigue, même si l'affaire était loin d'être close. Nos fils sont venus, puis leurs enfants, nous étions heureux. Quelques jours plus tard — le 7 novembre — R. discute avec Mathieu le sujet de sa dissertation de philo : «*Peut-on douter de tout?*». **Non**, je déclare fermement, mais le sujet demandait évidemment une réponse plus nuancée.

Dès le 4 novembre, il reprend son agenda et consigne tous les faits du jour (kiné, exercices, poids, lettres, visites). On se consultera longuement pour les cadeaux de Noël : luminaires pour nos trois garçons si proches et si présents pendant ces semaines damnées.

R. s'attaque à son abondant courrier et, le 14 décembre, reprend la rédaction de son livre. J'attrape une vilaine bronchite et j'admire son courage. Pourvu que cela dure!

L'année **1995** commence avec des fleurs, un collier breton du Musée du Louvre et un opiniâtre espoir. Les premiers mois sont beaux, son

---

[12] Mon cadeau : *L'écriture ou la vie* de Jorge Semprun, avec ce mot : «Pour nous deux, une semaine à la maison!»

poids augmente («*un gain d'un kilo depuis mon retour à la maison, 53 kg!*»); courrier, coups de fil et visites bienvenues.

Une reprise de contact avec l'Association des Psychologues Scolaires le fait rêver à ses activités bien éloignées. Un retour vers le passé : correspondance biographique avec Voutsinas, évocation nostalgique des naissances de nos fils — désir de revoir la rue et le logement de son enfance — et plus encore son manque d'appétit, tous ces signes m'inquiètent (je le manifeste sans doute trop ouvertement). Sa pudeur aussi : il évite mon soutien pour se déplacer ou se vêtir, mon aide dans la salle de bains. En mars, j'achète une balance parlante que j'écoute attentivement derrière la porte.

En dépit de ses nuits perturbées dont il ne dit rien (mais qu'il consigne régulièrement), il prépare le petit déjeuner, arrange notre lit et poursuit ses écrits : quelques pages pour son ouvrage mais surtout réponses aux lettres. Des nouvelles de Renata : son arrivée en France est différée, opération urgente, un cancer, elle me promet sa visite en septembre.

Départ pour Perros, fin mai, accompagnés par nos porteurs de valises, Laure et Julien. Dès son arrivée, il installe ses documents pour travailler. Je suis angoissée, il le perçoit et s'en inquiète; même le scrabble ne me détend pas.

Ses nuits sont agitées, parfois douloureuses et, après le départ de Julien, il les réorganisera au mieux. On s'endort ensemble puis, lorsqu'il se sent souffrant, il s'éclipse et revient vers moi au petit matin tandis que je dors encore (double dose de somnifère).

Quelques visites qui le fatiguent : nos petites-filles notamment, perturbées par leurs propres soucis. L'arrivée de Jacques fait diversion, R. la décrit :

> ... *très loquace et très actif, d'une mémoire étourdissante, il relate ses souvenirs d'enfance et d'adolescence... détaille nos voyages à l'étranger... m'interroge longuement sur Otto Abetz...*

Puis, en août, c'est une régression évidente : amaigrissement, difficulté de marche et, un jour, après une courte promenade dans notre jardin, douleur aiguë à une jambe. C'est une phlébite.

Par chance, Jean-Fabien était en Bretagne et m'a beaucoup aidée : médecins, doppler, bandages, piqûres intraveineuses, retour à Paris par avion et, de ma part, la promesse d'éviter toute hospitalisation.

Au cours de cette semaine, j'essaie de joindre Renata à son hôpital à Saint-Louis (Missouri); silence au bout du fil. Puis un jour elle répond : ankylose des jambes et phlébite. Ses paroles sont haletantes; elle répète, en polonais, ces mots : «*Je n'en peux plus, je n'en peux plus...*». Elle meurt le 31 août. La dernière phrase que R. consigne dans son agenda date du 11 septembre :

Une longue lettre d'une amie de Renata, Sharon, qui raconte sa fin...

Nous prenons avec peine l'avion pour Paris le 14 septembre, même le chauffeur de taxi a les larmes aux yeux. A Orly, Marc et Jacques nous attendent et le « portent » pratiquement jusqu'à la voiture. A la maison, Jean-Fabien perfectionne l'installation d'une perfusion près de son lit ; sa femme décide de passer la nuit chez nous, doutant de ma capacité de vigilance. La nuit se passe bien et, le lendemain matin, R. déguste avec plaisir des croissants frais que Jean-Fabien nous apporte. Nous reprenons espoir.

Pas pour longtemps. Vers midi, un cri strident alerte la femme de ménage : il est debout, crispé ; accroché à une porte, inconscient, incapable de bouger : 40° de fièvre.

Les fils arrivent et Marc le fait transporter dans une clinique où un médecin compétent le prend en charge et lui fait injecter des antibiotiques. La fièvre baisse, mais il reste inconscient, sa souffrance — ou sa lutte — se manifeste par des mouvements incontrôlés, par des râles incessants. Le 19, je demande à nos fils de nous laisser seuls.

Tout en surveillant sa perfusion, j'ai pu pendant des heures caresser son visage : il le sentait, sa respiration se modifie lorsque j'interromps le contact.

La nuit tombe : râles et contorsions continuent puis, brusquement, j'entends une respiration calme et douce ; peu près, elle s'arrête, le **20 septembre**, à quatre heures moins dix du matin.

Je téléphone aux garçons sans lâcher sa main, il est encore chaud. Il ne l'était plus quand ils sont arrivés.

Dernière lettre

Ma dernière lettre est pour toi, mon absent si présent. Et je la débute par un aveu : c'est sa troisième version que l'on lira ici. En fait, tu étais mon tout premier destinataire. C'est le **12 juillet 1996**, date de notre « anniversaire », cette fois-ci solitaire, que je t'écris pour dire mon absolu refus de ton absence.

Toute présence évitée, toute autre occupation abandonnée, ici à Perros, dans cette maison bretonne que nous avons si bien arrangée. Toi avec tes dossiers, livres et bibliothèques, moi avec mes plantes, fleurs et tableaux, le besoin de te parler m'envahit, je t'écris des « mots tendres », et sans m'en rendre compte plutôt à ta façon, selon tes habitudes.

J'écris *à la main*, la machine reléguée ; je consulte tes dictionnaires lorsque ma mémoire flanche ; sur une table *encombrée* par un amas de papiers ; dans notre chambre face à la mer, près de moi, le radio-réveil, mis en route par toi, en cet été 95. Je raconte notre couple, le mystère de nos proximités et ententes, mais aussi nos distances intermittentes, puis des retours à l'équilibre, avec parfois une fougue étonnante de nous sentir, une fois de plus, heureux ensemble. Effets de balancier bien connus.

Je m'interroge sur tes nombreux écrits laissés en désordre, ta vérité, ta personne. Depuis que tu m'as quittée, je ne fais guère autre-chose. Ta vérité, comment la dire ? Elle est multiple, c'est un pluriel qui convient.

Alors, peut-être qu'en fixant par des mots les étapes successives de ton parcours, en te captant autant que possible à distance, tel que tu te percevais toi-même, tel que tu faisais effort de devenir, j'arriverai à plus de clarté et de certitude. Tâche difficile.

Tu n'as pas toujours pratiqué clarté et sincérité ; cela te convenait de rester silencieux ou d'utiliser des prétextes qui cachent le texte, par crainte de mes réactions, par tes propres doutes, peut-être aussi par le goût du secret (ton éducation familiale n'était pas une école de franchise).

Mais, tel que tu as été, pendant toutes ces années, j'acceptais aussi ta part de mystère. Bref, j'éprouve alors, à notre date fétiche, le besoin d'être tout simplement sentimentale et nostalgique : sans réserve ni retenue.

Puis, ces jolies pages terminées, je me remets à la besogne. C'est bien plus tard, après de longs mois de travail — tes manuscrits retrouvés, dossiers et agendas consultés, lettres et carnets lus, notices diverses déchiffrées — qu'intervient la seconde version de ma lettre : paroles de reproches et d'amertume.

Je découvre peu à peu tes faux-fuyants et tricheries, une personne que j'ignorais, un compagnon de vie déroutant et inconnu. Si tu voulais que certaines sphères de ta vie soient cachées, pourquoi avoir gardé tous ces écrits ? Besoin d'ombre mais aussi désir de lumière ? Je suis alors trop déconcertée pour avancer explication ou justification.

Tes écrits, carnets personnels et lettres que je devais classer m'ont bien informée de tes rencontres dites galantes : incidents de parcours, plaisantes occasions ou « jeux interdits », prévus et organisés.

Un certain nombre de ses « documents », je les ai détruits, ils risquaient de perturber conjoints ou descendants (ces dames ayant forcément vieilli et changé de vie). Lettres ou confidences sans identification facile sont conservées et bien rangées dans mes cartons-archives.

Les écrits détruits, je les ai parcourus sans les lire attentivement en éprouvant déception et désarroi.

Sentiment de déception à ton égard. Dans tous les cas, du moins ceux que j'ai trouvés, j'observe une sorte de « figure imposée » par ton statut professionnel, ta renommée et aussi ton éloquence, qualités qui ouvrent facilement la porte à d'autres approches.

Cas fréquents, on le sait bien, mais à mes yeux, ils ne te ressemblaient pas, tel que je croyais te connaître. Ces « vacations » rappellent trop certains vaudevilles qui mettent joyeusement en scène le code *masculin* de bonne conduite. Et passer ainsi du général au particulier n'avait rien de divertissant.

Je laisse alors libre cours à ma rancœur puis je t'abandonne tel que je te découvre.

Je cherche refuge et clarté dans nos échanges épistolaires et dans tes nombreux carnets intimes, en allant bien en arrière. Je les relis, je prends des notes, d'année en année, parfois au jour le jour, une longue rencontre avec notre passé. Et, chemin faisant, l'amertume me quitte, mes récriminations me paraissent dérisoires, les ombres disparaissent. J'essaie et je parviens à mieux comprendre nos liens, distances et différences.

Le diable au corps existe, je l'ai toujours su et dit, mais on n'est pas obligé de fraterniser avec lui. Tu m'as aidée de plusieurs façons, à lui tourner le dos. Nous n'avions pas la même éthique amoureuse, même si notre besoin de l'autre a surmonté certaines bourrasques. Pendant toutes ces années, tu es pour moi nécessaire et prépondérant, alors que je suis pour toi nécessaire mais insuffisante.

Pourtant, «tout compte fait», c'est toujours la nécessité qui a prévalu : chacun de nous a fait, à sa façon, le même choix entre l'essentiel et l'aléatoire ou l'éphémère.

Le dossier est clos.

Le calme revenu, le désarroi demeure : ces épisodes que j'ignorais répondaient peut-être aussi à un besoin de te rassurer. Je n'ai pas su le satisfaire, préoccupée par mon travail, l'intendance, ou mes propres élans.

Je détruis mes deux lettres précédentes. La première me parait trop hagiographique. Un «cantique» qui répondait à un besoin d'auto-consolation, à la détresse face à une solitude que je n'avais jamais connue. La seconde — même si elle dit bien mes surprises et déceptions — je la trouve maintenant conventionnelle, irréfléchie et injuste. Elle fait disparaître tout ce que nous avons partagé avec bonheur, toutes les richesses et plaisirs que tu m'as offerts. Cette fois-ci, j'écris vraiment la dernière.

Je l'écris deux ans plus tard après avoir longuement conté les routes et même les fausses-routes de notre vie.

Tout ce passé qui m'est si présent ne le sera évidemment pas aux yeux de ceux qui vont me lire. Le monde a changé. Je viens d'évoquer ce qui a souvent fait battre mon cœur : nos enthousiasmes, révoltes, peines et joies que ceux d'aujourd'hui ne peuvent plus partager. Et, faute majeure, tout en parlant de toi, je ne suis pas parvenue à me mettre à l'ombre, je me trouve trop encombrante. (Est-ce un **nous** qui perdure ou du narcissisme ?)

Il est temps que je m'éclipse et que je me tourne davantage vers ta personne, *du dedans et du dehors*, comme tu l'écris quelque part. Je le ferai à ma manière, par un jeu de questions-réponses, à propos de quelqu'un que j'ai toujours essayé de comprendre. Mes questions, je les choisis, mes réponses ne seront ni corrigées ni démenties, mais tes propres écrits aidant, je prends le risque de mes limites et erreurs.

« DU DEDANS... »

Je commence par ce qui m'a le plus étonnée et souvent bouleversée, tes dialogues avec toi-même retrouvés dans tes écrits. Pourquoi ce besoin de fixer par des mots non seulement tes sentiments, désirs et jugements, mais les « choses de la vie » les plus banales, et ceci dès ton plus jeune âge jusqu'à ces dernières années ?

A cette question, plusieurs réponses, certes variables selon les circonstances du moment, mais qui expriment tes besoins et tes inquiétudes.

L'angoisse de l'oubli ?

Pendant ton enfance, tu notes tous les détails de la vie quotidienne : promenades, menus, journaux lus, achats, personnes rencontrées, etc. Plus tard (tu as vingt ans), ta crainte de l'oubli est clairement avouée, elle répond au besoin de continuité, de sens et de cohérence de ta personne.

Ainsi, en 1930, après tes premiers succès à la Sorbonne, tu écris :

> *J'ai hésité longtemps avant de commencer ces confessions... Ma mémoire me semble extrêmement mauvaise... Dès l'âge de seize ans, j'exprimais cela dans la phrase pédante d'un de mes poèmes. Je comparais ma mémoire au tonneau des Danaïdes, et je concluais... l'un et l'autre sont toujours vides...*
>
> *Cette déficience de ma mémoire désagrège, éparpille mon moi... Seul le moment présent, instantané, me donne l'impression de la réalité... Et c'est pour diminuer l'angoisse terrible de sentir mourir un peu de moi à chaque instant... que j'ai essayé de confier au papier ce que ma mémoire oublie... Je veux garder des états de fait, des états d'âme qui seront pour l'avenir autant de repères dans le passé.*
>
> *Ce sont des épaves de moi qui n'est plus... auxquelles je pourrai accrocher le sentiment d'avoir été avec toute la précision de ce que je suis maintenant...*

Tu déplores ta mémoire défaillante, mais tu négliges ta fréquente distraction. Deux exemples-anecdotes :
— C'est à l'Université de Lyon, dans un discours destiné à un public de résistants, que tu lances en le terminant un vigoureux « Vive Bordeaux ! » Étonnement de tes auditeurs.

— C'est au Laboratoire que, lassé par un long entretien avec une consultante, tu frappes à la porte **avant** de quitter ton bureau.

Tous ceux qui t'ont connu peuvent facilement compléter le tableau.

Besoin de fixer le temps?

Un autre souvenir : novembre 1939. Tu es mobilisé, tu m'envoies (enfin!) une lettre accompagnée d'une bonne dizaine de tes photos : assis, allongé, debout, avec un chien, avec tes copains, etc. J'attendais avec anxiété de tes nouvelles, mais cette abondance des «images de soi» me paraît excessive[1]. Je t'écris alors :

> *« Oui, cela me fait un peu rire de te voir photographié sous tous les aspects... C'est tellement bien toi, soucieux de ne rien perdre de toi-même à cause d'une chose aussi embêtante et relative qu'est le temps... Comment ai-je pu prendre au sérieux et aimer un gosse comme toi, parce que ceci est signe d'une enfance prolongée...»*

Bien plus tard, pendant les années de l'Occupation, tu tiens régulièrement ton journal de bord, en le cachant au mieux. Tu consignes aussi bien tes activités, rencontres, intérêts et déceptions que des «nouvelles du front», en commentant les batailles qui se livrent à l'Est. (Tu conserves par ailleurs des coupures de presse pétainiste, comme nos tracts et journaux clandestins.)

Tu écris souvent *a posteriori* en indiquant avec précision les dates et les heures des événements consignés : tes notes ne sont donc pas spontanées. Tu rentres à la maison épuisé puis tu fais retraite pour «travailler». Même si notre présence t'est agréable, tu cherches calme et solitude pour écrire, sans trop tarder.

Un examen de conscience? Peut-être. En tous cas, pour ton lecteur, c'est une ample moisson de tes expériences les plus diverses tant à l'Université que dans la Résistance (sans parler de nos heures d'intimité décrites sans la moindre pudeur).

En septembre 1945, après ton passage au Ministère de l'Éducation et le retour au Laboratoire, tu procèdes une fois de plus à ton auto-analyse :

> *... Je commence ce troisième livre. Toujours dans la même intention de conserver des détails concrets, les traces d'une vie qui s'échappe... Aussi longtemps que je puisse remonter dans mes souvenirs d'enfance, je trouve ce sentiment de disparition irrémédiable du temps... J'essaye d'immobiliser la durée, de fixer un instant dans toutes ses circonstances concrètes. Je me disais : regarde bien, écoute bien... et la forme et la couleur des choses et de mes pensées de maintenant : il n'y a que cela qui existe et dans quelques années... tout cela ne sera même plus, même pas dans mon souvenir.*

---

[1] J'ajoute que cette manie des photos a persisté et s'est élargie à bien d'autres personnes : nos tiroirs en sont remplis.

Puis tu enchaînes en notant les détails de tes cours : thèmes, argumentation, réactions des étudiants, etc. Impensable, mon chéri, que je détruise tous ces écrits ! Tu pouvais, bien sûr, le faire toi-même et tu as tout conservé.

Séduction et dangers du Verbe ?

Tu aimes les mots. Les mots stimulent la pensée, ils t'aident à fixer tes idées foisonnantes. Compagnons de route, ils sont à contrôler, l'emphase peut l'emporter sur la rigueur. Tu aimes les mots, tu en joues avec plaisir, mais tu **t'en méfies**. «*Seuls les faits comptent*», écris-tu.

Cette mise en garde contre l'attrait du verbe, tu l'adresses aux chercheurs mais aussi à toi-même. J'en trouve la preuve dans les nombreux brouillons des textes publiés, mais aussi ceux de tes lettres, où tu supprimes des phrases bien faites, des formulations ingénieuses et captivantes mais qui risquent de trahir le sens exact de ta pensée. Une épuisante bataille entre les idées et la manière de les transmettre, un refus de céder à l'élégance d'expression. Souci de rigueur et besoin d'estime de soi l'emportent, tant pis pour la fatigue et les retards.

Le moi solitaire et le moi social ?

Tes journaux intimes ne sont pas des soliloques : tu parles à un *Autre* absent. L'écriture est occasion de prise de conscience de ton moi singulier mais elle est aussi recherche de rencontre et besoin de confrontation.

Certes, l'enseignement de Wallon t'a fait mieux comprendre la présence de ce «fantôme d'autrui» qui ne nous quitte jamais, mais la façon dont tu rendras hommage à l'œuvre de ton maître nous livre tes émotions[2].

Lorsque dans tes journaux, tu t'adresses à toi-même, tu prends les deux rôles : tu es celui qui parle et celui qui écoute. Les mots que tu écris te pénètrent alors de façon complémentaire. C'est un dialogue solitaire, parfois même une polémique, pour mieux saisir tes doutes et vérités.

---

[2] *Le problème de l'autre dans la psychologie d'Henri Wallon*, Vers l'Éducation Nouvelle, 1964, numéro hors série.

Ton besoin d'isolement ne s'oppose ni à ta sociabilité, ni aux liens avec les personnes de ton entourage. Ce sont deux planètes, deux mondes, entre lesquels tu navigues sans cesse.

Certes, ton enfance fut plutôt solitaire. Mais, libéré de la tutelle parentale, dès que tu rejoins le Quartier Latin, tu adhères à un nombre considérable d'associations. Moins pour leurs objectifs et leurs programmes que pour y rencontrer «les autres», tes condisciples, tes copains, un nous, une identité commune.

Bien plus tard, l'importance que tu accordes à tes recherches d'équipe montre, d'une autre façon, le même besoin. Dans tes travaux collectifs, partage des objectifs et des responsabilités avec tes co-équipiers, respect des intérêts de chacun, au détriment parfois de l'objectif commun.

Cependant, dans ces collectivités scientifiques, fort sympathiques, intervient forcément un partage des **rôles**, même si les projets et la route sont communs. Toi-même, sous des apparences d'amitié ou de camaraderie, tu joues un rôle particulier, celui du «responsable» alpha.

Tu participes à ces équipes avec énergie, tu te sens entouré de sympathie, tu tentes parfois de briser la hiérarchie ambiante avec verve, humour et même quelque provocation, mais les structures de ces communautés résistent : on s'aime bien mais chacun à sa place.

Et c'est sans doute pour cette raison que tu privilégies souvent au sein de ces groupes des échanges par dyades, des face-à-face, où le «je-tu» permet de trouver le reflet de soi dans le regard d'autrui : les personnages s'effacent et deviennent des personnes.

En général, tu fais preuve d'une subtile compréhension de «l'autre», qu'il s'agisse d'entretiens avec enfants, adultes, collègues ou amis. Tu as un don d'écoute et d'attention exceptionnel : sans t'effacer, tu saisis «vite et bien» les intérêts, interrogations ou tourments de ton interlocuteur.

Ce talent de «clinicien» (comme tu te désignes), je le retrouve aussi dans certaines initiatives occasionnelles. Ainsi, notamment, tu suscites et multiplies des rencontres et débats avec des spécialistes de disciplines différentes : séminaires, colloques ou entretiens publics.

Ce n'est pas seulement leur savoir ou compétences qui te séduisent mais l'échange et la confrontation directe. Les arguments et les choix de tes collègues, approuvés ou contestés, donnent force à tes propres réflexions et suggèrent parfois des nouvelles stratégies et méthodes de recherche.

« DU DEHORS... »

Une personne de qualité m'a suggéré de mettre en lumière, dans ces écrits, non seulement ton itinéraire scientifique mais aussi tes contributions les plus marquantes en psychologie génétique. Il n'est pas facile de suivre son conseil.

Ton parcours n'est pas une route droite mais une moisson d'idées, de projets et de réalisations dont l'enchaînement n'est pas aisé à coordonner et à hiérarchiser. Au gré de tes obligations et de tes inspirations, des avancées du savoir surgissent, puis sans être oubliées, d'autres émergent et deviennent prioritaires, pour un temps du moins. J'emprunte à Marc Richelle son éloquente adresse : «... *Il y a en vous un flâneur qui va de la poésie à son laboratoire, de son journal à sa réflexion théorique, de la rue à la clinique.*»

Bien vu, avec toutefois une correction : tu es plutôt un chasseur qui tient du flâneur le besoin et le plaisir de voir, d'observer, d'apprendre et de tracer des voies ouvertes à d'autres. Un vaste carrefour d'idées, entouré de chemins peu à peu balisés, comme ceux qui conduisent vers la plus belle place de Paris, celle de l'Etoile. C'est son ouverture, avec les avenues qui l'entourent qui fait sa beauté et non l'Arc de Triomphe.

Tu as sans doute éprouvé le même embarras que moi, en rédigeant ton autobiographie scientifique. Et tu as eu recours à un procédé qui facilite et simplifie ton témoignage.

Tu te présentes sous une triple casquette, celle de ton statut professionnel diversifié : «enseignant - clinicien - chercheur». Tous ceux qui t'ont accompagné savent bien que quelle que soit la fonction exercée, tu as toujours conjugué les trois rôles : clinicien et chercheur lors de tes enseignements ; souci de recherche fondamentale dans tes activités hospitalières ; cas individuels, pathologiques ou occasionnels, dans tes projets de recherche de longue durée. Mais tous ceux qui ne t'ont pas connu, pourront-ils saisir, à travers tes écrits, **la filiation entre ta personne et tes travaux scientifiques?**

Dans la contribution à cet ouvrage collectif, tu énumères, l'un après l'autre, les thèmes de tes recherches, leurs dates, durées, modifications et enchaînement et, de façon succincte, quelques résultats majeurs.

La plupart de tes choix, tu les attribues à des «circonstances», aux «coups de sort», aux hasards de ta vie professionnelle. Leurs succession et changements de cap, tu les expliques par des «imprévus» ou «étonnements» suscités par des résultats «inattendus» ou à des «cas exceptionnels».

Dans ce texte rigoureux et bien contrôlé, les travaux collectifs tiennent la place majeure, l'auteur lui-même est quelque peu absent, ses propres curiosités s'expriment avec discrétion. Une sorte de voile entre les questions étudiées et la personne qui les propose : les liens sont difficiles à établir.

Tu livres davantage ta « marque » personnelle lorsque tu présentes tes travaux individuels, indépendants de toute demande sociale ou d'un projet collectif. Tu écris notamment :

> *La recherche personnelle en solitaire est un besoin d'une autre nature, du moins pour moi. Elle est fondamentale au sens le plus fort du terme... Mon seul but était de savoir pour savoir... Les notions en jeu... à propos de la genèse de la personne, des niveaux de conscience, étaient celles du déterminisme et de la liberté. Deux thèmes de dispute pour les philosophes, deux évidences contradictoires de l'expérience quotidienne. Mon ambition était de les placer au plan de l'investigation psychologique...*

Il a fallu du temps pour que cette *ambition* — que d'autres psychologues partagent à l'époque — aboutisse.

Les voies que tu as choisies, en modifiant et en complétant en cours de route l'agencement de tes expérimentations, résultent sans doute de quelques « circonstances », mais aussi de ta propension à l'auto-critique. Ce sont tes incertitudes qui alimentent leur durée et leurs multiples réorientations, ton besoin de vérifier, d'en savoir autrement et davantage.

La lecture de ta thèse nous fait mieux comprendre tes intérêts majeurs : *Les jumeaux, le couple et la personne*. Dans ce titre, c'est évidemment le dernier mot qui est essentiel. La *personne*, une conquête soumise certes à des déterminismes à identifier, mais qui leur « échappe » par sa complexité et son *unicité*. Cette unicité — ou subjectivité — peut et doit être étudiée de façon objective, même si elle ne sera jamais saisie totalement.

L'individu objet de science? La question est posée à des scientifiques de diverses disciplines, lors d'un long et passionnant débat organisé par l'Union Rationaliste[3].

Je viens de le relire : tu proposes de supprimer le point d'interrogation et préconises des stratégies permettant de saisir l'individu dans son développement et sa globalité et non seulement par les divers secteurs de sa croissance.

---

[3] *Raison Présente*, 1970, Numéros 16 et 17.

Ta *subjectivité*, je la retrouve bien dans certains de tes travaux. Trois de tes contributions la reflètent, particulièrement, on y découvre une sorte de parenté entre tes interrogations intimes — le *dedans* — et tes intérêts de chercheur : la prime enfance — le couple gémellaire — l'identification de soi dans le miroir. J'ai dit déjà leurs lignes majeures, ici quelques réflexions supplémentaires pour mieux encore te faire connaître et comprendre.

La prime enfance

Ton intérêt pour la prime enfance prend naissance à l'Université de Yale, au Laboratoire d'Arnold Gesell. Dès ton premier ouvrage, tu rends compte de ces apprentissages américains exemplaires. Dans tes écrits ultérieurs, tu mets l'accent sur ce qui est à retenir de cet enseignement pour d'autres investigations : le « goût du fait précis », la variété et la rigueur des techniques d'observation, l'intérêt d'étudier la genèse des capacités individuelles et la prise en considération des différences interpersonnelles, notamment.

Dès que cela est possible — en 1946 — tu t'emploies à organiser, en marge de tes cours, des « groupes d'études » sur la prime enfance avec tes étudiants, jeunes parents.

Puis, après avoir éprouvé avec nos propres fils plusieurs techniques d'observation[4], tu lègues ces travaux à Odette Brunet et Irène Lézine qui les poursuivront avec succès et des dispositifs expérimentaux mieux élaborés.

Des années plus tard, l'étude de la prime enfance retient ton attention de façon différente. Ce sera ton engouement pour la théorie de *l'attachement*. Une théorie peu connue en France qui considère l'amour comme un besoin primaire, « plus fort que la faim, plus précoce que la libido ». L'importance des premiers liens et échanges est capitale pour la compréhension du développement socio-affectif ultérieur.

Pendant plusieurs années, tu vas t'employer à faire connaître les « notions de base » de l'attachement et ses données empiriques par des publications, colloques et débats ; à susciter de nouvelles investigations (celles de Nathalie Loutre notamment), à faire comprendre également à

---

[4] « Baby-test » de Gesell, épreuves de langage, « scènes de vie » filmées, imitation néonatale (le *tirage de langue*), etc. Séances régulières à domicile avec un appareillage très artisanal. Pas de vidéo à l'époque...

des praticiens — parents et donneurs de soins — leurs responsabilités éducatives à long terme.

Dans ces engagements durables, ton expérience personnelle a probablement joué. Ta petite enfance vagabonde et instable t'a fait mieux comprendre, et éprouver, le rôle prédictif des premières amours et liens établis avec un « autre » privilégié.

Je cède à la tentation d'une brève référence. Les expérimentations de la psychologue américaine Mary Ainsworth ont permis de dégager trois styles ou « types » de réactions socio-émotionnelles déterminés par des liens précoces d'attachement[5] : le type **A** est surtout anxieux ; le type **B** est « secure »; le type **C**, désigné comme « mixte », est « insecure, ambivalent et explorateur ». C'est bien à ce dernier que tes propres réactions s'apparentent surtout, me semble-t-il. Ai-je raison ?

Les jumeaux

C'est également au laboratoire de Gesell que tu as pu apprécier l'opportunité d'étudier les enfants jumeaux pour répondre à certaines questions fondamentales. Il s'agissait alors de confronter les effets de la maturation à ceux de l'apprentissage, en comparant les performances de deux jumeaux identiques mais éduqués différemment (expérience dite de jumeau-témoin).

Dès ton retour en France, tu retrouveras ces enfants « exceptionnels » de façon différente. Le professeur Turpin, généticien, sollicite ta collaboration pour distinguer par leur *différenciation psychique* les jumeaux mono- et dizygotes. La question posée est évidemment celle de l'hérédité.

Mission accomplie et constats publiés. Ce sont pourtant les différences entre les deux partenaires du couple gémellaire (qu'il s'agisse de « vrais » ou de « faux » jumeaux) qui retiennent déjà ton attention : les jumeaux *identiques* se différencient davantage entre eux que les dizygotes. Reste à savoir pourquoi.

Tu reprendras plus tard ces investigations avec de nombreux jumeaux d'âges différents dont certains sont suivis pendant plusieurs années. Les conclusions que tu en dégages complètent tes premières observations et surprennent.

Tu mets en évidence un facteur qui a valeur universelle : *L'effet de couple*. Par un partage des rôles, il joue pour tous les couples durables,

---

[5] *La première année de la vie*, PUF, 1986, p. 17-28.

gémellaires, conjugaux ou autres. Ta conclusion : le couple engendre des différences et celles-ci renforcent son union. C'est le besoin de complémentarité qui distingue un partenaire de l'autre et donne au couple équilibre et liens solides.

Me méfiant un peu de ma subjectivité à propos de ce constat, je citerai tes propres déclarations tenues lors d'une conférence destinée à un public de parents et d'éducateurs[6].

> *En intitulant mon livre : les jumeaux, le couple et la personne... on a cru que le mot **couple** s'appliquait au couple gémellaire. En fait, il n'en est rien... Ce titre signifiait : l'étude générale du couple, l'étude générale de la personne, à partir des jumeaux...*
>
> *... Le couple de jumeaux, et notamment des jumeaux identiques, a valeur d'expérience... par le fait que la diversité n'existe pas à l'origine... Tout ce que nous allons constater comme différence, nous pourrons l'attribuer à un effet direct ou indirect du couple.*
>
> *... Le couple (gémellaire ou non) est, par le fait qu'il est une structure, différenciateur... C'est par autrui, par notre partenaire, que nous courons la chance d'être nous-mêmes, pour le meilleur ou pour le pire... c'est grâce à notre nature faite par et pour la dualité, que nous sommes capables de choisir et d'aimer.*

En te lisant, comment ne pas songer à ton besoin permanent d'échanges interpersonnels, mais aussi à notre « micro-milieu » ?

Le miroir

L'attention que tu prêtes à l'image spéculaire est bien datée. Ce sont les réactions de notre fils Jean-Fabien, alors âgé de deux ans et un mois, qui la suscitent : son embarras et ses gestes d'évitement face à son reflet, attitudes absentes lorsqu'il s'agit de reflets d'autres personnes ou objets. Ces observations, confirmées ultérieurement par celles de notre fils cadet Jacques, tu les notes et publies, sans souligner tout l'intérêt de ces conduites surprenantes[7].

Des expérimentations complémentaires, prolongées, avec des dispositifs fréquemment modifiés, tu les entreprendras vingt-cinq ans plus tard, après avoir achevé tes recherches gémellaires et autres. C'est ton

---

[6] *De l'expérience des jumeaux à la relation générale du couple*, Le Groupe Familial, 1967, n° 36.

[7] *Images du corps et conscience de soi*, Enfance, 1, p. 29-43, 1948.

retour vers des travaux personnels, les turbulences de Mai 68 ayant mis fin à nos projets d'équipe.

Sur les différences mais aussi sur la complémentarité de ces travaux — jumeaux-miroir — tu t'expliques toi-même, lors d'un Colloque International à Toulouse, en 1979[8]. Tu écris :

> *Le double et l'unique... Dans le cas des jumeaux, le problème est de savoir comment chacun des partenaires va conquérir son identité singulière envers et contre l'identité gémellaire... Le jumeau devra s'émanciper de son double... Dans le cas du double spéculaire, l'enfant croit d'abord voir un autre enfant qu'il ne connaît pas... La conquête de l'identité consiste, au contraire, à établir une solidarité avec son image, à s'identifier avec son double.*

Ainsi, chacune de ces études nous fait connaître, de façon différente, l'acquisition de notre sentiment de singularité.

Tes expériences prolongées sur l'art et la manière de se reconnaître dans le miroir vont contre les idées reçues et répandues. Les faits sont maintenant connus. Cette capacité s'avère bien plus tardive que l'on prétendait, elle est progressive et mal assurée : immobilité-fascination, jeux de mains, évitement du regard en sont les signes préalables.

Dès tes premiers résultats tu mets en garde tes lecteurs :

> *... La reconnaissance de soi dans le miroir est la capacité de **s'identifier** comme un individu distinct des autres... elle n'est pas la connaissance de soi; elle en est évidemment la condition nécessaire et le prélude... La connaissance de soi sera une construction progressive et fragile.*

Précisions utiles qui répondent bien à tes interrogations : être à la fois objet et sujet ?

Qui suis-je ? Ce reflet dans le miroir, est-ce vraiment moi qui ne me connaîtrai jamais directement ? Me montre-t-il comment les autres me voient ? Pourrait-il me faire comprendre pourquoi ils m'acceptent ou m'abandonnent ? Reflet pour moi-même, identité pour les autres, où est ma vérité ? Une incertitude « existentielle » que chacun de nous peut éprouver, particulièrement lorsqu'avec l'âge on ne se reconnaît qu'avec malaise dans l'image que le miroir nous présente.

Une recherche simultanée des liens et du retrait, présence nécessaire d'autrui et désir de saisie de soi, deux besoins souvent contradictoires, un paradoxe épuisant qui t'a accompagné toute la vie.

---

[8] *Identité individuelle et personnalisation*, dir. P. Tap, éd. Privat, col. Sciences de l'Homme, Toulouse, 1980.

C'est en *écrivant* que tu parviens à mieux ajuster le regard d'autrui à tes sentiments intimes. Sans pause et dès ton plus jeune âge, c'est l'écriture qui t'a aidé à acquérir une distance nécessaire à ton équilibre, à mieux comprendre et à faire comprendre, «le dedans et le dehors» de chacun de nous.

Ceux qui t'ont connu — collaborateurs de longue date, co-équipiers, collègues ou étudiants — et même ceux qui ont lu attentivement tes publications successives — ont pu suivre et comprendre tes interrogations et tes efforts, même si leurs priorités se situent loin des tiennes. Un exemple qui en témoigne.

Devant moi une pile de manuscrits et articles : une dizaine d'universitaires te «rendent hommage», exposent brillamment l'intérêt, l'actualité et la promesse de tes travaux. Ils évoquent aussi vos rencontres personnelles et mettent en lumière «les divers aspects de ta personnalité, toujours surprenante».

C'est un compte-rendu intégral d'un COLLOQUE organisé par l'Université de Nanterre **le 22 novembre 1997**. Textes qui seront sans doute consultés et appréciés, tant grâce aux signatures et talent des auteurs qu'aux thèmes traités. L'avenir le dira[9].

Pour ma part, émotion, reconnaissance et immense plaisir. Si mon rôle-et-statut imposait regrets et chagrin, j'ai en fait suivi ces débats souriante, convaincue pendant plus de sept heures de discours de ta présence parmi nous, elle aussi souriante. Inattendu, échappant à toute convention, ce sentiment je le dois à un ensemble de circonstances que je veux dire ici brièvement et sans emphase.

Son **initiative** est celle de deux anciens élèves (Françoise et Hector) qui réunissent un «comité d'organisation», une année après un certain nombre d'hommages officiels (revues, émissions, articles de presse). Il s'agit de les compléter pour faire mieux connaître aux générations des psychologues, présente et future, l'héritage personnel de leur maître ou collègue. Un groupe hétérogène de spécialistes dont le trait d'union est sans doute l'estime mais aussi l'affection.

Le **titre** du Colloque : «René Zazzo, un savant dans la Cité». L'essentiel est dit : rigueur, innovation et volonté de servir la communauté.

Le **lieu** : l'Université de Nanterre, terrain privilégié de tes enseignements, responsabilités et attachements. Ton successeur et son équipe se sont pleinement mobilisés.

Les **intervenants** : les thèmes ne leur sont pas imposés. Chacun d'eux choisit le sien en fonction de ses intérêts personnels mais **tous**, même ceux qui t'ont peu connu, prêtent grande attention à ta personne, ton esprit critique et ton refus des modes. A travers leurs témoignages, ils te donnent la main, te «convoquent» plus qu'ils ne t'évoquent avec une amicale élégance et, chose rare, avec bonne humeur.

Et c'est sans doute grâce à cette «conversation» que les plus jeunes qui ne te connaissent qu'à peine sont à même de te **rencontrer**, étonnés et ravis.

---

[9] Deux amis — Yves Galifret et Hector Rodriguez-Tomé — ont accepté la charge de réunir tous ces textes dans un ouvrage paru depuis aux PUF sous le titre : *Doutes, mirages et constats en psychologie.*

Je me sens incapable de prévoir quelle place tes contributions trouveront plus tard en psychologie. Différente de celle que l'on connaissait, sûrement. J'espère seulement que tes principes de travail, ton **code scientifique**, seront préservés : mise en garde contre les certitudes et les modèles ; refus des formules fétiches ; courage de dire ses propres failles ou fausses routes.

Je laisse aux autres — plus compétents et surtout moins proches que moi — le soin de dire ce qui restera de tes travaux.

La mode actuelle est de se dire «post» dans beaucoup de domaines : post-moderne, post-industriel, post-marxiste et même post-féministe. Ce préfixe identitaire est celui de toute génération montante. Il exprime de façon radicale la tendance à se distinguer du passé, même si bien des questions restent toujours ouvertes.

Si je fais retour à tes initiatives, surtout les plus anciennes, elles apparaissent comme particulièrement «post» des traditions et enseignements reçus. Dans les années trente notamment, la psychologie se présente toujours (en dépit des efforts de quelques pionniers, Henri Piéron en tête) comme le parent pauvre de la philosophie ou comme le complément utile de certaines investigations médicales. Des épreuves psychologiques sont connues mais leur usage répond surtout à des objectifs pratiques (sélection professionnelle ou retards scolaires...). Leur contribution aux sciences de l'homme est négligeable, surtout lorsqu'on la compare à l'enseignement universitaire des grandes «théories de l'Esprit».

Tu as beaucoup lutté pour une psychologie autonome, libérée des systèmes et théories ambiantes. Sans parti-pris contre les «théories», elles t'ont souvent stimulé, mais tu t'en méfies lorsqu'elles se constituent en un système explicatif. Elles peuvent sans doute suggérer des hypothèses de travail, mais il est alors nécessaire de trouver les moyens de les vérifier. Tu as mis en route diverses techniques de recherche, sans jamais céder à leurs attraits et sans renier tes maîtres ; tes travaux ont ainsi ouvert, parfois à contre-courant, des voies nouvelles.

Dans ton dernier ouvrage, tu ressens et déclares tes lacunes et insuffisances. Le vertige te guette face à tout ce que tu voudrais encore accomplir. Le temps a manqué... tu laisses cette tâche à tes successeurs.

Une parenthèse à propos de mes propres recherches avant de faire retour en arrière.

Après une période de relative distance — toi avec tes débiles, tes jumeaux et moi avec mes adolescents — nous nous sommes bien retrouvés à Nanterre où tu m'as beaucoup aidée dans mes installations de terrain. Et par tes appuis administratifs et par tes conseils directs. Et pourtant, et pourtant, nos curiosités n'étaient pas semblables. Le «singulier» pour ta part, l'individu, ses progrès et son unicité; le «pluriel» pour moi. *Pas comme les autres* est ton objectif; *avec les autres* est ma priorité. Nous nous sommes bien amusés lors de nos discussions et échanges.

Retour à notre sphère privée

J'éprouve le besoin de te retrouver en m'interrogeant une fois de plus sur notre chemin commun. «On s'est connus, on s'est reconnus», dit la chanson, mais pourquoi et comment cette proximité, ces liens pendant tant d'années? Deux personnes si différentes, un mariage «de la cigale et de la fourmi», chacune a appris de l'autre l'art de faire route ensemble.

L'inventaire de ces apprentissages n'est pas simple et serait trop long à établir. Un couple n'est ni une heureuse rencontre, ni un «accouplement» bien réussi. C'est une aventure où les dangers d'échec sont aussi fréquents que les chances de victoire, une structure fragile. Je tente néanmoins le pari, en allant loin en arrière, vers nos premiers temps ensemble. Une énumération lacunaire qui révélera aussi bien les talents du «maître» que la souplesse de «l'élève».

Tu m'as appris :

– la belle langue de Voltaire, en même temps que l'argot et les exercices de style surréalistes;
– à formuler les questions avant de proclamer mes réponses;
– à réfléchir, même brièvement, avant de réagir;
– à paraître paisible quand j'avais besoin de crier, pleurer ou rire;
– à ne pas céder à mon goût du changement quand une tâche était à terminer;
– et, surtout, tu m'as appris à aimer la douceur de ta présence.

Je n'étais pas une élève douée. Tu n'as pas réussi à m'apprendre : l'usage des accents aigus, ni à me coucher à heures fixes, en sacrifiant cinéma, théâtre ou autre sortie; tu ne m'as pas appris à *tricher* en maîtrisant des émotions ou emportements qui pouvaient déconcerter, parfois blesser les autres.

Tu as pourtant essayé.

Je t'ai appris :

– à te libérer d'un bon nombre de conventions et préjugés : les repas du dimanche, le costume bien repassé pour rendre des visites, etc. (on s'est donné du mal pour semer ton «élégant» chapeau sur les berges de la Seine!);

– à faire des cadeaux futiles mais spontanés (tu as bien noté mon refus des cadeaux «utiles»);

– à lire pour le plaisir et non seulement pour le savoir (en commençant par Simenon);

– à éprouver et à exprimer la joie de vivre le présent, sans constamment te soucier des lendemains;

– à acquérir une confiance en toi, en te disant de moult façons la mienne;

– et, surtout, à te faire comprendre que l'on peut être à la fois différent et égal. Tu m'as accueillie avec patience et tendresse telle que j'étais : «pas pareille» et plutôt indocile.

Je ne t'ai pas appris : à te débarrasser des exigences à ton propre égard ni à dire la vérité quand elle pouvait être «dissimulée».

Tu sors gagnant de ces leçons mutuelles et j'accepte d'être battue. La principale qualité que je t'attribue est *de ne m'être jamais ennuyée avec toi*[10].

Aux yeux de tous ceux qui nous ont connus, nos dissemblances d'apparence, de réactivité et même d'intérêts, sont vite perçues et parfois étonnent. Comment faire comprendre ces «effets de couple» qui ont préservé et renforcé, pendant tant d'années, nos proximité, connivence et intimité. Ni couple dit traditionnel, avec son partage de rôles et de devoirs; ni nouveau couple, comme on le proclame maintenant, sa fragilité considérée comme signe de modernité.

Une belle *valse à trois temps* dont je comprends mieux aujourd'hui le rythme. J'en distingue en effet trois périodes, leurs particularités, parfois leurs causes.

---

[10] Une anecdote relevée dans ton carnet. Notre fils aîné, Marc, t'adresse à l'âge de six ans, après s'être fait gronder, cette remarque : «Tu es un père méchant, mais tu es si amusant!»

Les **meilleures années**, je les situe aux deux extrêmes de notre vie commune, un quart du siècle de part et d'autre. Plusieurs années les séparent, nos expériences, besoins et actes les distinguent fortement et pourtant. Et pourtant, je leur trouve une même saveur, une même *mélodie* que le temps n'a pas effacée.

Notre rencontre et nos **premières années** — y compris la sinistre parenthèse de la guerre, de la défaite et de ses suites — sont celles des découvertes mais aussi des oppositions. Toi, avec tes angoisses face à un avenir incertain; moi, pour qui «l'avenir» ne dépasse que rarement le temps d'une semaine. Toi, si préoccupé par l'image que tu offres aux autres; moi, toujours curieuse, souvent avide, de les connaître, parfois de les aimer. Pour commencer, tout nous sépare — y compris mes enthousiasmes militants — mais dès que nous nous retrouvons l'émotion crée union et harmonie.

Tu es alors réservé et modeste. Je t'ai peut-être fait apprécier les attraits de l'audace. Tu as su, peu à peu, calmer mes impatiences. Chacun de nous a changé de cadence pour avancer au même pas. Une romance banale sans doute, mais pour l'un comme pour l'autre, ni attendue, ni même espérée, sa durée a dépassé largement nos premiers élans et surmonté bon nombre d'obstacles.

Nos écrits de cette époque indiquent bien que certaines batailles ne furent gagnées que progressivement, au jour le jour. Fréquentes querelles et grandes réconciliations. Peu importe d'ailleurs, la vie est alors devant nous. Et pour moi, un sentiment tout neuf, bientôt une conviction : je me sens capable d'apporter soutien et joie à une personne qui mérite tout le bonheur du monde.

Des années plus tard, pas d'effets de découverte, on se connaît bien, l'essentiel de notre vie est derrière nous. Et pourtant une même «nécessité» nous unit.

Certaines initiatives sont alors utiles pour te faire oublier la fuite du temps : de nombreux voyages et rencontres m'ont aidée à lutter contre ton aversion du vieillissement. Mais c'est aussi ta volonté, ton courage, des trésors de tendresse et d'attentions de tes gestes quotidiens que je découvre alors.

Tu parles de «retrouvailles» et de «rebondissement». Pour moi, ce n'est pas seulement un retour aux sources mais une révélation des possibles. Celui surtout du partage en son sens le plus fort : le goût de vivre et l'enrichissement **par** et **pour** une personne qui nous est proche. Est-ce cela qui fait à mes yeux la parenté de nos deux « belles saisons » si éloignées ?

Il me fallait une bonne dose d'énergie pour réagir et non subir, remplacer tes obligations professionnelles par d'autres, t'aider à te sentir à l'aise, et le même, dans un « statut » qui te faisait horreur. Mais principalement ce sont tes propres exigences et curiosités qui ont forgé ta résistance : tes écrits si bien classés, inachevés, en témoignent.

Il y a eu certes, je ne l'oublie pas, un **entre-temps**, une période d'éloignements. Je l'ai (un peu) raconté. J'ajouterai ici une précision que tu as pour une part ignorée. Le temps de mes désenchantements non seulement militants. Je vais peser mes mots.

Dans tes rôles et apparences respectables de « patron » et de guide, je te reconnais mal, ton image se brouille et perd son attrait. J'éprouve alors un besoin urgent *d'émancipation*. Je fuis ta tutelle et, grâce au C.N.R.S., je me plonge dans un travail aussi différent et éloigné que possible de tes recherches et initiatives. Les investigations sur l'adolescence, puis la rédaction de ma thèse, se présentent au bon moment. Je cherche aussi satisfaction auprès de quelques amis et auprès de nos fils (ils me passionnent alors nos garçons !).

Tu ne t'en plains d'ailleurs pas, tes regards se portent facilement ailleurs, et tu sembles satisfait de mes « progrès » scientifiques. Une crise de maturité plutôt tardive, mon épreuve de passage accomplie, je rejoins ton équipe. L'enthousiasme collectif me séduit.

Ces travaux interrompus, nous avons pratiqué de façon dissemblable notre « post-Mai 68 » personnel. Tu reprends tes recherches solitaires, alors que le travail dans les écoles me permet d'organiser des équipes certes modestes mais bien équilibrées, sans jeux de rôles ou rivalités.

C'est peut-être cette différence de stratégies qui nous a une fois de plus rapprochés. Nos rapports changent de figure mais reprennent vigueur : hors des activités partagées, c'est souvent le plaisir de nous retrouver, de débattre, de dire à l'autre ses incertitudes, de se confier. C'était, il est vrai, la guerre d'Algérie, puis les Comités-Vietnam, notre engagement est commun, même si le mien m'absorbait bien davantage. Une accumulation de voyages et la découverte de la Bretagne ont fait disparaître brumes et distance.

Comment faire comprendre, comment expliquer ces variations de climat, une météo où soleil et nuages alternent et parfois coexistent ?

Mes propres sentiments et réactions, je n'en saisis pas toujours les causes, alors m'interroger sur les tiens me laisse forcément perplexe.

Connu ? Inconnu ? En tout cas imprévisible. Une seule certitude. En essayant de concilier, de façon quelque peu acrobatique, tes propres contradictions, tu as su apporter surprises, charme et sens à ma vie.

Mes dernières paroles, je les trouve dans ta lettre des États-Unis, alors que tu crains ne pas avoir de place dans le bateau pour être à Paris à la date promise :

Attends-moi... Tu as dix-huit ans et moi vingt-trois, nous avons au moins trente ans à vivre ensemble...

Je t'ai attendu, tu étais à l'heure et tout était alors possible : on a doublé le bail.

Le soir tombe ; donne-moi ta main.

31 décembre 1999

Table des matières

COMMENT LE DIRE ? 7

A NOS PETITS-ENFANTS 13
L'enfance - L'adolescence - Un rendez-vous de juillet - Séparation et retrouvailles - « Allons au devant de la vie »

LETTRE À NOS FILS 37

Juin 36-Juin 40 38
La guerre d'Espagne - Le Front Populaire - Le Pacte - La drôle de guerre

Les années quarante 51
*L'Occupation - La Résistance - La Libération
Famille, Travail, Militance*

Les années cinquante 85
*La guerre froide - Le maccarthysme - La guerre d'Algérie - Budapest
Contestations et désillusions - Fidélités et émancipation*

Les années soixante 100
*Un monde bouleversé - Cuba si, Cuba no - Pas de « printemps » à Prague
Désenchantement et ruptures - Voyages, rencontres et amitiés*

Les années soixante-dix 115
La Bretagne, terre d'accueil - L'écriture, refuge et satisfactions - Tournées et découvertes

NOUS DEUX

Les années 1980-1995 147
Le soi-disant stop de la retraite... et la suite

Dernière lettre 169
Rémanence du passé : ses « comment » et ses « pourquoi » - Effets-de-couple